U0368346

# 不确定性经济原理

朱小黄　著

上海交通大学出版社
SHANGHAI JIAO TONG UNIVERSITY PRESS

## 内容提要

　　本书系统地研究了不确定性的特征、来源、经济学意义和人类社会的偶然性特质，以及不确定的分布与形态；阐述了人类面对不确定性的科学态度、哲学思想及计量原则；创造性地提出了基于不确定性的数据重构理论和一系列风险管理新认识、新观念；还提出了异度均衡这一新的对当代经济行为进行评估的理论和模型，对向未来转移风险提出理论劝告。本书在国内经济学领域和风险管理领域对不确定性的研究具有鲜明的独特性、先进性。本书适用于经济学、金融学的研究者和学生，也是金融从业者的必读书。同时，本书作为科学研究的底层逻辑研究成果，也适用各行各业工作人员、研究人员作为社科书籍阅读。

**图书在版编目(CIP)数据**

　　不确定性经济原理/朱小黄著.—上海:上海交
通大学出版社,2025.4.—ISBN 978-7-313-32370-5

　　Ⅰ.F0

　　中国国家版本馆 CIP 数据核字第 2025UW7968 号

**不确定性经济原理**
**BUQUEDINGXING JINGJI YUANLI**

著　　者：朱小黄
出版发行：上海交通大学出版社　　　　地　　址：上海市番禺路 951 号
邮政编码：200030　　　　　　　　　　电　　话：021-64071208
印　　制：苏州市越洋印刷有限公司　　经　　销：全国新华书店
开　　本：710mm×1000mm　1/16　　印　　张：19.75
字　　数：254 千字
版　　次：2025 年 4 月第 1 版　　　　　印　　次：2025 年 4 月第 1 次印刷
书　　号：ISBN 978-7-313-32370-5
定　　价：88.00 元

# 前　言

　　传统知识体系在对世界的认知上采用了二元划分的结构：就像东方文化用阴阳观看世界，西方文化把世界分为确定性与不确定性。要正确认识和理解不确定性，需要厘清世界从哪里来到哪里去这样的基本问题。笔者几年来深入研究不确定性，希望能给读者提供一条新的思考路径：不确定性是世界的本质。

　　世界的起点与终点，是人类自拥有智慧以来孜孜不倦寻找的两个答案。起点是宇宙大爆炸还是创世纪，这是数千年来争论不休的话题，世界的终点在哪里，自古以来，如迷雾般让人类萦怀于心。

　　人类文明发展到今天并没有一个特定的发展方向，更不存在一个可完全折叠的周期发展现象。日月星辰也不是完全不变的，日新月异才更符合客观事实。当我们回顾历史时，会发现类似的错误在不断地发生，例如从 17 世纪的郁金香热到 2008 年的全球金融危机，金融泡沫带来的灾难不断在重复，但是当我们细看结构时会发现，其实每一次都不同，我们不能仅仅利用"金融泡沫"的认知归纳，将所有事情总结在一起，并提出"历史总在重演"的观点，这很显然是不对的，这是认知的错误，也是思考惰性的产物。那么，是什么能量使得历史在发散的无序的碰撞中产生那么强烈的辉煌，那么迷人、精密的外观的呢？本书将用不确定性这个概念解释世界的起源和终点，解答人类的终极困惑。

　　笔者想要建立一些新的哲学观来说明人类文明的发展是偶然性的，而驱动文明前进的最大能量是不确定性。恐惧未知，是人类在丛林生活中与生俱来的特性，弱肉强食是丛林生存的法则。是不断强化生存技能还是接受命运的安排，促成了人类选择的各种具体环节和细节，而决定权在每个个体手中。每个个体的偶然性选择决定了我们今天的状态。我们能够在今天讨论这个问题，源于我们的祖先选择了强化生存技能的道路，这是值得庆幸的。事物都是一体两面的，选择却充满随机性。人类总是在博弈中选择，在选择中进步。

抵抗恐惧的道路是多样化的，就好像文明的进程不是单一的一样，不过整体上我们可以将其提炼为两条。第一是社会组织形态与社会秩序的构造，以获得相对稳定的生存环境。这些努力构建了人类的知识和整体认知阶梯。第二是抵御风险道路上的技术进步，不断学习使用自然中的能量，不断依靠技术研发追求效率、创造财富、完善应对不确定性的能力。这些过程，是人类适应不确定性的证据，也是人类文明进步的过程。

本书将具有高稳定性的自然存在条件称作不确定性的分布，而将各种分布条件下不断改变的不确定性环节称为不确定性的形态。文明的进步是一条追求稳定性的道路，尊重不确定性分布即自然之力，通过科技进步、秩序创新不断改变不确定性形态，使自然与社会的变化更大概率地有利于人类，并获得良好的未来预期，是本书希望构建的新的发展理念。

世界的终点在哪里，是一个更加难以回答的问题。为了更加清晰地解释不确定性，本书利用时间序列的概念定义了四维—三维空间，即还未发生的未来是不确定性的四维空间，而已经发生的过去则是拥有确定性的三维空间。时间是不确定性的核心支柱，不管发生什么，时间还是会一分一秒地流过，世界也从过去走向未来，从确定性走向不确定性。在这样的认知基础上，人类社会永远难以跨越时间进入未来，即四维空间，因此我们认为未来永远是不确定的，世界的终点在哪里呢？这应该也是不确定的。

　　相对于过程而言,起点和终点并没有那么重要。接受这个过程的不确定性是人类社会的文明底色。一个可持续增长的经济或是文明体系应该是包容的,包容变化、包容不同、包容错误、包容失败。这是接受不确定性的最好方式,因此,不管未来是什么样子的,一个包容性的增长模式应该是拥有积极面对不确定性本源的态度。

　　现在,时间还在继续,未来即将来临,我们要做的就是努力做出好的选择,将人类文明的故事延续下去,奔向没有尽头的终点。本书的基本目的,是把不确定性理论纳入哲学、逻辑学、经济学等社会科学的交义研究范畴,使其成为人类基础思考的底层逻辑。

朱小黄

2024 年 7 月

# 目　　录

# 不确定性的概念和来源

近些年来,"不确定性"成为一个热词,其热度飙升之快引人思考:不确定性作为人类文明中不可分割的一部分,为什么在今天被重新审视?

回顾 2004 年至今谷歌词条搜索的结果可以发现,其实不确定性的概念并不是近年才在全球范围内大规模出现的,搜索数据显示,在 2004 年、2009 年、2017 年、2020 年、2022 年,该词都分别出现了热度高涨的现象。在以上五个年份中,人类文明都面临了较大的危机,例如 2004 年出现的印度洋海啸、埃博拉病毒、伊拉克战争,2009 年的全球金融危机(包括后期的欧债危机),2017 年开始的全球贸易摩擦,2020 年的"新冠"大流行,以及 2022 年开始的俄乌冲突及其后续加剧的全球通胀危机。

在这里,我们可以得出一个观察结论:时局变幻莫测之时,就是不确定性恐惧感从基因向心理层面反射之时。当事件的动向超越人们的预期时,人们会感到不安,会天然地寻求稳定、安定,舆论则会利用这种心态炒作新闻。这导致多数人使用"不确定性"一词来简要地概括一些负面的、动荡的情况,不确定性逐渐成了"悲观预期"的代表性词语。然而,这错误地理解了不确定性本身的含义,因此,本书在开始对不确定性进行深入分析之前,需要先回答什么是不确定性,就其定义、来源、表现特征及相似概念先做论述,为后续讨论打下基础。

# 第一节　何为不确定性

## 一、不确定性的哲学思想渊源

不确定性思想在人类的认知、行为和社会发展中产生了深远的影响,并且经历了多次变化,因此,对历史上每一次出现过的不确定性思想进行彻底回溯有助于我们全面和深刻地理解不确定性概念。

在漫长的历史进程中,从公元前 600 年至公元前 300 年,古代哲学的诸多领域对不确定性都有过思考。古哲学家们,特别是怀疑论者,基于深刻的认知思考,共同认定真实的知识是无法完全实现的,这种认知强调了人类感知和理解过程中内嵌的不确定性。亚里士多德(公元前 384—前 322 年)是第一个自有记载以来系统性地讨论不确定性的哲学家。他认为,不确定性是人类经验的根本部分,人不可能对所有事物都确信无疑。他还区分了不同类型的不确定性,例如无知(不知道某事)和怀疑(对你知道的事情感到不确定)。柏拉图(公元前 428—前 348年)认为,不确定性是我们对世界有限认识的结果。他认为,不确定性可以是一件好事,因为它能引导探究和发现,在一定程度上,不确定性操控了好奇心,推动了人类文明的前进。

在中世纪(5 世纪至 15 世纪),神学观念通常是在一种基于信仰的框架中展开的,人们试图在这一框架下探求和理解神性的意图,以应对那些不可避免的不确定性。在这一时期,神学家奥古斯丁(354—430年)认为,不确定性是焦虑和绝望的来源。同期的代表人物还有托马斯·阿奎那(1225—1274 年),他试图调和亚里士多德的哲学与基督教神学。他认为,不确定性是人生的必要部分,它可以是谦卑和信仰的源泉。

进入文艺复兴时代,米歇尔·德·蒙田(1533—1592 年)认为,不确定性是人生的自然组成部分,应该全面接受它。他还写了人们处理不确定性的不同方式,例如通过信仰、理性和经验。弗朗西斯·培根(1561—1626 年)认为不确定性是知识的障碍,他提出人类可以通过科学方法克服不确定性。

在早期现代哲学时期(17 世纪至 18 世纪),笛卡尔和休谟,这两位伟大的哲学家在心灵哲学、知识和认识论领域展开研究,并以不可知论处理了那些难以避免的不确定性。同期,英国哲学家约翰·斯图亚特·密尔(1806—1873 年)认为不确定性是进步的必要部分,他阐述了不确定性可以导致创造力和创新。

在随后的科学革命阶段中,牛顿物理学取得了主导地位,它暗示着一种决定性思维的宇宙观,最大化地减少了不确定性的影响。从 19 世纪末至 20 世纪初,统计力学和热力学在物理系统中引入了统计和固有不确定性的元素。1927 年,出现了沃纳·海森堡的不确定性原理,这一量子力学的不确定性原理揭示了物理性质知识的精度限制。到了从 20 世纪初至 20 世纪中叶(经济学)的诸多领域中,奈特区分了风险(已知概率)和不确定性(未知概率),他的观点改变了经济学思想。而在从 20 世纪中叶至 20 世纪末(心理学)的领域中,不确定性减少理论由查尔斯·伯格和理查德·卡拉布里斯在 1975 年引入,它描述了人们如何在人际交往中减少不确定性。这些概念的提出在挣扎中逐渐完善了不确定性的概念。

中国古代也有类似的概念。例如,成语"有备无患",最早出自《尚书·商书·说命中》。"有备无患"的意思是事先有准备,就可以避免祸患(患:祸患、灾难)。原文说:"惟事事,乃其有备,有备无患。"《左传·襄公十一年》曰:"居安思危,思则有备,有备无患。"再如,"未雨绸缪",最早出自《诗经·豳风·鸱鸮》,该成语的意思是天还没有下雨,先把门窗绑牢,比喻事先做好准备,以防雨中受灾。古人对风险的理解主要基于人与自然的关系,但在经验中也体会到:有些灾害不能改变,但可避开,所以备而无患;有些灾害无法回避,但可减少损失,或可未雨绸缪。此外还有"防患未然""未寒积薪"等。这些词语都有一个前提:祸患无常。用今天的话语总结就是存在不确定性。遗憾的是中国人对不确定性的认知停留在感性阶段,只留下某些文化的投影,从来没有达到理性逻辑分析的水平,更没有进入哲学或经济学范畴。

即使在宗教中,也能观察到不确定性的身影。《大般涅槃经》中佛陀说业力可以分成两种:一是定业,二是不定业。换言之,种下的前因既有可能导致确定性的结果,也有可能导致不确定的结果,这就给自由的意志留出了空间。佛陀特别指出,正是因为业力具有不确定性,这才使佛法修行成为有意义的事情。

到了 21 世纪,不确定性已经成为气候科学、计算机科学、人工智能等领域的主要话题,原因在于全球系统的复杂性和不可预测性在不断增加。由于不确定性存在于世界的各个角落,因此不确定性的研究并没有被归属到特定的行业中,除了哲学、神学、经济学等一系列常见的研究不确定性理论的学科之外,各行各业都存在研究范式。例如在心理学领域,不确定性研究涉及认知和情绪的观点,主要关注人们对于模糊性的厌恶,以及对于与不确定性相关的焦虑。丹尼尔·卡尼曼等知名心理学家探索了人类对于不确定性的感知和应对方式,加深了我们对于决策行为的理解。

自 2019 年以来,贸易冲突、地缘政治、疫情、通货膨胀等诸多全球性问题的出现,引发了人们对"不确定性"这一概念的再次热议。其原因在于,这个世界变得愈发错综复杂,难以捉摸。"不确定性"的提及在宏观经济领域变得愈发普遍,正是由于上述诸多问题对原有经济分析模型产生了冲击,通往未来的道路才变得模糊不清。然而,也存在一种倾向,即将所有责任归咎于"不确定性"。

近年来,不确定性研究领域里的一项重大发展是概率思维的蓬勃兴起。这种思维方式的兴起基于一个核心观念,即不确定性可以被量化为概率。换言之,我们可以运用数学工具计算出不同结果的可能性。概率思维在诸多领域都得到了广泛又成功的应用,金融、医学和工程等领域都能看到它的身影。此外,另一个不确定性研究领域中的重要发展是复杂性科学的崛起。复杂性科学是一个研究复杂系统如何运作的新领域。复杂系统是由许多相互作用的部分组成的系统,这些系统往往表现出不可预测的行为。复杂性科学已经被用于研究大量的系统,包括天气系统、股票市场,甚至是人脑这样复杂的生物系统。在日益互联互通的全球化世界中,理解不确定性的重要性日益凸显。

总体来看,历史上对不确定性的讨论反映了人类在现在和未来、确定与不确定之间的挣扎,这塑造了我们的世界观和认识论。而在全球化的社会中,它已经变成了一个更需要关注的关键问题。

## 二、时间轴上的四维空间是不确定性

不确定性的最初界定是指对未来的预测与未来实际发生的情况出现偏差的可能性。如果不存在偏差,也就没有不确定性,而应该是确定的;如果一定存在偏差,那就没有预测的必要。用数学语言来表达就是,不确定性是指预测值与实际值相等的概率处于 0 到 1 之间的开区间,既不能等于 0,也不能等于 1。

对"预测"这种行为来说,只有存在主体(一般是人或其他生物)时,才可能有预测行为。有学者曾表示,"所谓不确定性,是就人类以自身为主体认识世界而言的,没有人类也就无所谓不确定性"。在这样一种存在主体与客体的语境下,不确定性应该进一步完整地表述为:主体对客体状态的预测与客体实际状态之间出现不一致情况的可能性。

预测需要考虑的是未来,因此不确定性与未来密切相关,没有未来也就没有不确定性。而未来又依赖于时间(关于时间到底是存在还是不存在,其实是存在一定争论的),只有在时间轴上,才能区分出过去、现在和未来,也才会有未来。所以,不确定性其实就是在时间轴上的不可知的未来。下面详细论述时间与不确定性等概念。

1. 过去、现在与未来

不确定性理论有一个假设：过去、现在与未来连接在一起，才是一个事物的整体。那么靠什么连接呢？当然是时间。既然时间是事物的一部分，那么是哪一部分呢？

在三维空间里，能观察到事物的全部物理状态，即存在状态，但我们并不能了解事物的全部，因为未来是不可知的部分。显然，未来并不是三维空间里的事物，所以我们不能观察到，只有利用时间，才能知道事物的始终。那么未来是不是比三维空间更高维的事物呢？比如四维空间。毕竟三维空间事物只能在时间轴上才有未来。

所谓四维空间，在数学上也叫作"欧几里得四维空间"，它可以拓展到 $n$ 维；四维空间的第四维是指与 $x,y,z$ 轴同一性质的空间维度。在物理学和数学中，可将 $n$ 个数的序列理解为一个 $n$ 维空间中的位置。当 $n=4$ 时，所有这样的位置的集合就叫作四维空间。四维空间和人居住的三维空间不同，因为多了一个维度。通过一维、二维、三维空间的演变，人们提出了关于四维空间的一些猜想。这些猜想现在并不能被证明是正确的，因为人类对关于四维空间的现象还没有足够准确清晰的认识。总之，众多猜想认为第四维也是空间上的四维，不包含时间，人类没见过空间上的四维，所以就算最聪明的科学家也想象不出来真实的四维空间是什么样子，只能构想出四维空间在三维空间中投影的情况。克莱因瓶表达的可能就是这种投影。

由于人类目前并没有观察到真实的四维空间，只是基于一些数学推导和物理理论猜想，所以关于四维空间还有其他视角的猜想。有一种猜想认为四维空间就是指时间轴上运动的三维空间。长、宽、高、时间四者，构成四维。所以四维空间就是未来空间，是不可知的。

如果第四维是时间的话，昨天和今天均在三维空间，只有时间能把昨天和今天连接，形成已经确定的过往，而相对于过往而言，不可知的未来就构成无法观察到的四维空间。但我们处在三维空间,看不到四维,即不知未来的自己和未来的一切。这也就是说,所谓不确定性,就是看不到的四维空间。当时间不断向前时,也就是不断把未来化为过往,把四维空间降维成三维空间。因此,看得见的三维空间与看不见的四维空间相互之间一定存在某种逻辑因果关系。人类正是依据这种逻辑因果关系来预测四维空间的某些状态发生的概率。

总之,四维空间或五维空间都取决于科学发现和认知,都是可以自行定义的。在相对论的认知框架下,如果存在四维空间的话,肯定同速度有关,也就是同时间有关,目前似乎应该在这个科学认知的框架内定义四维空间。顺理成章地看,四维空间只能定义为不确定的未来。

也有人认为时间并不存在,运动(如量子运动)同时间无关。但是目前人类的通识性认知还只能局限于爱因斯坦的相对论框架内,正是基于这个条件,笔者才把不确定性定义为不可知的未来。经过这样一番推理,我们为不确定性找到了物理上的科学依据。

在时间轴上,万物向前,总体上呈线性状态。既然如此,那时间会不会干掉不确定性?因为任何事物的不确定性状态经过一个时间点就不可更改了,固定了,就像我们无法改变昨天一样。

这个问题的答案是肯定的,不确定性指的是未来,确定性指的是过往。但是在本质上,过往对人类的生存方式只有主观的影响,没有客观的约束,正是在这个意义上,我们才说世界的本质是不确定性的。

什么是时间?一般来说,时间是物质的永恒运动、变化的持续性、顺序性的表现,包含时刻和时段两个概念。时间是人类用以描述物质运动过程或事件发生过程的一个参数,确定时间,是靠不受外界影响的物质周期变化的规律。以地球自转为基础的时间计量系统称为世界时系统。时、日、月、年、世纪的时间计量属天文学中的历法范畴。虽然时间是人类创造的度量单位,但物理世界的运动是客观存在的,自然与人类社会的区别是人类发现了这种运动,并且用时间来度量,而其他动物只感受变化,不懂度量衡的道理。

当我们站在时间轴上观察这个世界时,这个运动的世界实质上就是波动的。不确定性变化在时间轴上显现的是波动的曲线,这说明时间是不确定性的基础轨道,是一个主观载体。不确定性是对运动的主观描述,不是运动本身。不确定性的客观性指的是运动的客观性。

在经济领域,时间是一种宝贵的资源,具有不可逆的特性。时间不仅是衡量经济活动的标准,更是影响经济价值的关键因素。时间的价值在经济活动中表现为时间与收益的关系。时间的流逝往往伴随着机会成本的增加,因此时间的价值是客观存在的。在经济活动中,时间具有多种功能。首先,时间能够创造价值。随着时间的推移,市场条件、技术进步和消费者需求等因素发生变化,从而产生新的经济机会和价值。例如,随着科技的迅速发展,新产品和服务的生命周期变得越来越短,创新型企业需要及时把握市场机遇,才能在竞争中取得优势。其次,时间具有调节功能。在不同的市场环境和经济条件下,时间可以平衡供求关系、稳定物价和促进资源的合理配置。例如,在经济繁荣时期,需求旺盛导致价格上涨,而在经济衰退时期,需求减少导致价格下降。

此外,时间的价值也体现在风险管理和投资决策中。风险的大小往往与时间有关,投资者需要根据风险和收益的权衡来制定投资策略。在金融市场上,时间决定了风险的复杂性和随机性。例如,股票市场的价格波动随时间而变化,投资者需要根据市场趋势和预期收益来决定买入或卖出的时机。

在讨论了传统框架下的空间概念、时间与不确定性的关系之后,接下来我们将其进一步延展。

首先,我们可以更进一步地讨论广义的维度概念。所谓的维度是观察世界的一种角度,具体地说,是一种量化的度量方式。一维、二维、三维或者更高阶的维度意味着我们是从多少个角度来测量标的的。不同的人、不同的物种、不同的阅历对一件事情都应当有不同的看法,每个人丈量世界的方式不同,对所看到的事物的理解也就不同。正是因为如此,我们需要一把"公尺"以客观公正的方式观察事物。对于更高阶的智慧而言,降维描述是一个具体的体现,简单地说就是可以将复杂的事情简单处理。在本书中,我们将第四维度理解为时间,用以更加精确地阐述不确定性的存在,但在实际生活中,从第一到第 N 维度都可能是存在的。人们甚至可以自行定义用于观察世界和分析世界的角度。

在上文讨论空间时我们提到,维度空间赋予了我们在不同维度世界中确定事物位置的能力,在建立坐标轴体系的时候,科学的灵活性并没有固定要求二维、三维及多维世界的观察指标,只不过在肉眼可观察的物理世界中,人类更愿意通过长、宽、高三个维度来定义位置。在任意一个维度空间中,时间都是将点连成线的必要条件。即在一个没有时间的二维、三维世界中,维度只可以用来定位唯一(测量时刻)的位置,此时的位置信息展现为一个点。如果要了解事物的动态,那么就必须加上时间的维度,让其成为一根线,出现能够用以观察的趋势,否则仅仅通过一个点我们无法感知它的过去及未来。我们生活在一个三维的现实世界中,即一切物体的存在都可以采用三轴的方式在空间中被定位。那么,当 $x$、$y$、$z$ 轴各自存在唯一值的时候,我们可以将其称作是确定的,这一确定性来源于过去式,即带有时间的四维空间的过去式成为停滞的三维空间,而带有时间序列维度的四维空间永远是不确定的空间。

在不确定性的概念中,时间是不确定性的基础,即未来的走向是不确定的,而在已经发生的时间序列中,我们将其认定为历史确定性,这种历史确定性是由不确定性通过时间衍化而来的。更进一步,在不确定性的空间中,不存在一个确切的点,因为它还没发生,因此无法精确定位。所有对不确定性的讨论及预测,都是对将要出现点的位置的一种推演。这种推演主要遵循两种方式:因果与关联,在后续部分会着重讨论这两种方式。

所以时间是一切逻辑推理和因果关联的基础因子,它在引导各种不确定性的发生、发展和延伸。时间也是过去、当下与未来之间的区隔板,是各种不同事物之间的边界。确定性是存在的,但人类无法追求得到,实现确定性是由时间的力量决定的,与人类无关。人类需要关注的是未来和伴随未来的不确定性。应对和适应不确定性是因为时间还在延伸向前,放弃确定性的幻想,是因为时间终会流逝。

2. 三维空间与四维空间之间的降维与升维

从三维与四维的理论中可以推断出不确定性混杂在时间当中,无法回避,无法消灭。时间一边把它们抛下轨道,凝固起来,一边带着它们恒定地前行。不确定性就是在时间轴上永远不知的未来,即四维空间。时间把四维空间降到三维,成为过去与当下,我们在不确定性理论假设中把过去、当下和未来看作一个整体。

按照我们对不确定性的定义,四维空间无法被精准定位的事物就是不确定的,时间序列的存在使得四维空间更像是一个黑匣子,我们仅仅能够通过过去的定位来猜测黑匣子中事物的移动方向。由于时间是永续的,因此这个四维的黑匣子永远存在,只要未来的时间还未到来,黑匣子的钥匙就永远得不到。从数学的角度理解就是,只有当 $t \leqslant 0$ 时,$x$、$y$、$z$ 才有各自的唯一解。那么当 $t \leqslant 0$ 时,时间就成了一个固定的常量,比如 2000 年 8 月 1 日,这是一个固定的刻度,我们可以轻松地通过历史文献查找到这一天所发生的事情,但是当 $t > 0$ 时,就不存在这么一种渠道让我们了解到未到来之事。

我们将 $t$ 逐步接近 0 的这个过程称为"不确定性的降维过程",这是一个不断从四维空间向三维空间靠拢的过程,当 $t = 0$ 时,成为三维空间。这不是一个单纯依靠想象力的过程,我们可以站在信息经济学的角度做一些思考。首先,当我们就当前所拥有的信息对未来做预测时,最好的手段是积累足够多的历史样本数据,通过模型找到一个最佳的拟合经验,然后预测未来将要发生的事情。这种根据历史经验的预测方式在一定程度上可以预测未来的大趋势,但是想使用这种方式计算出更加精确的可能性是行不通的。其次,采用趋势外推的方法,例如移动平均(moving average)、ARIMA 等。趋势外推之所以在短期预测中有效,主要原因是信息效用函数的价值。也就是说,当 $t$ 无限接近于 0 的时候,我们的预测无限接近于真相,第四空间也无限接近于向第三空间的转型。一旦当时刻越过 0,那么一切就成为确定性,成为历史,信息效用函数就增加了新的样本信息,用以预测下一时刻四维空间中将要发生的事件的可能性。

因此,我们认为在三维空间和四维空间的升维和降维变化中,应该存在许多互相影响的逻辑关联因素。例如找到了今天的三维空间中会继续延伸到明天即四维空间的逻辑因素,就可以据此推导出这些事件在未来出现的概率,这就是预测未来的基本原理。

在现实中,我们面临过去、现在与未来三个时间,过去的可以总结归纳为经验,用以对现在发生的事件做出决策,以及预测未来可能发生的事件。当时间从未来与现在成为过去,四维空间就降至了三维空间,成为历史经验。时间的流淌是一个降维的过程,而站在当下不断向前看则是一个升维的过程。

随着时间的流淌,事物从不确定发展到确定,同样也是随着时间的流淌,我们永远面临着不确定性的挑战。向前看,我们永远面对的是不确定的四维空间;向后看,三维空间中的经验正在帮助我们面对四维空间中的不确定性。但是需要特别注意的是,过去的成功不能够代表未来的成功,经验和勇于面对不确定性的精神是四维空间中最明亮的灯塔。

时间、空间及不确定性之间的关系是层层递进的。可以无限延续的时间序列是一个向量的概念,即在客观的世界中,时间无限向前延展,不存在一个时间尽头的概念。三维与四维空间的不同之处在于:在三维空间中,事物可以被清晰地定位,即在特定的时间节点上,可以清晰地通过位置描述事物的特性,这就是确定性。但过去的历史确定性需要各种数据来表现,而数据的复杂性也会让历史确定性带有很大的盲目。

将时间向量的概念加入三维空间,形成了四维空间。在四维空间中,时间是无限延长的,是一个趋近于无限的概念。在这个空间中,由于未来的时间还未到来,因此事物所对应的三维位置也无法被确认,因此存在不确定性。

需要强调的是,时间、空间与不确定性的关系是一个动态的概念。未来的时间永远存在,每一秒都存在一个下一秒,如果不定义下一秒是哪一秒,那么它也应该是一个永续的概念。因此,在客观的世界中,不存在一个时间的尽头,除非将下一秒定义为一个特定的时间节点。在定义之后,相对的空间中就产生了一个时间尽头的概念,即当被定义的这一秒到达之后,我们就形成了一个三维的固化空间,一个不存在任何其他机会的空间。

这里可以下一个简单的结论:在客观的世界中,未来的时间序列作为一个向量是永续的,由于在客观世界中永远不存在世界的尽头,因此我们认为未来的事物,或者说不确定性的分布是不可以被一一对应定位的,这是不确定性存在的基本条件。

相对而言,主观上我们可以对某一个时间点下定义。比如,明早六点的太阳。等明早六点到来的时候,我们可以清晰地刻画出当时太阳升起的情况。当第二天六点到来的那一瞬间,我们可以主观地认定时间到达了一个相对的尽头,当时间成为过去,事物的位置就可以被清晰地确认,这是确定性存在的基本条件。

将视野放得远一些,任何未到来的时间所处的空间都存在不确定性。在未来的空间中,应该有相对确定和不确定两个概念。相对确定的事物是大概率可以被成功预测的,比如我们预测家门口的山不会在明天突然消失,这是自然界中相对稳定的概念。人类文明的发展离不开这种相对稳定的概念,一个最经典的案例应该是农耕时代的节气,如果节气不存在,天气的变化是随机游走的,那么规模种植不可能出现,文明也难以扩张。这里还要强调,相对确定或者说相对稳定是一个概率的问题,歉收、少雨、洪涝等问题也时常发生,它们不遵循二十四节气的规律,也无法被准确预测,我们将这些统称为不确定性。

在开头我们提到过,人类文明的发展是一个追求相对确定的过程。这里再细化一点,相对确定有两个分支:一个是主观的相对确定,一个是客观的相对确定。客观的相对确定就是前文提到的节气,这有利于生产计划的安排,包括播种、秋收等。还有一类是主观的,对相对稳定的追求是追求居民行为秩序的过程。法律、道德、风俗文化在一定程度上限制了居民选择的空间,造就了一个民族的组成体系。意识形态是一个经济体运行的基本,居民的选择和追求对于长期经济增长很重要。在一个经济体中,未来的相对确定与不确定应该处在一个合理的共存空间内,过多的相对确定性虽然有利于制订长远的生产计划,但同时也意味着机会的减少,创新的减少,经济体内流动性的溃缩。现实中可能体现为通缩—衰退,表现为货币流动性放缓,资产负债表收缩,计划外失业率上升,实际居民福利水平停滞等现象。

## 三、不确定性在各个学科中的表现形式

从不同的学科领域来看,不确定性有着不同的定义,主要包括如下:

### 1. 物理学领域

不确定性是指不可能同时精确确定一个基本粒子的位置和动量。这在物理学中被称为不确定性原理(Uncertainty Principle),是沃纳·海森堡于 1927 年提出的。粒子位置的不确定性和动量不确定性的乘积必然大于等于普朗克常数(Planck's constant)除以 $4\pi$($\Delta x \Delta p \geqslant h/4\pi$),这表明微观世界的粒子行为与宏观物质很不一样。此外,不确定原理涉及

很多深刻的哲学问题,用沃纳·海森堡自己的话说:"在因果律的陈述中,即'若确切地知道现在,就能预见未来',所得出的并不是结论,而是前提。我们不能知道现在的所有细节,是一种原则性的事情。"

此外微观世界的不确定性表达,比较典型的还有布朗运动。布朗运动是指悬浮在液体或气体中的微粒所做的永不停息的无规则运动,因其由英国植物学家布朗所发现而得此名。发生布朗运动的微粒的直径一般为 $10^{-5} \sim 10^{-3}$ 厘米,这些小的微粒处于液体或气体中时,由于液体分子的热运动,微粒受到来自各个方向液体分子的碰撞,当这些碰撞不平衡时,微粒的运动方向不断改变,从而表现出不规则的运动。布朗运动的剧烈程度随着流体的温度升高而增加。布朗运动是大量分子做无规则运动时对悬浮的固体微粒撞击不平衡造成的,所以布朗运动是大量液体分子集体行为的结果。

爱因斯坦根据分子热运动原理推导:在 $t$ 时间里微粒在某一方向上位移的统计平均值 $D$ 是微粒的扩散系数。这一公式是看来毫无规则的布朗运动服从分子热运动规律的必然结果。

空气中的尘埃飘散,清水中墨汁入水,飘散和扩散的轨迹是不确定的、不重复的无规则运动,这也正是微观世界不确定性的客观存在和普遍性的证明。但在确定性崇拜者看来,布朗运动的最终结果也存在着某种分布边界和轨迹,正如爱因斯坦所说的服从热力学定律。这算是一种确定性,但属于相对确定性,按照爱因斯坦的研究成果,布朗运动是分子在时间轴上的瞬间位置,虽然服从热力学第二定律的规则,但仍然是不确定性分布的表达。

分子高密度分布在扩散中一定向低密度分布区域移动,虽然轨迹不确定,但方向会受牵引,温度低的分子会向温度高的分子靠拢。这种牵引和靠拢的运动则是某种条件下相对确定的因果,属于偶然性中的因果概率事件。热力学第二定律本身适用于宏观物体运动状态,而布朗运动的问题,实际上反映了经典物理学"宏观"与"微观"概念的模糊性,也反映了经典物理学的局限。这种特殊的运动能否像人们希望的那样真的能获得某种必然性和确定性的规律,把人类从灭顶于无序熵增的悲剧中拯救出来呢? 也许能从量子物理学中寻求答案。

### 2. 经济学领域

奈特在《风险、不确定性和利润》中进一步指出,风险是能被计算概率与期望值的不确定性,而不能被预先计算与评估的风险则是不确定性。可见,奈特其实是在不确定性的基础上定义了风险,即可计量的不确定性是风险,并为后续风险管理研究奠定了理论基础。而不可计量的不确定性继续是不确定性。金融学领域在这一基础上继续延伸,依托概率理论、随机过程等进一步讨论了对不确定性的计量,例如用资产价格的标准差来衡量投资该项资产的风险程度(也就是不确定性),并据此建立了完备的金融资产定价理论。

在企业和经济理论的广阔舞台上,不确定性总是扮演着重要角色。除奈特外,亚当·斯密、约瑟夫·熊彼特,以及约翰·梅纳德·凯恩斯,这三位经济学巨匠早期各自对于不确定性的理解和处理,构成了现代经济学的三大支柱。

亚当·斯密,经济自由主义学说的奠基人,其核心思想"看不见的手"深刻地指出了市场机制在协调个人与社会利益中的作用。在亚当·斯密看来,尽管个体行为的结果是不确定的,但在市场经济中,个体出于自身利益追求的行为间接推动了社会资源的有效分配和公共福祉的增进。市场机制巧妙地利用了这种不确定性,通过它潜在的秩序依然能最终满足公众利益。

约瑟夫·熊彼特强调的是企业家精神和创新活动对现代经济发展的推动。在一个充满不确定性的世界中,他认为创新是经济变革和社会进步的驱动力。约瑟夫·熊彼特将经济发展视为一个动态过程,其中不确定性不仅是一种常态,更是激发企业家精神和创新冲动的催化剂。在他的理论中,不确定性成为推动市场竞争、经济结构变革和制度创新的源泉。

约翰·梅纳德·凯恩斯关注的焦点则更多集中在宏观经济层面的总体需求上。凯恩斯理论强调，由于消费者和投资者预期的不确定性，经济经常遭受非理性行为的影响，造成总需求的不稳定。因此，他认为政府的干预措施是必要的，以稳定经济波动，并通过公共支出来刺激市场的有效需求。凯恩斯的观点使我们了解到，在面对经济衰退和不确定性时，市场自身未必总能有效自我调节。

尽管三位经济学家针对不确定性的理解和解决方案各不相同，但他们都认识到不确定性是商业世界和经济活动不可分割的一部分。不确定性不仅是风险的同义词，更是潜在机会的代名词，它激发创造力与创新，促进新产业与市场的诞生。因此，在管理企业和制定政策时，理解和正确处理不确定性就变成了成功的关键。

3. 数学领域

数学是一种描绘和刻画世界的工具方法，这也是在数学领域没有对不确定性进行专门定义的原因。对于不确定性，数学通过概率统计理论来进行描述，任何不确定性都可以表述为某个变量出现多种状态的概率分布。在数学领域似乎并没有区分不确定性的可计量与不可计量，数学就是针对各种可能的情况去进行刻画的。对于可计量的（例如已知某个变量的概率分布），可直接利用相关的理论分析其统计特征并预测发生各种结果的可能性；对于不可计量的（例如不知道某个变量的概率分布），则利用抽样统计的方法去估计，在一定的置信区间内利用估计的结果再去分析变量的统计特征并预测发生各种结果的可能性。在学术层面，概率论、信息论、贝叶斯决策理论、蒙特卡罗法、博弈论及随机过程等一系列理论知识都在尝试刻画不确定性在未来的形态。

不管使用什么样的理论，数学作为一个表达不确定性的工具，旨在判断未来方向和位置的可能性。在未来的时间序列上，数学利用概率充分展示了其严谨的特性。一个严谨的定义应该是：对于在未来的时间序列中可能出现的现象,再多的数据、模型也没有能力给出一个100%准确的位置和方向,但是,边际上数据和模型能力的提升可以提高预测的准确性。在本书中,我们同步讨论了不确定性与风险及收益的关系。不确定性是广义存在的,这是因为当下没有一种手段可以证明未来的事情一定会发生,如果将不断延续的时间序列看作一把不断增长的尺子,那么未来刻度上事物的位置就永远是模糊的。也正是因为这一模糊的特性,给予了数学上概率论、博弈论、信息论等一系列理论成立的基础,在单一概率的方向上与最终现实的差距分为过高与过低两种,经济上相对应的是收益与风险,因为在未来的时间成为过去之前,不存在结果,因此收益与风险永远是在未来空间中同时存在的,在一个市场化的环境下,收益与风险的存在应该是对立均衡的,否则即存在套利空间。本书第十章中,关于"异度均衡"的讨论是对这一结论的延展。

## 四、不确定性是科学吗? 能证伪吗

要回答这个问题,我们首先需要理解"科学"是什么。科学是通过系统的观察、实验和理论来理解和解释自然现象的过程。它以可验证、可反复的调查和模型为基础。

不确定性是不是科学这个问题的答案实际上取决于我们如何定义和理解不确定性。不确定性本质上是一种哲学概念或描述,并非明确的科学命题。例如,"未来股票价格存在不确定性"并不是一个可以方向性证伪的科学命题,而是一种描述状态的陈述。

我们知道证伪的概念是由卡尔·波普尔提出的,并成为科学哲学的一个重要基石。卡尔·波普尔认为,一个命题或理论如果不能被观察或实验证伪,那么它就不是科学的。

不确定性本身一般用于描述事物状态,而非提出可证伪的具体预测。但用于研究不确定性的具体理论和模型是可以被证伪的。假设某模型宣称"在一定条件下,事件 A 发生的概率为 0.7",如果通过足够的实验和数据得出了频繁与此不一致的结果,那么这个模型就可能被证伪。某些风险管理模型(如 VaR 模型)如果在实际应用中频繁失败,也可以被视为理论的证伪。

虽然不确定性本身并非科学命题,但不确定性理论中其他方面还是存在科学性的考验,例如不确定性的研究方法是否科学?

对不确定性的研究通常涉及统计学、概率论、数学模型等,采用了数据分析、实证验证等方法,这符合科学研究的方法和原则。此外,不确定性研究广泛应用于各个科学领域。例如,气象学中的天气预测模型、经济学中的市场行为模拟、工程学中的可靠性评估等,都在研究不确定性并实际使用相应的模型进行预测与决策。

不确定性作为一个概念,无法完全证伪,因为它本身不是一种具体的预言,但其研究方法和应用模型是符合科学原理且可以被证伪的。研究不确定性的方法,如统计、概率和数理模型,具有基于科学的实证主义和可重复性的特征,因此可以被认为是科学的。

因此,不确定性的科学研究不仅为我们提供了理解和处理实时复杂系统的新方法,也使我们能以潜在不完美但有实用价值的方式处理真实生活中的复杂性和变异性。这使得研究不确定性不仅成为必要,而且是科学探索过程中不可或缺的一部分。

## 第二节　不确定性的五个来源

在自然中,人性的多元性和错综复杂性,物理世界的不确定性,热力学熵增定律的无序发展趋势,以及人类对宇宙认知的局限性,这些元素构建了一个繁复且引人入胜的"拼图",凸显了人类与宇宙之间的复杂关系。从研讨物理学中的量子理论、热力学的熵增原理,到深入挖掘人性的基本特征,再到剖析人类知识的局限性,最后到引入复杂系统,这一连串的思考勾勒出一个一致的主题——不确定性。这种不确定性既体现在个体的行为之中,也贯穿于自然的法则中。让我们一同探寻这些不确定性的源头及其影响,以便更精确地解读我们自身及我们所处的世界。

## 一、物理世界的不确定性通过量子力学得到证明

1927 年,沃纳·海森堡提出了量子力学中的"测不准原理",证明不可能在准确测量粒子位置的同时,又准确测量其动量(质量乘以速度),这是物理世界中不确定性的体现。

此外,"薛定谔的猫"是奥地利著名物理学家薛定谔提出的一个思想实验,是指将一只猫关在装有少量镭和氰化物的密闭容器里。镭的衰变存在概率,如果镭发生衰变,会触发机关打碎装有氰化物的瓶子,猫就会死;如果镭不发生衰变,猫就存活。根据量子力学理论,由于放射性的镭处于衰变和没有衰变两种状态的叠加,猫就理应处于死猫和活猫的叠加状态。这只既死又活的猫就是所谓的"薛定谔的猫"。但是,不可能存在既死又活的猫,要知道答案,就必须先打开容器。该实验试图从宏观尺度阐述微观尺度的量子叠加原理的问题,巧妙地把微观物质在观测后是粒子还是波的存在形式和宏观的猫联系起来,以此求证观测介入时量子的存在形式。随着量子物理学的发展,薛定谔的猫还延伸出了平行宇宙等物理问题和哲学争议。

从不确定性的角度看,"薛定谔的猫"不仅是一次重要的量子物理实验,更重要的是这个实验将猫的状态置于人的意识与物理环境之间的高度不确定性状况中,证明了不确定性的真实存在。在笔者看来,这是一项伟大的不确定性实验。

## 二、从宇宙无序本源到不确定性

根据热力学第二定律,自然界中存在一个能量传递的方向,即热量

只能由高温区向低温区传递,而反过来则是不可能的。此外,热力学第二定律还提出了热力学过程的可逆性,即一个可逆过程在倒向运行时仍然可以回到初始状态,而不会产生不可逆过程的熵增加。热力学第二定律是基于实验和经验总结得出的,其基本理论概念最初由卡诺和克劳修斯等人提出。经过几十年的研究和发展,热力学第二定律逐渐被广泛应用在工程和自然界中,并且继续激发着科学家们对热力学和统计物理学的探究。

热力学第二定律是一个复杂而又重要的概念,它常常引发人们的疑问和误解。以下是一些常见问题和误解,以及它们的解答。

1. 为什么热量只能由高温区向低温区传递

微观角度:分子热运动物体的温度实际上是由其分子的平均动能(热运动)决定的。在高温区域,分子具有更高的平均动能,它们更加活跃,碰撞频繁且剧烈。当这些高能分子与低温区域中的分子碰撞时,它们会将部分能量传递给低能分子,导致低温区域分子的平均动能增加,即温度升高。然而,低能分子在高温区域的影响相对较小,因此热量的总体流动方向是从高温区到低温区。

热力学观点:熵的增加。根据热力学第二定律,自然趋向于不可逆的过程,其中总熵(系统的无序程度)会增加。热量自发地从高温区流向低温区可以增加系统的总熵,反过来,从低温区流向高温区的过程会降低总熵,因此不符合热力学第二定律的原则。

2. 可逆过程和不可逆过程的区别

可逆过程是指在倒向运行时仍然可以回到初始状态,而不会产生不可逆过程所导致的熵增加。不可逆过程是指不能在倒向运行时回到初始状态,并且不可逆过程会导致熵增加。

可逆过程是指系统在经历某种变化的同时,其外部环境也可以完全逆转回原始状态。在可逆过程中,系统和环境之间的变化是无限小的步骤,没有任何能量的损失。这意味着可逆过程是理想化的,不受摩擦、黏性等因素的影响。然而,在现实世界中,几乎所有的过程都有一定程度的不可逆性,所以可逆过程是一种理论概念,很少在实际中实现。

不可逆过程是指系统在经历某种变化后,无法在外部环境的影响下完全逆转回原始状态。在不可逆过程中,能量的一部分会以不可回收的形式转化为其他形式,通常伴随着熵的增加。不可逆过程是现实世界中常见的情况,例如摩擦、热传导时的温差、气体膨胀时的能量损失等。

热力学第二定律及熵增定律表明,人类世界的本源是无序的、发散的,当然也是不确定的。人类社会文明秩序的建立,最终是为了克服无效能量,即熵值的增加,提高有效能量的比例。这样一种无序和发散的自然状态与结构,决定了主观世界自然属性中所包含的不确定性,而且是不可逆的不确定性。这种无序本源是自然能量推动各种运动的核心力量,所以决定了自然能量的运动是不确定性的根本来源。

早在 1943 年,在爱尔兰都柏林圣三一大学的多次演讲中,薛定谔就指出了熵增过程必然体现在生命体系之中,于 1944 年出版的著作《生命是什么》中更是将其列为基本观点,即"生命是非平衡系统并以负熵为生"。人体是一个巨大的化学反应库,生命的代谢过程建立在生物化学反应的基础上。

从某种角度来讲,生命的意义就在于具有抵抗自身熵增的能力,即具有熵减的能力。在人体的生命化学活动中,自发和非自发过程同时存在,相互依存,因为熵增的必然性,生命体不断地由有序走向无序,最终不可逆地走向老化、死亡。尊重和正视这个现实才能从心灵深处接受本书所要强调的不确定性的基础性和普遍性,才能展开讨论不确定性给人类带来的深刻影响。

### 三、人性的差异与理性自负扩大了行为差异

人性既简单又复杂。在纯自然环境下,人性是简单的生存欲望,在社会环境下,人的欲望的多样化导致了复杂化。自然世界的不确定性和人类社会的偶然性决定了人性的复杂性。人性本身的欲望才是繁荣的内在动力和原因。只有预期的不断变化,才会让各种生产要素在流转中偶然形成有效组合模式,巧合地获得增长与繁荣。因此人性的各种表现都是客观存在的,都是适应和对抗不确定性的某种选择。尽管许多具体的表现与人类文明有冲突,但站在整体和长期的角度看,这些表现符合人类生存繁衍需要。在大自然里,野生动物之间的弱肉强食和冷酷无情,甚至人类在某些场景下的邪恶,本质上也是来源于这种基因的动力。因此,人性的高尚与丑恶并不是人性本身的优劣,而是由环境的优劣、制度的优劣造成的。

社会财富的积累决定了人类群体文明程度的差异,也决定了人性的差异和人的行为的差别。贫困常常刺激人性恶的一面,而富足则常常激发人性善的一面。所有的人性表达都具有人类生存繁衍的需要性。

人性作恶的基本原因是处在一个不用付出代价的制度环境中。人性就是如此,一有机会,或行善或作恶。所谓最优人选只是一个伪逻辑,从人性上说,所有人都具有某些一致的缺陷,这些缺陷与能力、学识等没有直接的关系,例如图利、喜捷径、不愿受约束、相信自己的经验等等,都是每个人天生具有的"错源",无论用什么方式选拔,这些毛病都不可避免。能自律的人,才能抑制自己这些"错源"的泛滥。

依自然法观念,法大不过自然,人性亦是自然的一部分。违反自然秩序和人性规则都是不可持续的。但人性复杂,因环境差异而富有弹性。欲望是世界无序动力下熵增的方式,不能被消灭,只能对冲。对冲的方式有两种,一是通过自律,减少熵增,二是用此人的欲望制衡他人的欲望,实现均衡。

除了物理学上的依据之外，人性的差异也是一个重要的不确定性的来源。世界上没有两个相同的人，就像没有两片相同的树叶一样。人性的个体表现也是无序的，就好像物理世界的基本粒子的无序运动一样。人性的差异导致了人类行为的高度不确定性，也导致了人类社会运行的复杂性和不确定性。

人类的理性自负是人性差异的深层根源，而自负是由基因所决定的，这种理性的自负常常导致为实现理想而不顾一切的冲动。当代人虽然也懂得未来不可知的道理，但总是对已知的东西充满信心而企图以现代的能力去破解未来的一切。在经济学研究中，理性人假设是传统经济学许多定律的前提，即假定人类行为会符合某些通识。这在具体定义当代人自身时，由于一些人的行为是自利和逐利的，所以这能成立；但对人类的理性不能期望太高，并将其作为强行的假设。事实上就像当代人嘲笑过去人的行为一样，未来的人也会嘲笑当下人们的所谓理性支配下的行为。对于未来而言，当代人的所谓自制理性正是对未来的非理性或有限理性，即当代人的经济行为大概率是对未来不利的，是不理性或不充分理性的。这种有限理性主要来源于人类的理性自负，并提示我们要防范当代人因为理性自负而产生的实现某些宏大理想的冲动。

如何理解人类的理性自负呢？存在主义代表人物美国哲学家威廉·巴雷特在《非理性的人》一书中讲道：人在一个感到无家可归的世界里，需要寻求安全。但是，理性提供不出这种安全，要是它能够的话，信仰就既非必要也不会如此困难了。在存在主义者看来，高度理性主义是乌托邦的来源，常常转化为对权力的追求，反而变得不理性。实践证明，这确实切中要害。

人类的理性自负是由人性深处的自卑与自负决定的。人类心灵深处的自卑是因为对大自然的恐惧，这种自卑常常以自负的姿态表现出来。最明显的现象就是每一个时代都有人会认为自己掌握了终极真理,或者像美国学者福山那样断言"历史已经终结"。

## 四、人类对宇宙的认知和知识传承的偏差

人类对世界的认识是不完备的,总的来看,对宇宙自然的认知往往是未知远远大于已知。由于宇宙与自然的无穷,人类的认知能力永远只是浩瀚的一角,对人类而言,已知的越多,则未知的越大。这就在客观上决定了人类面临着未知所挟带的不确定性。所以人类认知的能力永远是有限的,文明的规则边界、人类的理性也永远是有限的。根据梅拉妮·米歇尔的观点,20世纪的两个重要发现使法国数学家拉普拉斯精确预测的幻想被打破。其中一个是前文提过的,另一个是混沌的发现,是指对于初始位置和动量的测量如果有极其微小的不精确,也会导致对其的长期预测产生巨大的误差,即常说的"对初始条件的敏感依赖性"。这两个发现其实分别从微观和宏观的角度证明了人类关于自然世界的知识是不完备的。即使世界具有一定的确定性,但人类无法全部认识到,也无法准确把握(包括测量),则人类眼中的世界仍然是不确定的。

除此之外,传统知识的传承和运用的偏差带来的不确定性也是惊人的。知识的传承是经过不同个体的主观归纳、筛选和阐述的,必然存在偏差,任何知识系统离世界的本原永远会存在或大或小的偏差度。这种偏差可以体现在概率论的计算公式中。在现代工业文明社会,由于知识与技术运用越来越广泛,所以认知偏差愈来愈多,事物发生偏差的概率也越来越大。

还有一点有必要单独说明。人类知识的不完备还会进一步加剧世界运行的不确定性,即因为主观的主体要参与到世界的运行中(人类本来就是世界的组成部分),并应用所掌握的知识试图影响世界的运行,所以主观的不确定性也会逐步内化为世界的一般不确定性。就有学者曾经说过,"与其说社会科学不能精确地预测短期的未来,不如说社会

科学的短期预测一旦被说出来,就会使自己成为预测的干扰项了"。

## 五、复杂系统与"涌现"

涌现性是一个在哲学、物理学、生物学和社会科学中广泛讨论的概念。简而言之,涌现性描述的是当一个系统的整体表现或功能超出其组成部分之和时所发生的现象。换句话说,某些属性或行为在更高的组织层次上"涌现"出来,而这些属性或行为在低层次的组成部分中是不存在的。涌现性的主要特点是,即使我们完全理解了系统的各个部分,也可能无法完全预测整体的行为。因此,涌现性是复杂系统中不确定性的一个重要来源。

涌现性,既是对(复杂系统)不确定性的有效应对,同时也是其产生不确定性的重要来源。这一概念在生物进化领域尤其显著,进化论正是涌现性的生动体现。譬如,进化论的本质被阐述为,"如果时光倒流,将地球生物进化的历史重演一次,我们会发现很难设想所有进化事件会以完全一致的面貌呈现"。这意味着,40亿年的生命进化历程,在这个浩瀚的历史长河中,实际上仅仅发生过一次。这是世界偶然性变化的表述。在这场漫长且美丽的冒险中,生命现象的进化历程具有强烈的牵一发而动全身的特性。每一种生命现象的变化,都会使与之相关的大量现象的进化轨迹随之改变。无论何种生命现象,都是千万种偶然性的巧合使然,且在巧合的基础上继续向前发展。这正是涌现性的根本所在,也是其作为产生不确定性来源的重要原因。因此,在某种程度上可以认为,涌现性已与不确定性相互融合,共同促进彼此的发展。

涌现性是一个深奥的概念,它不仅体现了复杂系统的特点,也揭示了生命进化的奥秘。当我们深入研究涌现性时,我们不禁会对自然界的神奇之处产生敬畏之情。涌现性在生命进化中的表现,使我们看到了不确定性的广泛存在和普遍运行,以及它光彩多样的偶然性外表,这一点在社会行为中同样具有深远的影响。

当人们尝试理解社会行为时,通常会依赖统计和概率的方法来处理相关信息。这是因为社会行为的复杂性使人们难以把握其中的全部细节和可能性。然而,当我们认识到涌现性是产生不确定性的重要来源时,我们开始意识到社会行为的运行并不存在一个确定的规律。相反,社会行为的运行更可能受到大量偶然性的影响,而这些偶然性又可能引发一系列连锁反应,使得社会行为的走向变得更加难以预测。面对这种不确定性,我们可能会感到困惑或无助。然而,这并不意味着我们无法理解和应对社会行为的不确定性。恰恰相反,这为我们提供了一个机会,使我们能够更深入地理解社会行为的偶然性本质,并探索新的方法来处理和应对这些偶然性。

## 第三节　不确定性相似概念辨析

### 一、不确定性与不可知论

在讨论不确定性认识论时,需要厘清不确定性理论与经典哲学上不可知论的关系。

在不确定性原理中,现在过去与未来之间的边际时间是确定与不确定的界线。所谓不确定性不仅指未来的不可预测,也指基于人类认识世界的能力和视角的有限性,认为已有的知识和各种认知都是不确定的、变化的。哲学上的已知、未知对应着不确定性框架下过去与未来的认识论。所有的已知是不确定性的,所有的未来是不可知的,无法预测。

不可知论源自批判性思维和逻辑追问。

关于不可知论,赫胥黎说:"不可知论是唯一可靠的哲学。"这说明多数西方哲学家和科学家秉承的基本观念是不可知论。这与东方社会通常的认知刚好相反,东方社会普遍认为所谓知识,就是确定的结论,其思考的逻辑是探寻"正确的确定的答案"。

在西方社会,自休谟和康德以来,主体哲学思想也是不可知论。休谟认为,人类的知识都来自归纳法,如果来自归纳法,那么人类所有的知识都不成立。休谟是第一个质疑知识、时间、空间、因果律存在的哲学家,虽然没有给自己的质疑找到一个准确的答案,但他持续追问这个行为本身比答案的意义更加深远。

康德说过,是休谟的追问将他从独断论中唤醒,让他认识到人类永远不能了解这个世界的本源真相,只能了解你所处的这个现象界。所以康德提出了"物自体在彼岸,现象界在此岸,物自体不可知"理论。根据这个理论,康德进一步提出:人类的认知越深,边界就越宽,但那个真正世界就越不可知。

"不可知论"不但没有造成虚无,反而是进步的动力,使得敢于打破一切认知边界成为"科学革命"的主旨精神。尤瓦尔·赫拉利在《人类简史》中提到,科学革命不是"知识的革命",而是"无知的革命"。他认为,科学革命与前现代知识体系的第一个不同之处就是"愿意承认自己的无知"。甚至有人提出了反共识观念。所谓反共识,就是用批判性思维、普遍怀疑、不可知论来看待已知的一切。

而马克思主义哲学认为不可知论否认认识世界的可能性,或者否认彻底认识世界的可能性,它割裂了思维和存在的辩证统一关系,否认思维和存在具有同一性。不可知论的错误在于它把感觉看成是隔绝人的主观意识和客观世界的一道鸿沟,因而也就无法知道客观世界是否存在。

但在不确定性原理下,这样的认识分歧根本没有存在的空间。

不确定性的理论假设是指一个经济事件的整体包括了过去、现在与未来。在时间维度上,任何一种经济现象都会深受过去已经形成事实的影响,也会深刻地影响到未来的事实状态。也就是说,所有的已知虽然可能以某种方式影响未来,但真实的未来是不可预测的。我们能预测的只是依据可重复数据对未来发生某种事件的概率进行粗略的测定。这一假设首先强调了过去与未来的整体观，并以这种整体观为前提来观察和分析当前对未来的影响，即站在未来的立场，审视当下的行为。

所以在不确定性理论中，过去的事物已经确定，但基于过去的已知只是相对稳定的，未来的变化极有可能改变已知的内容或结构。显然，不可知的未知才是科学进步与社会变革的动力，我们也可以把不可知的未知和未来理解为不确定性，理解为自然之力，理解为超自然的能量。所有的逻辑追问、质疑、批判和打破共识，才是人类社会进步的源泉。

所谓不可知论就是不确定性在社会原动力上的认识论表达。

## 二、不确定性、确定性与相对确定性

2023 年一份题为《在不确定性的时代寻找确定性》的经济报告，内容精彩，切中要害，议论也很中肯与专业。但我们想讨论的并不是这份报告的内容，而是作者拟的这个题目背后所表达出来的思想逻辑。

自古以来，人类文明都以寻找确定性为理想，这一理想来源于万物起源阶段的生存挑战。数千年来，人类文明在恶劣天气、野兽及病菌的侵袭下存活，是一个偶然性，也是不断追寻相对稳定的一种结果。我们认为，所有的理想和理想化的行为，都可以追溯至森林中原始人面对大自然时的无奈和不知所措。但不确定性分布给人类留下了建设文明秩序的空间，人类有机会在不确定性的世界里建立起相对稳定的环境，通过秩序和科技的进步改变了不确定性形态，例如，通过迁徙避开了恶劣的生存环境，通过涂料改变了金属氧化的速度和木材的腐朽过程，通过动力系统及其控制技术改进了工作效率和提高了安全性等等。但迄今为止，这些改变都是为了对抗不确定性的文明进步，丝毫不能改变这个世界不确定性的本质和客观存在。应该如何理解这一本质？我们可以倒退回第一个案例，当一个部落从干旱地区迁移到水源地附近时，对于部落而言，他们通过迁移在一定时间内保证了文明的延续，但是这个迁移的动作并不会改变干旱地区的湿度。换句话说，这个世界不存在我们所向往的绝对确定，我们所做的一切都是为了适应不确定性，努力获得相对稳定的生存与发展环境。当然，我们也可以把这种稳定性称为相对确定性。实际上，如果世界是确定的，那就一定是死亡的。对于人类文明而言，最大的挑战与最有趣的生命都来源于不确定性，在一个井然有序的框架下，艺术将不复存在，人类文明的光环也会逐渐昏暗。

这个题目似乎是假设存在一个确定性的时代，但每一个时代都是在不确定性框架下的时代，根本不存在一个确定的时代。特别是在当前高度全球化的背景下，资本的高速流通冲出了监管的视野，又叠加地缘政治的冲击，在实际感受上何来确定性？

所以，在当下很流行的在不确定性中寻找确定性的话语存在着逻辑陷阱：人们以为真的存在一个充满确定性的时代，以及相信或许可以找到这些确定性。

但是我们不能把相对稳定性称为确定性。有人说自然科学和逻辑规则就是寻找到的确定性。其实不然，自然科学（物理、化学、天文、生物）和逻辑规则是为应对不确定性而产生的，是为建立相对稳定性的努力，也可以称为相对确定性。世界有其固有的面貌，其中不确定性构成了其重要的一个方面。在回顾过去已发生的事件和已确定的事态时，任何描述都只能揭示事物的某一侧面，而不能完全揭示其真相。然而，如果我们以确定性来定义未来的讨论，那么这将产生一个虚假的表象，从而误导人们。如果进行一点延展，在微观个体层面，一个确定性的人生意味着一眼望穿生命，当精彩被穿透，那么文明就失去了色彩。在中观层面，如果企业可以看到自己的成功/失败，一切的商业行为将失去意义。这充分地说明了"确定性时代"这一论调的严重性。人类文明史表面上是一部追寻确定性的历史，但其实就是一部适应和利用不确定性的历史。从孔子、亚里士多德到当代科技,人类所做的一切都是为了增加生活的可预期性、可持续性和稳定性,即相对确定性。

对待未来有两种态度,一是寻找确定性,二是厘清不确定性形态(可能性)。理论上测算未来事物不确定性的分布和形态的变化概率是可行的,只要能够掌握各种指向相对确定的可重复的必然性数据。大自然所赋予的不确定性分布是不可消除的,虽然自然科学研究可以发现这些分布的变化规则,但由于这些变化常常难以由人直接感受,所以研究和预测未来时,我们把不确定性分布作为一个常规参数来考量,人类依靠科学研究发现这些不确定性分布,而不企图人为干预或者改变这种分布,例如在北极热带鱼是无法生存的。所有不确定性的科学研究都是在发现和揭示各种自然秩序,也就是揭示不确定性的分布特征。不确定性的分布与形态存在一个动态均衡的过程。我们可以讨论一个简单的例子:候鸟在天气转凉的时候前往南方,这没有改变不确定性的分布,即北方的气温会继续下降,但是不确定性的形态发生了改变,即候鸟通过迁移到南方避免了降温导致的生存压力。

当人类面对未来时,最大的生存挑战是不确定性表现形态的变化。比如事物发生的概率、某些事物变化的边界、事物呈现的模糊程度等等。当我们预测未来时,主要是预测不确定性形态的变化规则。在经济行为预测范围内,任何经济研究逻辑、计量工具都不可能准确预判未来事物和人的行为在时空中的具体位置,只能预计某些事物发生的概率和时空边界。尽量逼近未来真实,提前预判收益或损耗的可能性,以便配置资源,做好财务拨备安排,尽最大力量对冲未来的不确定性。一些企业在经营策略上采取逆"周期"的模式和在行政政策上采取类似的宏观调控手段就是典型的对冲策略。

世界上没有必然的规律。自然现象呈现的规律性和必然性只是不确定性框架下的运动方式。在偶然性主导的人类社会,的确存在因果关系的必然性。但这种必然性并不是确定性,随着成因元素的不断变化,事物结果也在一定的边界内发生变化。

所以世界上并不存在确定性社会,也无法在不确定的世界里寻找到确定性。所谓时代的确定性不过是人们主观上理想化愿望的表达。唯一的可能性是通过不断努力寻找不确定性中的相对稳定。人类文明延续的前提是不断克服困难,如果有一天地球不再适合生存,那么我们是否会前往下一个生态空间,通过改变不确定性的形态继续将生命传承下去呢?笔者认为,我们应该致敬那些走在最前面应对不确定性的人。

回到我们对空间维度的理解,确定、相对确定与不确定可以更深一步。首先是从不确定到确定的过程是一个四维空间向三维空间降维的过程,这个过程是由时间主导的。四维空间中不确定的事物是难以被精准预测、定位的,科技进步的手段增加了预测的准确度,但是依然无法证明未来的事情一定会在某个精准的时刻下发生。其中存在的一个主要哲学理念是"概率",所谓的相对确定性指的就是"高概率"的事件。这类事物通常具有相对稳定的结构,它们的分布一般来说不会发生大的改变。比如,窗外的一座山现在屹立着,那么明天它大概率还会存在,地震等这类能够摧毁它的事物发生的概率是极小的,因此我们可以认为这类事物是相对确定的。即使在未来的四维空间中,它也大概率存在,这就是预测中的假设行为。我们假设某些事物是确定的,是因为它们形变的概率极小,因此被假设为恒定。

整体上,相对确定是通往不确定性道路上的风景,如果不存在相对确定,过去的努力永远将会被清零,则文明是难以延续的。

当我们讲不确定的时候,有两个层面的意义,一是指人类世界运行的本质特征,二是与人类文明秩序下的行为和结果的偏离。

人类文明秩序的目的是构建相对稳定的行为结果预期,不可预期的行为就不可管理,也无法赋予信用。日常人们所讲的不确定性,更大程度上是相对于事物的稳定性期望而言的。

首先是遵守契约。虽然契约的标的也是变化、不确定的,但契约就是建立预期(信用)的工具。人们在行为上遵守契约就会完成约定的交易等行为。但违约行为也是常见的,占有履行结果的一定比例,构成交易一方未来预期的损失。在市场范围内,当人们讲不确定性时,实际上指的是履约完成的概率较高,违约概率较低,并不是真的存在履约确定性,否则风险管理就失去意义。履约的偏离度就是人们常说的市场的不确定性。其次是社会行为规则。规则构成各种社会秩序,依序行事,才能构建相对稳定的预期。相对于社会行为规则而言的偏离度,常常被人们称为存在不确定性,而人们把规则认定为确定性。需要指出的是,制定打破共识、不合实际、不可执行的规则是追寻确定性道路上的恶行。最后是行为目标。所有的社会活动尤其是经济行为,都需要预设目标,围绕目标配置经济资源,但目标的实现程度是极不确定的,人们常常把目标作为未来的确定性,而把结果对目标的偏离度称为不确定性。

契约规则的目标都是构建符合稳定结构和符合确定性预期的载体,实际结果与预期的偏离度可以理解为不确定性的表现模式和程度。总体而言,这些都是不确定本质上的各种现象。

## 三、偶然性与必然性

偶然性与必然性是一对值得讨论的哲学范畴。在马克思主义基本原理中,偶然性中存在着必然性。必然性是指事物发展过程中不可避免的趋势,偶然性是指事物发展过程中的不确定性趋势。必然性与偶然性作为事物联系和发展中相互区别与对立的两种趋势,又是辩证统一的。同时,必然性和偶然性又是相互联系和相互依存的。没有脱离偶然性的纯粹的必然性,也没有脱离必然性的纯粹的偶然性。这主要表现为以下三个方面:

第一,必然性存在于偶然性之中,并通过大量的偶然性表现出来。

第二,偶然性是必然性的表现形式和补充,其背后隐藏着必然性。

第三,必然性和偶然性的区分是相对的,两者在一定条件下相互过渡、相互转化。这道出了偶然性与必然性之间的深刻哲理。

在相对确定的条件下,必然性常常被归于常识,如数学公式和物理定律。但在不确定性理论框架中,世界的本质和前提是无序的和不确定性的。所谓的确定性即必然性,只是不确定性的某种相对确定的分布,必然性的常识在宇宙运动的节奏中仍然是变化的、波动的。这些常识既是主观的也是变化的,长期来看,可能会误导人类认知而不觉。但偶然性是绝对的、客观的,你承不承认它都存在,并且围绕着你的生活。

所以偶然性是主导社会运行的主要力量,是事物发展的主要线索。而必然性即确定性,只是相对的有条件的稳定。人类文明正是科学利用这些稳定时空建立秩序来对抗无序和不确定性的成果。

关于偶然性与必然性的关系,雅克·莫诺在 1977 年上海人民出版社出版的《偶然性和必然性:略论现代生物学的自然哲学》中提到,地球上出现人类是纯粹偶然的。这同美国人类学家加亚·文斯在《人类进化史:火、语言、美与时间如何创造了我们》中的结论一致。莫诺以现代生物学材料为背景,集中论述了偶然性与必然性的关系,涉及自然观、认识论与伦理学等多方面的哲学问题。莫诺认为,生物是赋有目的或计划的客体,这种目的性寓于生物的结构中,通过生物的动作显示出来。生命的特点就在于"目的性""自主形态发生""繁殖的不变性"。"目的性"是指有机体的功能结构执行或实现某种具体计划,目的性行为的承担者是蛋白质,繁殖的不变性是指遗传信息的稳定性,它在从上一代传递到下一代的过程中保持不变,从而维持原来的有序结构。这种不变性只与核酸有关。"自主形态发生"包括个体分子的发生和宏观形态的发生,它们归根结底依赖于蛋白质的立体专一性的识别功能。蛋白质的装配定律是随机的,进化依赖于核酸分子的突变。突变本质上无法预言,突变所造成的蛋白质功能效应是纯粹偶然的。莫诺看到了偶然性在基因突变中占有重要地位,但得出了偶然性支配整个有机界的错误哲学结论。

我们可以得出的一致观点是：生物进化在时间方向上是不可逆的。偶然行为产生的选择压力决定了进化的方向。进化的基础是绝对自由的，但又具有盲目的纯粹偶然性。

在面对偶然性时，我们必须采取正面的态度，积极应对可能发生的事件。对于事物的不确定性和波动，我们应该采取有效的措施来解决，建立必要的思想准备和财务储备，这是理性思考的必要步骤。只有这样，我们才能在变幻莫测的现实中保持稳定和冷静，从容应对各种挑战。

## 四、不确定性与可能性

未来可能出现的结果的种类（即可能性的多少）和不确定性的大小之间并不是一个简单的一一对应关系。在探讨它们之间的关系时，需要区分几个不同的概念：结果的数量（可能性的多样性）、单个结果的发生概率，以及我们对结果或概率分布信息的知识量（或信息的缺乏）。

（1）结果的数量：未来可能发生的结果种类越多，系统的不确定性通常认为是更大的。例如，在投掷一枚骰子的情况下，有 6 种可能的结果，这比投掷一枚硬币的 2 种可能结果来得更复杂。

（2）单一结果的发生概率：结果的不确定性与单个结果发生的概率有关。如果所有可能的结果发生的概率几乎相同，则系统的不确定性被认为是更大的。如果某个结果的概率远远高于其他结果，那么我们可以说这个系统的不确定性较小。

（3）信息的知识量：不确定性的大小也与我们对一起事件的知识量有很大的关系。知识量的多寡涉及对潜在结果的了解，以及我们能够预测这些结果概率的准确性。当缺乏有关结果或其概率的信息时，不确定性更大。

将这些组合起来，我们可以说，不确定性的大小情况往往与未来结果种类的多样性、单个结果的发生概率,以及信息知识量的多少相关联。然而,这种关系依赖于多种因素,包括系统的复杂性和我们处理不确定性时的方法论。简单地说,未来结果的多样性可能导致感知上的不确定性增加,但真正的关键在于我们对可能结果及其对应概率的了解程度。一个理想的风险管理策略需要考虑这些因素,并应用如决策树、模拟法和贝叶斯算法等工具来明智地管理不确定性。

## 五、不确定性与保守主义

《远离冰山》一书中写道:金融体系要重建保守主义理念。所谓的保守主义就是指坚持遵守成熟的思想和规则,不做不符合原理常识的决策。在现有规则没有被证明失效之前,都要认真遵循。对传统要保有一份尊重。

哲学上的保守主义与经济学的不确定性原理在深层逻辑上是相通的。

保守主义在以下基本原则上完全可以同不确定性原理找到一些共同的思维根源。

### 1. 道德是永恒的

常有人打着道德高点的旗号,以泛道德的方式侵犯个人自由,践踏法治原则。保守主义主张一切政治问题归根结底都是道德问题,如果缺少道德准则,再完善的法律也会沦为废止。保守主义者不一定是宗教徒,但他一定要捍卫某些永恒的、超验的、不容置疑的道德真理,比如不可杀人、不可侵犯他人财产、爱人如己等等。这些道德规范贯穿了过去、现在和未来。

不确定性原理认为事物是变化的,人类认知能力永远有限,人的主观立场永远有差异,所以不承认绝对的道德真理。但不确定性原理把过去、现在和未来视为事物的整体,许多道德共识是贯穿过去指向未来的,需要遵守。

## 2. 传统习俗是宝贵的

在少数人看来，传统习俗意味着守旧和蒙昧，新必胜旧，要获得自由文明就必须破旧立新，颠覆传统习俗。但传统习俗是经过长期验证的秩序伦理，蕴含着深刻的自由智慧。社会变革就像新陈代谢，不是可以随心所欲决定的。理性的火炬只能照亮有限的视野。

在不确定性原理中，对抗和适应不确定性需要构建稳定的主观观念和秩序，以获得相对确定的环境和预期。所以未被共识颠覆的传统都应该得到传承和遵守，任何以道德高点和创新发现为理由破坏传统和既有秩序的行为，都是反文明行为。这在某种程度上与保守主义是相通的。

## 3. 社会分层的客观性

现代社会崇尚人人平等，于是有些人便进一步主张，应该以社会正义、照顾弱势的名义进行更多的政府干预，实现结果平等。但保守主义主张，人与人在人格、法律上都是平等的，但每个人生而有各种不平等的属性。人类无法也不该抹平差异，实现狭隘虚幻的经济平等、结果平等。强行抹去人与人的自然差异，其实是以平等之名行不平等之实。这恰恰是在法律、人格上制造不平等。

不确定性原理认为，不确定性分布所包含的自然之力决定了人类社会差异的客观性。公平与正义应当像阳光一样均匀普照，无厚无薄；像空气一样广泛弥漫，无分朝野；像河流一样顺势而施，无刻意取舍。公平与正义也是自然赐予的资源，人类如何运用其往往关乎智慧高度。

如何实现社会效率与公平的均衡是任何现代社会治理结构下都必须要面对的问题。

在效率与公平之间横亘着巨大的鸿沟，那就是天然的差异。如果追求起点的平等，不承认差异，社会便失去动力，从而也会丧失效率。如果追求结果平等，天然差异会造成不平等的结果。机会均等与结果平均到底该如何选择，这是人类文明所面对的一道难题。这难题的核心是如何看待差异。

美国政治哲学家约翰·罗尔斯的公平理论中的差异原则值得经济学家借鉴。罗尔斯认为要鼓励那些有天赋的人发展并锻炼自己的能力,不过同时要认识到这些才能在市场获得的回报应当与那些缺乏这类天赋的人通过某种社会治理机制共同分享。差异原则体现一种协议,即将自然才能的分配看作公共资产,并分享这一分配的好处。

差异是客观存在的。世上万事万物不可能千篇一律,若如是则是一个死的世界。正因为有万花筒般的差异,世界才有变化,才有创新,才会有色彩。

但差异也会使人类理想中的公平无法绝对实现。差异遍布每一个角落,是不确定性的分布。现有的文明制度无法使每个人在任何地方、任何时候及任何事物上都享受到公平的待遇,因此差异所造成的不平等几乎是客观存在的现象。

### 4. 捍卫私有产权

很多人认为私有产权是造成社会不公的根源,只对富人有利,而对穷人大大不利,所以他们主张强制的财富再分配,而保守主义认为,私有产权是野蛮和文明的分水岭,先有财产权,才有市场和法律。

一个人只有私有产权得到承认,才可能实现其他自由权利。平等的财产权是人人共享的基本权利,是穷人免于被剥夺的底线,是真正脱贫的出路。因此,保守主义捍卫私人产权,本质是在捍卫人之为人的权利和尊严。

不确定性原理则认为人性是自然的一部分,是不确定性分布的事实。希望拥有并确保财富的个人获得的稳定性,是人类对抗不确定性分布的基本动力,也是人类社会运行的基础。所以私有产权是自然生态系统的重要部分,不可偏废。

### 5. 自由和权威互相依存

任何社会都需要维护自由,也都需要权威来维持秩序,但两者是一对永恒的矛盾体,没有权威的自由就是放纵,没有自由的权威就是专制。有人认为两者不可兼顾,于是转向无政府主义或集权主义。但保守主义认为权威应该且可以使自由变得更牢固。这一主张在现代政治中早已变成现实,有限政府和市民团体可以有效保障民众基本权利,自由与权威维持着紧张的平衡,既防止少数人的专制,又防止多数人的暴政。

不确定性原理认为,人类社会本质是人类对抗和适应不确定性而构建起来的,追求的是相对稳定的组织结构,必须以中心框架为核心,任何去中心的想法都是幼稚可笑的。自由和秩序之间存在微妙的平衡,过犹不及。这与保守主义既相通又有异。

### 6. 公权力受限的传统

保守主义强调权力的约束,基于人性并用欲望来对冲欲望,从而实现权力的制衡。

不确定性原理认为,人类从诞生开始就充满了对不确定性的恐惧,在基因里留下了追求确定性的本能。现实生活中的"乌托邦"式理想,形成的前提条件就是权力意志的理性和能量。而从客观角度讲,世界上并不存在确定性,为了防止这种理想化的追求确定性的行为(如计划经济),限制公权力是非常必要的治理框架设计。

### 7. 自由市场原则

有人误认为市场经济是一个丛林法则的联合博弈,只有剥削和贫穷。但经济学之父亚当·斯密指出,市场经济是唯一能够顺应人性、改善所有人生活的制度,消费者改善了生活,资本家才能盈利,工人才能提高收入。所以市场经济的运转前提就是承认人的私心,顺应人的自由。保守主义是自由市场最真诚的捍卫者。保守主义认为无论政府出于何种理由管制经济,都是违背人性的。其结果常常是通往经济崩溃和道德沦丧。

不确定性原理认为,不确定性决定了未来收益与损耗两种可能性,市场"看不见的手"之所以能发挥作用,除了亚当·斯密指出的人性自利之外,更深层的原因是市场交易者的风险承担机制。有承担风险安排的决策一定是博弈的最优选择,有收益者也有风险承担者,是最优的风险与收益配置模式。只有不承担风险者参与到市场风险决策中,才会发生真正的危机。风险承担机制完善的市场不会失灵,但市场会在外部行政干预的条件下失效。

综上所述,不确定性是保守主义哲学的思想基础之一。无论采用什么样的社会治理模式,不确定性都是需要遵循的社会底层逻辑。

## 六、不确定性与模糊

模糊数学,尤其是模糊集理论,是由拉特飞·扎德在 1965 年提出的一种处理模糊、不精确信息的方法。其核心思想是用模糊集来表示不精确的概念和信息。

模糊集是指一个集合中的每个元素都有一个介于 0 和 1 之间的"隶属度",这表示该元素是部分属于这个集合。例如,考虑到天气的描述,我们可以说"今天的天气有点热",这种描述在传统二元逻辑中难以量化,但模糊数学提供了一个工具,可以用一个介于 0 和 1 之间的数值来表示"有点热"。

模糊逻辑则扩展了传统的布尔逻辑,可以处理模糊和不确定的命题,并用不同层级的真值来表示。例如,一个命题可能是部分真,而不是完全真或假。模糊数学中还定义了模糊集合间的基本运算,如对象之间的并、交、补等操作。

不确定性描述了在未来状态或行为方面的不确定。它来源于多种因素,前文已经有过描述。从定义可见,尽管模糊数学和不确定性研究都是为了处理不精确或不可预测的信息,但它们在表达方式、应用范围和理论基础上有所不同。模糊数学适用于那些传统数学方法难以处理的模糊系统,比如自然语言处理、控制系统和专家系统等;不确定性研究应用更广泛，包括金融、工程、气象及医学等各个领域。

　　模糊数学和不确定性理论虽然在理论基础和应用方式上有所区别，但它们在处理复杂、模糊和不确定的系统时有着重要的联系和互补性。在某些应用场景下，模糊数学和不确定性理论可以结合使用。例如，模糊决策理论和风险决策理论在实际应用中常常交叉使用，来提供更加灵活和全面的分析工具。从另外一个角度来看，可能因为模糊的存在加剧了不确定性的存在。

# 不确定性的性质、分类与度量

在前面的章节中,我们讨论了不确定性的主要来源,初步提到在绝对的不确定性中仍然存在着相对的确定性,并指出这种相对的确定性主要是由不确定性的分布方式和形态所决定的。从世界宇宙到人类社会,历史演变到今天为止,其实是一个不确定性的结果,只不过它的不确定性的分布和变化有着各种各样的方式和形态。在本章中,我们将重点解释什么是不确定性的分布与形态,并回答是否存在一种降低不确定性的方法等目前社会重点关注的问题。

## 第一节　不确定性的性质

### 一、不确定性的客观性与主观性

简单来说,不确定性的来源包括两个方面,一是认知主体的有限理性,二是被认知客体的混沌。从主体与客体出发可以进一步界定主观不确定性与客观不确定性。由于不确定性是客观存在的现象,人们对不确定性既望而生畏又无可奈何。这使得在人类主观世界的构建中出现了两种不同的倾向:一是厌恶不确定性,追求确定性的场景;二是理解不确定性,各种学说中都渗入了应对不确定性的智慧。

不确定性的客观性是由物理世界的运行本质决定的,给人类带来了各种失败的烦恼和成功的快感。面对烦恼时,人们产生了追寻确定性的愿望;面对快感时,人们产生了应对不确定性的智慧。例如人类对公平与效率的追求,绝对的公平是一种确定性构想,如果真的实现了,那么就会付出效率低下的代价,因为效率是基于不确定性和差异才能获得的价值。公平是主观意识的产物,而效率是不确定性的客观性表达。人类已经学会了在公平与效率之间取得平衡。这其实就是在主观愿望与客观可能之间寻找平衡点。

很显然,主体预测不够精准导致的不确定性是主观不确定性,而客体走势不可预测导致的不确定性是客观不确定性。需要注意的是,做这种区分只是为了从理论上进行深入分析,但在实际生活中很难完全区分开。人类知识的不足不仅增加了世界运行的不确定性,并且由于主观的主体参与世界的运行并应用所掌握的知识试图影响世界的运行,主观的不确定性也会逐渐转化为世界的一般不确定性(即客观不确定性)。在这种情况下,区分主观不确定性和客观不确定性变得非常困难。所以,不确定性既有主体主观上的来源,也有客体客观上的来源,两者密不可分。

现代社会科学如经济学、概率论、博弈论等,本质上研究的是某种事态的可能性中包含的价值与风险,也就是不确定性的客观性与主观性之间的差异。

## 二、不确定性的两面性

在探索不确定性的本质时,我们不得不承认,它就像阴阳一样,存在于宇宙万物之中,兼具正反两面。人类历史与进步的每一步,都与不确定性的两面性紧密相连。在金融领域,不确定性给予的可能性正是超额利润的源泉,而在社会与技术进步方面,不确定性则孕育着革命性的创新和突破。

不确定性代表着无限的可能性。在经济中,不确定性是潜在利润的象征,也是潜在损失的象征。没有人能够把握未来,那些能够勇于面对不确定性,并通过创新和适时调整策略的企业和个人,便有机会实现超额收益。在股市、货币市场或创业领域,正是因为市场中的波动和不确定性,才使得较高风险投资的回报潜力大增。

从历史角度看,许多颠覆性技术和商业模式的出现,都是在高度不确定的环境中诞生的。比如互联网的到来,改变了信息传递的方式,创造了前所未有的业务模式,并由此催生了一批科技巨头。这些变革有力地证明了在不确定性的肥沃土壤上,创新和机遇如同阳光和雨露一样,滋养着企业和经济的成长。

然而,与阳光背后的阴影相伴,不确定性的另一面则带来了风险和挑战,它可能导致投资损失、市场波动,甚至经济危机。当企业未能对市场变化作出及时响应,或者政策制定者未能预见到经济趋势的转折时,不确定性便会伸出它的冷酷之手,带来失业、贫困和社会动荡。

认识到不确定性的双面性后,重要的是如何拥抱它。风险管理和决策科学正是为了帮助我们在这方面做得更好。通过精心设计的策略、综合性风险评估和持续的监控,我们可以在悬崖峭壁中寻找到一条通往成功的路径。

总之,不确定性既是创新和进步的催化剂,也是风险和挑战的根源。我们不能忽视它的存在,也不能仅仅把它视为一种挑战。相反,我们需要通过了解并应用风险管理的原则,以明智且经过深思熟虑的方式,来拥抱它给予的每一份挑战和每一次机遇。

## 第二节　不确定性的分布与形态

不确定性是指事先不能准确知道某个事件或某种决策的结果,只要事件或决策的可能结果不止一种,就会产生不确定性。在经济学中,不确定性是指对于未来的收益和损失等经济状况的分布范围和状态无法确知。整个世界都是不确定性的客观存在,那么如何归纳其分布范围和状态呢?

不确定性的分布是指在相对稳定结构的环境下,事物按照当前环境的自然规则的运行,是自然能量作用的结果,事物的未来虽然是不确定性的,但也存在以往事物对未来的影响,其发生的各种可能性是相对确定的。但由于人类认识的局限性,我们对大量的规则其实是不清楚的,所以很多时候我们也并不会知道事物发展的所有可能性,这也是主观不确定性的一种体现。并且如果规则或者环境变了,这些可能性也是会发生变化的。

不确定性的形态是指事物未来结果的可能性虽然由不确定性的分布所决定,但其发展过程中的节奏、速度等变化特征可能是不确定的。人类可以根据自身偏好,利用自己的能力(如借助已掌握的规则)来改变事物形态的变化特征,来促进有利事物的发生概率,或者减少损耗事项的发生概率,从而对不确定性进行管理。在规则没有变、分布没有变,且数据适用的情况下,人类还可以预测未来事物结果的发生概率。

例如可以在河(分布)的两岸之间架一座桥(形态),通过涂漆放缓金属氧化(分布)的进度(形态)。生物从生到死的过程是由不确定性分布决定的,产生什么样的生物及哪个具体的生命,是分布决定的不确定性结果,但具体寿命长短、何时生病、具体生命的状态等,却是不确定性形态的表现,是可以改变的。搭一座桥是改变形态,因为没有改变水流方向的自然之力。而拦一道坝就是改变分布,是逆自然之力的,一般需要付出巨大成本,从长期来看,在经济上很难成立。

不确定性分布来源于自然的赋予,相对稳定的分布结构决定了这种结构下带来的收益(如矿产)和损耗(如洪灾)的总量。无论人类如何干预,总量难以减少,就像能量和物质守恒一样,大自然的天赋在相对确定的环境下是一个常量。为对抗不确定性而改变其分布结构,从全局来看大概率是得不偿失的行为,人定胜天的想法在这里不过是愚昧的冲动,可能带来长远的负面影响。

不确定性形态,即事物变化的节奏和速度,以及从经济角度而言结果中的收益性概率和损耗性概率,这些是可以通过科学原理和技术进步来改变的,使得结果更符合人类的期望。技术创新构建了新的不确定性状态,形成了某种稳定的结构状况,其中发生损耗(风险)的概率降低,而得到收益的概率提升。所以科技创新行为的动力来源于不确定性,来源于人类对抗无序、对抗不确定性的需求。但不确定性是客观的、不可改变的,能改变的是形态结构。

## 一、由自然形成的分布

不确定性的分布无处不在,它存在于我们生活的每一个方面。物理世界本身固然具有一定的不确定性,但更多的是在人类的主观感知中显现出来,这种不确定性贯穿在我们认知的各个层面,塑造了我们面对的具体挑战及其难易程度,并指导着人类文明的发展机遇与方向。研究和分析不确定性的分布状态,是探索不确定性的核心,也具有极高的价值。

不确定性在时间维度上表现为生物的成长与寿命、火山爆发的时间间隔、宇宙大爆炸的间隔等;在空间维度上体现为宇宙的尺度、地球环境的变化、海洋与陆地的变迁、山脉与平原的形成与变化、地壳板块的移动与演化;在心理层面上涵盖了不同种族和民族之间的差异、历史事件的偶然性,以及人类性格的多样性;在行为维度上受到个体行为和选择的影响。对这些不确定性的理解和分析,对于我们深入理解所处世界极为重要。

## 二、可调整管理的形态

就不确定性表现形态而言,按呈现类型可以分为随机性与模糊性。随机性是指单个随机现象的不确定性,如设备故障征兆和故障原因之间往往具有随机性。随机性可用概率来度量,如概率论中的贝叶斯法,但实际上专家系统往往都对严格的概率理论作某些修改。不确定性程度常常用事物发生的概率来表达。模糊性是指事物的外延不清晰的一种不确定性，如"振动强烈""故障严重"等概念，这些概念被称作模糊概念。刻画模糊性现象的数学理论被称为模糊集合论。模糊性可用隶属度来度量。隶属度表示的是一种可能性，其值越大，则可能性就越大。模糊数学、混沌经济学，都是在研究不确定性的模糊性形态特征。以下是对不确定性三个方向的观察：

（1）未确知性，是指信息的不完全导致的一种不确定性。如故障诊断中，由于受现场条件、测试手段等因素的限制，诊断故障所需的很多信息无法获取。现有专家系统在处理这些未确知性现象时常用的方法有证据理论、非单调逻辑等。但未确知性是一种客观存在，是不确定性的一种形态，人类无法避免。

（2）未来不可预测。由于不确定性的原因，事物在时间轴上的变化是无规律可循的。就各种具体的场景而言，未来皆不可准确预测，也即不可确定。尽管计量技术和巨大的算力可能会提供某些事件的发生概率，但未来仍然是不确定的。

（3）不一致性、时变性和不完全、不完整性。由于不确定性的存在，事物之间存在着不一致、不协调、多变、前后矛盾、不完全、不完整等现象，总是需要人们随时运用各种知识技术去应对和调整，这些现象都是不确定性的表现形态，不足为奇，也无法完全消除。

总的来说，不确定性的分布方式决定了人类对抗不确定性的文明方向，而不确定性的表现形态决定了人类对抗不确定性的具体方式。

### 三、不确定性分布与形态的经济学解释

用不确定性的分布与形态来区分和观察经济活动，会对经济有更深刻的认知。在不确定性分布经济问题中，对抗不确定性分布即对抗自然能量的经济行为耗费的代价很大，在经济上是不可行的。适应不确

定分布并运用自然能量的经济行为则是可行的。

在实际的经济活动中，一些活动试图对抗自然、改变自然面貌，从而为人类提供收益，如填海挖山等，我们将这些称之为分布性经济活动；另一些活动，如在当前分布下的人类生产、生活活动，这些活动只是在合理范围内试图通过新技术、新材料、新方法的运用，来改善人类生活环境和提高生活质量，我们称之为形态性经济活动。在宏观经济上常用消费、物价、投资等指标，微观经济上常用产品、流程、居民收入、就业和销量等指标，作为衡量这些经济活动宏观表现和微观效用的依据。

近年来，上述分布性的经济活动所产生的边际效用正在快速收缩，体现为对经济拉动效果不足、对就业率的帮助甚微，同时将财政推向了紧平衡的状态。在一定程度上，当前地方债务高企、房地产问题，以及经济循环中的就业、内需问题或多或少都受到了分布性经济活动累积的影响。在需要更多应对不确定性形态变化的条件下，应该对分布性经济投资活动更加谨慎，更加持收缩的姿态，以节省经济资源，提高经济资源的效用。

与之相反，更多地激发形态性经济活动，才是当务之急。而激发和调整的主要手段就是继续坚持改革开放，加大市场配置资源、承担风险的占比，主要目标应该放在解决就业问题上，用积极的财政手段激励创业和小额投资，激励实业产品和大市场流转。在保护营商环境，助力民营企业上下功夫，让他们放开手脚、安心创业、安全营运。

在实务处理上，如何在每一种状态中更好地区分不确定性的分布与形态是重中之重。在对经济进行调整前，先要满足异度均衡（后文会重点阐述）的条件，满足经济增长和代际公平两大基础。如果一个经济活动不能满足异度均衡的评价体系，那么这一活动大概率是"不经济"的行为，也大概率是对不确定性分布的强行调整。

# 第三节　不确定性能否计量

不确定性的分布和形态分别可以通过概率论与随机过程、时间序列等方法予以数学表达和量化分析，可以帮助我们在不同层面上理解和管理不确定性。如果用数学来表达不确定性，那表述更为精确。但笔者并非数学专家，无法给出一套全新的数学模型来展示不确定性，因此我们只能寻求现有的一些数学模型来匹配不确定性的思想。

前文讨论过不确定性的来源，其实对于上述五大来源，均可以用在其领域的数学方法来表达。但无论如何表达其来源，其结果都是一样的，那就是未来的不确定性。因此本节就不再赘述如何使用数学呈现不确定性的来源。相反，我们希望通过对不确定性分布和形态的数学表达，来让读者更加清楚地认识到何谓不确定性的分布和形态。因此，下文将围绕不确定性分布和不确定性形态两个方面来展开。

## 一、不确定性分布的数学表达

随机事件中是不是隐含着某种规律性？偶然性之中是否蕴含了某种必然性？这是不确定性研究必须解释回答的问题。本来就单个随机事件而言，其偶然性是毫无疑义的。所有个别的偶然性构成了整体社会运行的偶然性本质。我们可以通过预测某类事件发生的概率来大致窥测未来。

但是大数定律横亘其中，使人觉得不确定性原理推导出了虎头蛇尾的结论。概率论历史上第一个极限定理是由伯努利提出的，后人称之为"大数定律"，这是概率论中讨论随机变量序列的算术平均值向随机变量各数学期望的算术平均值收敛的定律。在随机事件的大量重复出现中，往往呈现几乎必然的规律。通俗地说，这个定理就是，在试验不变的条件下，重复试验多次，随机事件的频率近似于它的概率。例如正态分布,就是一种大数集合的均值,是不是规律性的呢?

　　在现实中,大数定律研究的是随机现象的统计性规律的一类定理,当我们大量重复某一相同的试验的时候,其最后的试验结果可能会稳定在某一数值附近。就像抛硬币一样,当我们不断地抛,抛个上千次,甚至上万次时,我们会发现,正面或者反面向上的次数都会接近一半。这些试验都传达了一个共同的信息,那就是大量重复试验最终的结果都会比较稳定。那稳定性到底是什么?怎样用数学语言把它表达出来?其中会不会有某种规律性?是必然的还是偶然的?

　　正态分布,也称"常态分布",又名高斯分布,最早由棣莫弗在求二项分布的渐近公式中得到。从不确定性角度看,正态分布仍然是一种概率分布,归根结底还是不确定性分布的一种表达。不确定性分布有各种形态、各种时间长度和不同的空间位置。在一定的因果条件下或关联条件下,正态分布表达了相对稳定的因果或关联状态,是某种试验条件下的计算,而实际自然环境下的事物变化却是瞬息万变的。在不确定性的绝对性和相对性的关系和演变过程中,大数定律一方面是不确定性的概率表达,另一方面也是重要的计量相对确定性的工具。所以大数定律也构成了不确定性理论的重要基础逻辑和理论来源。

　　按照传统西方经济学理论,"微观的不确定性到了宏观就呈现出一定的规律,因为那些不重要的个体随机性(噪声)被中和了,这就是大数定律"。这段话同不确定性原理并不相悖,如果把"一定的规律"改为某种"相对稳定的状态",那就毫不违和了。实际上大数定律揭示了不确定性条件下通过大量的样本来筛选相对稳定(相对确定性)条件的数学观念。

　　不确定性的分布指的是在相对稳定结构的环境下的未来可能性,那么我们就可以使用概率分布来对这些可能性做某种程度上的刻画,虽然不一定可以涵盖所有的可能性,且这些可能性还会随着环境发生变化,但在相对某一段稳定的时间内,这种刻画是有意义的。

要描述一个事件出现的概率分布,例如正态分布、指数分布等,其数学表达很简单:

$$P(X = x) = f(x)$$

其中,$f(x)$是概率密度函数。不确定性的分布并非直接使用概率分布来替代,而是一种简化的表达,除此之外,我们还可以借用很多其他方法,例如马尔可夫链,或者非线性期望模型,通过寻找某一个可能的区域(阈值)来应对不确定性等,但这些都基于概率,因此本文不再赘述其他表达方法。重要的是,我们可以借用概率的概念来帮助理解不确定性分布代表的各种可能性,但在实际使用中存在着种种制约,详见下文。

## 二、不确定性形态的数学表达

不确定性形态指的是事物在发展过程中的节奏和特征的变化,尽管其未来结果由不确定性分布决定,但过程有时更加重要。所有违反不确定性分布的人类行为都是人定胜天的愚昧观念使然。例如企图截断河流、追求长生不老,不仅不能获得确定性,反而会在不确定性形态上提升不确定性损失的发生概率。而通过科技进步和计量工具的运用,人类可以改变不确定性的形态,这才是现代科学技术的发展方向和核心价值。

在数学中,随机过程这一概念通常用来表达事物发展过程中的随机性,与概率分布的差异在于,随机过程加入了时间的概念,其状态会随着时间的变化而变化,但每个时间点都是随机的,即不确定的。常见的随机过程,如布朗运动的数学形式为

$$X(t) = X(0) + \mu t + \sigma W(t)$$

其中,$\mu$为漂移率,$\sigma$为波动率,$W(t)$为标准布朗运动。

不确定性形态描述了事物在发展过程中的时间节奏、速度和特征的

随机性。这种不确定性不是单纯由系统的初始状态决定的，而是包含系统随时间演变的动态行为。在这种背景下，随机过程提供了一种自然和有效的数学工具，用来捕捉和表达这种动态的不确定性。通过随机过程，我们可以描述系统在时间维度上的不确定性，即系统的状态不仅取决于当前环境，而且是在时间维度上具有随机变化特征。

通过随机过程建模，可以对系统未来的发展进行概率性预测，评估不同路径和结果的可能性，从而为管理不确定性提供决策支持。例如，在金融市场中，通过模拟股票价格的随机过程，投资者可以估算未来价格的潜在波动范围，从而做出适应性策略。

随机过程被广泛应用于多个领域，不仅帮助我们在理论上深入理解系统的动态特性，也在实际应用中提供了实用的解决方案。但本书并非专业的数学著作，此处仅采用随机过程这一概念来表达不确定性形态的动态内涵，以帮助我们理解不确定性，但在实际使用中，也存在着种种制约，详见下文。

### 三、使用概率模型研究不确定性分布的限制

随机过程和概率分布都属于概率论的内容，虽然对于不确定性的研究，概率论具有不可忽视的价值，不过必须认识到，使用概率论研究不确定性也存在较大的缺陷与漏洞。本书梳理概率论的研究历程更多是因为概率论是科学最初探究并量化不确定性的一种方式。

在使用概率论研究不确定性时，会出现几个限制，其中包括强假设、数据需求、结果解释、主观性，以及最重要的确定性与不确定性的博弈。

（1）强假设：所有模型，包括概率模型，都是现实的简化。因此，它们都是建立在一定的假设之上的，如数据的独立性或正态分布。如果这些假设不成立，模型可能会产生错误或误导性的结果。换句话说，这些强假设在一定程度上可能否认了未来是不确定性的本质。

（2）数据需求：概率模型通常需要大量的数据来进行准确和可靠的估计。当数据稀缺或质量较差时，模型的估计可能会存在偏差或者高度的不确定性。

（3）结果解释：概率模型的输出通常是以概率分布的形式存在的，这需要谨慎的解释。对这些分布的误解可能导致错误的结论，特别是在研究不确定性的时候，不确定性的研究更加偏向稀有事件的预测，而稀有事件可能难落在正态分布的置信区间内。

（4）主观性：有些概率模型，如贝叶斯模型，将主观的先验信念融入参数中，这可能会在模型中引入主观性，导致根据分析师的信念得出不同的结果。此外，我们需要结合上一环节的解释来理解，对于最终结果的判断，通常受分析师的知识框架、性格等一系列因素影响，很难保证客观公正的分析。

（5）确定性与不确定性的博弈：真实世界的系统往往展现出随机行为，这是由于未观察到的因素和内在的随机性。因此，即使是最仔细构建的概率模型也可能无法完全捕获此类系统中存在的不确定性。在我们的定义中，当时间成为过去时，即事件成为历史时，我们将其认定为确定性。所有的概率模型都是基于确定性研究基础的，因此，完全利用概率模型研究不确定性存在较大的缺陷。

不过，需要肯定的是概率模型是研究不确定性的一类核心工具，也是人类科学研究不确定性的起源。本书的进步之处在于将数据与模型向前推进了一步，基于不确定性客观存在的思想，对数据进行了重构，第六章将对此展开具体分析。

## 四、不确定性能计量吗？该计量吗

不确定性本质上是对未来无法完全确定的认知，对某些不确定性可以通过概率模型和统计方法进行量化，但是对于由主观带来的不确定性，例如人类信息不完全、认知偏差等导致的不确定性，则较难完全量化,例如政治局势变化、个人决策等。另外在复杂系统中,如金融市场、气候变化等领域,尽管我们可以使用模型来描述系统的动态行为,但总有边界条件、模型假设等因素使得完全准确的量化变得困难。

那么既然计量如此困难,为什么还要耗费大量人力物力去计量不确定性呢? 正如人类对科学真理的追求,进一步有进一步的喜悦。另外,尽管不完美,但计量可以帮助我们提供分析框架和信息,帮助决策者制定应对策略,降低可能的损失,在不确定性中做出相对明智的选择。

不可否认的是,在实际工作中,对不确定性的计量存在诸多问题。

1. 风险计量不是对不确定性的计量

风险和不确定性紧密相关,但它们不是同义词。根据奈特的定义,风险通常指能被计算概率与期望值的不确定性,是不确定性在某一特定情境下的量化。例如投资中的风险通常用标准差、Var 等指标来衡量。而不确定性更广泛,包括未知的未知,它不是概率和期望值能涵盖的,即在计算风险时,我们是在已知概率分布的前提下进行的,而不确定性还包括我们无法准确估量的因素。

2. 现行的风险计量中存在的问题

现有的风险计量方法有其局限性,包括强假设、数据需求、结果解释、主观性、人脑的局限性等方面。另外在实际操作中,还存在把准备制度当作财务工具、把预计的损失当真实损失入账、把行业违约概率当企业违约率等问题。此外,成本也是应该考虑的要素,现行的风险计量中,耗费了大量的人力、物力和智力资源去寻找只能说明很少概率符合实际的一套结果,虽然风险计量有其存在价值,但对其成本收益的核算也应纳入考虑范围之中。

因此,虽然我们的本性之中非常厌恶不确定性的存在,并试图使用各种方法来减轻这种厌恶,但对待不确定性的计量,我们应该保持对自然的敬畏和谦卑,尽量谨慎地去考虑量化不确定性的方式,时刻检验自己的方法和数据是否存在漏洞,并在可控的成本下去实施。

第三章

# 不确定性的管理与应对

不确定性是客观存在的,是复杂世界中不可避免的一部分。我们可以通过建立模型和系统来预测和应对不确定性,但不能彻底根除它。不确定性管理更多的是关于提高抗压能力和提升应对不确定性带来的挑战的能力,而不仅仅是关于量化和减少这些不确定性。

## 第一节　不确定性能减少吗

出于本能,人类总是希望未来的不确定性少一点,但从原则上来说,不确定性不能降低。因为不确定性就是一种状态,既不能降低,更不可能消除。但人类对不确定性的分布和形态却能产生不同的影响。

不确定性的分布确实在一定程度上是可预测的。在许多领域,如天气预报、经济趋势预测和技术发展预估中,专家能够运用现有的数据及规则来提供概率论的预测。我们能够基于历史数据和当前的趋势来作出推测,但必须时刻记住,这些推测都建立在一定的前提条件之上,既包括已知的规则,也包括现行的环境稳态。

正如前文所说,规则或环境的改变都会引起不确定性分布的变化。例如,新技术的出现可能会颠覆之前的市场结构,新政策的实施可能会改变市场的游戏规则。在这种情况下,对过去数据和经验的依赖会带来风险,因为它们可能不再适用。

人们确实可以尝试通过各种方式来影响不确定性的形态,比如在投资中分散风险以减少损失的概率,或者在创业中灵活调整策略以适应快速变化的市场。这种影响并不是真正减少了不确定性,而是尝试制定战略来适应不确定性,强化对有利情形的利用和对不利情形的抵御能力。在管理的层面上,不确定性能够在一定程度上被降低,但这是通过控制它产生负面影响的能力来实现的,并不是真正消除了不确定性本身。

## 一、科学进步能否减少不确定性

不确定性分布不可改变,其天然赋予的收益概率和损失概率也是相对稳定的(如晴天与雨天的概率)。不确定性所携带的是自然的力量。人类难以抵御只能顺应,所以风险无法消灭而损失则可以通过改变不确定性形态而降低。有效的风险管理不是消灭风险,而是通过技术运用、经营策略的改变,降低损失概率,提高收益概率,也就是改变不确定性形态。

人类可以制造飞机,但不可能改变空气的性质。所以技术创新主要还是利用不确定性分布,改变不确定性形态。人类社会就是这样摸索前行的,从不确定性立场理解黑格尔说的存在即合理,不得不说确实如此。再看改革开放以来的摸着石头过河,以及中国式现代化的各种探索,也不能不拍案称绝。

世界当然存在相对稳定性或者相对确定性。但是必须明确,不确定性是绝对的,稳定性是相对的。科学进步能不能增加世界的确定性呢?当然不能。科学进步总是有限的,借助科技进步寻求确定性是很大的认知误区,例如以为有了大数据和强大的算力就能实现计划经济,实现确定性运行和建立可预测的未来,这是愚蠢的想法。事实上,科技进步只能带来相对稳定性和更大的不确定性(如风险社会与工业文明)。科技自身带来的风险往往大于原生的风险。科学技术的研究也需要抑制好奇心,从不确定性原理看,在有些事物的发展过程中并不需要弄清楚微观过程并加以控制。这种控制的冲动源于对确定性的追求。实际上,在自由市场环境下市场主体的博弈更有利于人类发展与生存,借助自然的力量即不确定性的博弈更有利于人类实现公平透明和可追索的有效的交易。

## 二、确定性思维方式

不确定性是一种基本的宇宙特性,它存在于我们生活的每一个角落,无论是微观的粒子世界还是宏观的宇宙尺度。人类文明的发展史,实际上是一部适应和利用不确定性的历史。在物理学领域,沃纳·海森堡的不确定性原理挑战了传统的绝对确定性观念,揭示了微观粒子行为的不可预测性。在经济学领域,不确定性同样占据着核心地位。市场的波动、消费者行为、技术革新等都是不断变化的,难以精确预测。

确定性思维方式的一个显著特征就是拿结果当前提,忽略了过程中的不确定性和偶然性。一旦进入了依赖确定性思维方式的思考模式,就难以顾及效率,特别是长期成本的问题。决策者在忽视市场效用、异度均衡的评价标准下很容易产生对不确定性分布强行调整的行为,最终导致整体成本大于收益的结果。

结构性思维方式是社会文化发展和人类应对不确定性的结果,但许多人将其作为应对不确定性的工具。有人认为:"面对日常繁杂的信息,大脑同样需要对抗熵增,其本质要求便是提升结构思考力,在无序的要素中抽丝剥茧。"那么,怎样做才能化无序为有序? 他们给出了一套"论、证、类、比"的训练方案。面对零碎的想法,结论先行,再以理由支撑结论,将观点以归类分组的方式呈现,力求在逻辑上层层递进。借助"结构"这个工具,让大脑变得高度有序,才是对抗不确定性和思维之熵的法宝,这是典型的拿结果作根据的确定性思维方式。事实上,结构化思维能力是在适应不确定性的过程中逐渐优化的,所有有用的方法都是偶然中发现的,都是摸着石头过河的发现。

在经济研究方面也大有其例,例如城市化是经济发展的结果而不是推动经济增长的工具。但长期以来城市化都是各地拉动经济增长的重要杠杆。再如,消费状态反映了经济现状,是经济运行的结果表达,而不能幻想以刺激消费的方式推动经济增长。经济上并不存在无缘无故的消费,人为刺激出来的消费虽有短期效应,但仍是无本之木、无源之水。

## 第二节 常识、文明与不确定性

在人类文明的发展过程中,为了应对自然力量的不确定性,各种文明制度迅速崛起,以规范人类行为,为社会提供方向,并确保社会运行具有一定的可重复性和可预测性。法律法规和社会规范构成了这一秩序的基石,而广泛又专业的知识则是其重要组成部分之一。在这个文明体系中,社会常识作为一种特殊又常常被忽视的元素,对于构建稳定结构、确保相对确定性具有至关重要的作用。

社会常识被解释为一般人应当具备并能够理解的知识,包括与生俱来、无须专门学习的判断能力,以及众所周知、无须解释或论证的知识。在哲学上,常识通常指基于直观共识的观念,是人们在日常生活中深信不疑、用于判断是非对错的标准。

与生俱来的能力或共识与人的自然属性相关,例如对饥饿、口渴和气温变化的自然反应。然而,基础的共识往往与个体的直观和基础知识学习有关。直观可能是主观的,不一定代表客观真相。在学习过程中获得的所谓的常识也可能受到有意注入的错误信息的影响。因此,家长如果缺乏正确的知识,传递给孩子的常识可能是完全错误的。

社会教育体系如果受到敌对势力或宗教的渗透,常识就更容易扭曲。举例而言,某些社会群体可能在教育过程中灌输特定的观念,导致其成员对某些事实产生误解。这表明在不同的文化和教育背景下,常识的差异可能极大。一些成年人的偏见、短视、认知障碍、想当然或不合逻辑的思考方式,很可能与他们的常识体系构成有关。不同的人、不同的原生家庭、不同的教育经历和生活阅历形成了各自独特的常识。

长期以来,我们可能忽视了常识对人类社会生活的深远影响,对其缺乏足够的重视,抱着一种顺其自然的态度,而忽略了建立一种对其进行规范、定义和传播选择的有序机制。如今看来,许多人的常识正是荒谬行为的根源。因此,或许是时候认真对待常识,并为其建立更系统的教育和传播机制了。

人类文明的力量就是对自然力的逆行。二战期间,法国巴黎"法奸"市长泰丁格为了保住巴黎拒不执行希特勒的毁灭令。他找到德军将领肖尔铁茨,伸手指着他们面前的景色,向这个似乎没有感情的军人作了一次最后的痛切陈词:"给一位将军的任务常常是毁坏,不是保存。不妨设想将来有一天你有机会作为游客又站到这个阳台上来。再一次欣赏这些使我们欢乐、使我们悲伤的建筑物。你能够这么说,'本来我是可以把这一切毁灭掉的,但是我把它们保存了下来,作为献给人类的礼物。'我亲爱的将军,难道这不值得一个征服者感到光荣吗?"这番话,没有让肖尔铁茨立刻回心转意,但当时的他闻言,"沉默不语"。巴黎烧了吗? 希特勒败到临头时,还在催问这一问题。答案是:巴黎没烧。

可以得出的一个结论是:所有的无序行为都在文明规则下得到一些约束。

不仅仅是文明,物理学中也有类似的概念,热力学第二定律证明了大自然的生存方式是无序与发散。各种大自然的鬼斧神工就是发散的证据。人类文明产生于对无序和不确定性的对抗,即人类行为秩序和自律。这些秩序和自律的行为都是为了减少熵增,而且需要付出能量。如果我们所有的科技发展和秩序建设最终不能有效地减少不确定性损耗,减少熵增,反而因为能量付出加快加大了熵值积累,那人类的结局也就非常不确定了。悲观地看,耗尽能量的人类文明最终还是会服从自然,服从于无序和发散,最后再回到黑暗无边、寂然无序的世界。也有另一种乐观的可能:就是人类文明的努力,通过减少自身的能量付出和不确定性损耗,得到可持续的能量转换(实现能量守恒),那么人类文明的进步才是真正的进步,才是能量可持续的进步。从理论上看,我们需要对现有文明的任何添砖加瓦,都有一个可持续性的评价,即不确定性损耗的评价。像 ChatGPT 这样的智能产品,算力消耗的能量非常惊人,到底是能量收获大于熵值还是相反,应当有一个科学的考量。

但是换一个角度看,能量守恒是指一个封闭系统内的能量关系。放眼宇宙,地球上的能量都直接或间接地来源于太阳,并且不断得到太阳照射的补充。在这个大的系统中,人类无论如何消耗,在对抗无序和不确定性,建立文明秩序的过程中,总量上并不需要担心能量来源,也不用寄托于能量守恒定律来安慰自己能量不会消失。熵值增加导致无效能量的增加,如果没有太阳能量的注入,人类是有可能耗尽可用能量的。

能量守恒定律是自然界最普遍的基本定律之一。一般表述为:能量既不会凭空产生,也不会凭空消失,它只会从一种形式转化为另一种形式,或者从一个物体转移到其他物体上,而能量的总量保持不变。也可以表述为:一个系统的总能量的改变只能等于传入或者传出该系统的能量的多少。如果一个系统处于孤立环境,则不可能有能量或质量传入或传出系统。对于此情形,能量守恒定律表述为:"孤立系统的总能量保持不变。"

但实际上,由于太阳的存在,人类面临的挑战并不是能量来源,而是对能量的有效利用和转换。所谓人类文明进步,根本上就是指人类发现并有效转换能量,恰当运用到对抗无序和不确定性的科技进步和制度设计上的能力,也可以描述为最大化减少熵值的能力。如果要对人类文明做出代际分类或划分的话,归根结底应该以人类运用太阳赋能的能力来分类划分阶段。

人们总是高估人类的智慧,低估不确定性的影响。人们也总是高估科学技术的价值,而低估它们带来的能量损耗。文明就是对自然无序和不确定性的逆行,这需要人类积累智慧,不断提高自己运用自然能量的能力,也就是提升自己的文明程度。

## 第三节　理想、理想化与不确定性

人类向往和追求确定性的环境和生活,是所有理想的根源。但世界一旦真的具备确定性时,万事都可循规律发展,均衡处于稳定状态,所有的前景清晰可见,那世界就会死亡、停顿。人类不能没有理想的引导,否则文明就失去动力与方向。虽然绝对的公平不可能实现,但如果人类不是孜孜不倦地追求公平,那世界将充斥不公平。

但有理想不等同于理想化。理想化就是强制性地实现理想,不顾客观现实把理想目标绝对化、道德化、神圣化,事先构建成所谓理想的完美的设计,然后视为真理,不惜代价地实施。结果都是事与愿违,乌托邦的根源就在于此。计划经济,就是典型的理想化实践。

每个人同每个国家一样,也需要理想的引导,但不能理想化地施行。因为世界的不确定性本质决定了理想是人类对抗不确定性、构建相对确定性的文明动力,但理想化会以追求确定性的误导使人类文明走向死胡同。

所以在哲学认识论上,在具体企业或国家治理框架上,理想和理想化是一个决定前途命运的问题,不可轻描淡写。

为了理想而牺牲,是人类的伟大情怀,为了理想而牺牲现实,却不是一种理性的选择。从不确定性和偶然性出发,人类需要适应不确定性,但理想主义选择了对抗不确定性,而现实主义则是面对偶然性的科学态度。

谈到东西方文明的分野,当然有各种分析维度,而对待不确定性的态度也是重要的标识。在东方,虽然农耕文明发达,但靠天吃饭的生存方式其实令当地人苦不堪言,所以东方对确定性很向往,希望每年都能风调雨顺。而西方在对抗、适应不确定性的过程中,学会了适应和顺从不确定性,承认存在一个上帝安排一切,所以只能服从。

《时间熊、镜子虎和看不见的小猫》一书中虚构了可爱的乌托邦尼兔。那些追求确定性的人,就是乌托邦尼兔。他们充满希望和理想,自由自在,很快乐,以为找到了乌托邦,从一个不存在的地方搬到另一个更好的不存在的地方。追求确定性是人类的理想,是人类文明进步的基础动力。人类常常会为了理想而不惜一切。实现确定性的理想几乎是人类的执念,是深植于骨髓的追求稳定和排除不确定性的欲望。有时候,为了理想而建立秩序的过程中也会主张和使用暴力。计划经济是这样,侵略和占领也会打着这样的旗帜。

人类的前进不能没有理想这面旗帜,但不能把现实理想化,企图实现整个地球的确定性,使一切都井然有序,经济实惠,恰到好处。这样的秩序一旦形成,人类就将把自己当成是乌托邦尼兔,自己很快乐地生活在一个根本不存在的世界里,而毁掉自身的存在。

## 第四节　人类如何适应不确定性

当讨论到如何适应不确定性时,首先,要规范对不确定性观念、范畴、概念的定义。语言作为一种数据是人的主观产物。数据与人的关系需要在定义、内涵及边界上建立起可以沟通的对应观念(对于每一句话,每个词语的语义,使用不同语种的人理解起来差异很大)。在这样的基础上,才能达成对各种不确定性分布状态、波动特点、价值认知的共识并进行有效的交流。这就需要对不确定性的内涵和边界做不同维度的研究和定义,例如时间维度、空间维度、自然维度、人类行为维度,等等。对不同维度的不确定性应该持不同的适应方式,使用不同的计量方法和管理模式。

其次,需要将不同维度的不确定性,按某种属性,如时间跨度长短、波动频率的高低等,划分为若干等级或进行分类,并对不同等级或分类的不确定性持不同的态度。并非所有的不确定性表现都需要人类去理会,如日月星辰的运行,顺其自然就行了。而对一些对人类生活影响较大的不确定性现象,如风险损失,则需要进行防范干预,以期减少损失。重要的是找到并确定人类应该在哪些维度、领域和等级上建立适应不确定性的文明秩序和规则。这中间有一个取舍边界问题:哪些事情我们可以顺其自然?哪些事情应该施以干预?显然,有些不确定性损失不必管理,如自然灾害无法干预,只能安排好应急措施和做好充分的物资拨备,一些微小的波动损失也不必理会。

不确定性与相对确定性是硬币的两面,弄清了不确定性就相应获得了相对确定性,也获得了发展的机会。

## 第五节 自然科学和逻辑思维是在寻找确定性吗

自然科学和逻辑思维是在寻找确定性吗?答案是否定的。准确地说,自然科学研究的成果是自然世界的物物关系,找到物物之间的稳定空间与时间区域,这是人类应对和适应世界不确定性的主要途径,目的是建立相对稳定的人类生存环境。

到目前为止,无论自然科学、社会科学还是思维科学,都是在努力地寻找规律、公式、模型和常量与定数。受自然科学观的影响,社会科学也一直致力于寻找历史规律、数学模型、经济周期等,甚至思维科学也在建立各种心理行为模型和逻辑模型。

人类的知识体系浩瀚广泛,积累上万年,在地球家园里搭建了物质与精神互为支撑的较为稳定的生存环境,在很大程度上融入了地球和地球周边的空间,甚至把寻找资源的触手伸向了月球。那么这一切是为了什么呢？

从不确定性原理来看，人类从在森林中完全依赖大自然已有食物（果子和小动物）和居住环境（山洞）转变为逐步建立了种植、放牧、建筑等新的生活方式，并为维护这样的生活方式的稳定性，逐步构建了社会秩序和与这种生活方式相关的知识体系。

人类通过设计的度量单位来衡量各种物质的大小、轻重、面积及运动方向和速度强度等，由此而产生了牛顿定律、运动力学、相对论、量子力学、电子信息、有机化学、生物化学等自然科学。这些自然科学的本质就是解决如何发现和运用自然能量，以适应不确定性分布所带来的影响，应对不确定性变化对人类的利弊，并建立起一整套思维方式即思考逻辑，以确保自然科学和社会科学的研究成果能在人类主观构建的范围内得以重复实现。但人类的知识永远是有限的，对世界的认知也是不断变化的，所以这些可重复的自然科学知识和思考逻辑在根本上虽然被称为规律，但并不是这个世界具有确定性的证明。相反，由于自然科学和逻辑科学的不断进步，它们更证明了应对和适应不确定性是人类文明的永恒背景。

自然科学和逻辑思维所寻找的是稳定性、可重复性。可重复、可利用的自然知识越多，人类运用自然能量的能力就越强，适应和应对不确定性的能力也会越强。

## 第六节　不确定性与去中心化

### 一、人类社会治理中心的产生和价值

所有的生物种群，有两类生存方式，一类是群居，另一类是独居。群居生物如狮、狼、鸟、蚂蚁等，独居生物如虎、鳄鱼等。也可以说一类是有中心的生存，一类是无中心的生存。事实上从现状来看，这两种生存

方式都有效地实现了生物种群的繁衍。

人类从森林之始就是群居动物,但比较分散。在原始部落时期,群落扩大,有首领,有管控,有等级,也有实现公平的规则,尽量使每个成员都生存下去。可以说中心化是最有利于某些生物群体繁衍的生存方式。显然,人类是中心化生存方式最成功的种群。而非中心化生存也有不少成功的范例,如号称生物化石的鳄鱼。

达尔文认为,人类并不比其他动物高等。实际上任何动物都可能比另一种更高等,每个物种都完美地或近乎完美地符合它的生存环境及它在其中的角色。当时的他相信上帝设计了掌控繁殖的定律,允许物种按照需求去改变自己从而适应环境的变化。(伦纳德·蒙洛迪诺《思维简史:从丛林到宇宙》)

所以每种生物都选择了自己适应环境的生活方式,有的选择了中心化,有组织而更有力量、更有活力和能力;有的选择独来独往,不断完善个体能力,就像狮子依靠群体生存而老虎个体生存能力更强。

卢梭指出,家庭是最古老而又唯一自然的社会。然而,孩子依靠父亲的这种自然联系也会有解除的一天。因为它只有在孩子需要父亲抚养时才是必需的,孩子终有一天不再有这种需求,应有的服从和照顾一旦停止,孩子和父亲就同时恢复了独立。(卢梭《社会契约论》)这段话隐含了中心化发展规律的全部密码:即从一元中心走向多元中心。

中心化是社会发展必然的自然关系,符合种群繁衍和个体生存的需要,到一定程度会产生中心分裂,产生分中心。大多数中心化模式生存的生物群体都存在这一规律。也可以说国家就是中心化文明的产物。那么分中心在什么时候出现呢?这跟中心化的异化程度相关。

## 二、中心化的异化

去中心化并非标新立异,而是有其哲学政治经济缘由的,主要是因为中心化社会治理所产生的异化越来越严重。

从政治上看,国家就是中心化文明的产物。无论东方还是西方,人类社会都遵循先建立治理中心然后寻找约束和降低成本之道。政治中心无非两条路:一是专制。人性抵不住权力的诱惑,很容易反击约束走向皇权。在中国,秦始皇开了大一统的先河,使得治理成本逾高,最后变得不可承受,形成中心化的异化。二是走向民主,以法律约束治理者,如卢梭在《社会契约论》中所说,在政治社会里,每个人都是天生自由和平等的,如果他转让自己的自由,那是为了给自己带来好处。所以一切权力的建立都要服务于被统治者,这才符合人类社会设立治理中心的初衷。

从经济角度考察,中心化异化的主要原因是中心化运行成本不可逆的上升。许多历史学家注意到这一点,并以此来解释皇朝更迭的原因,即不受约束的政府支出越来越需要加征赋税,导致人民不可承受,从而引发革命。经济运行中心化也相应走向两端:一端是强化中心的作用,不断扩大中心的规模和环节,增加和改善功能,意图提高中心的效率,并尽量降低成本。另一端是约束中心功能,让局部中心发挥作用,即分布式格局。

由于信息不对称的客观性,信用的基础必须建立在社会治理中心的基础上,例如,主权货币的运行则需要依赖政权信用,并设立央行、商业银行、保险公司等金融机构,需要有遍布各地的服务网络和货币结算、清算、汇率、现金、支付工具等方面的创新与管理。信用需要越大,信用管理的成本就会越高,服务效率最终会越来越低,造成异化。金融体系的资本回报率远超实体企业资本回报率就是典型实例。

正因如此,解决信息对称结构的技术运用能起到减轻中心化负担的作用,这就是区块链技术的基本出发点。

中心化治理是社会信用与秩序的背书,即在市场全球化条件下,缺乏这种背书,市场是无法交易的,但当中心造成的负担使所有的交易无法图利时,人们就不得不去寻找新的秩序,即分中心。

为了完善社会治理和秩序，需要建立无数的制度和社会状况监控工具与舆论工具，如实名登记制度、户籍管理制度、信用管理制度、产权制度，以及治安纪律机构、司法机构、市场管理机构，电子监控网络、各类政府机构和网站、无数的媒体等。这些本来是服务大众的机构，一旦被赋予权力，很容易成为大众自由度的阻碍，使得去中心成为一种向往。

## 三、去中心的误区

去中心化容易使人联想到蒲鲁东和克鲁泡特金的无政府主义。克鲁泡特金通常被视为无政府共产主义最重要的理论家，在他的著作里描绘的经济理想是合作会比竞争更有益，主张借由人们自行"没收全社会的财富"来废止私人财产，并以一个由人们自愿组织、无阶层区别的网络来协调经济运作。他主张，在无政府共产主义里"房屋、田地和工厂都不再是私人财产，而是归属于公社或国家的"。而货币、工资和贸易将会被废止，个人和团体将会使用并控制他们所需要的资源，无政府共产主义的目标便是将"收割或制造出的产品分配给所有人，让每个人自由地使用它们"，主张"占有他们所能耕种的土地大小"的小耕农们、"居住在对他们人数而言大小适当的房屋"的家庭和"使用他们自己的工具或纺织机"的工匠们都能自由地选择他们想要的生活，这很像是对去中心化的追求。

其实无政府主义者并不是去中心主义者。他们强调的是个人自由，但也主张公社和政府的存在，也可以说是有限中心论者。共产主义理想对未来社会描述的主要特征有人的自由全面发展、物质生产的极大丰富、共同的劳动环境、文化的家庭关系、生产的市场计划，可以说这就是去中心化理想。但共产主义是有规划的社会，当然存在社会中心。

在网络环境下，去中心带来流量大增，但流量大的未必是品质好的。决定经济有效性的因素更主要还是制度安排，即中心化格局。不要以为技术规范可以代替制度规则，物理条件可以代替市场竞争。

经济主体的信用是市场环境,公平与效率是交易的重要基础。但信息对称只是交易过程真实公平的条件,却不是效率的必然条件。信息真实和保密技术的运用只能带来交易的公平,不能提高交易的效率。

人类文明的进步常常以中心化为标志,如二战之后布雷顿森林体系的建立,联合国的建立,以及各种全球和区域合作联盟的成立,各种民间非政府组织等,包括中国经济发展中产生的环渤海、京津冀、珠三角、长三角地区等,都是中心化取向下寻求新秩序来平衡利益关系、推进共同利益的措施。到目前为止,从人类文明的价值上看不到彻底去中心化的需要。

在中心化运行的价值判断上,需要厘清民主与自由的绝对化和相对性。中心权威的强化无疑会导致个体自由的弱化,但显然彻底地去中心会导致个性自由的泛滥。

## 四、去中心化的陷阱

信息不对称是绝对的,对称只是风险管理的相对成果。完全地去中心化,达到信息对称的完美程度,实际上是不切实际的幻想。

网络并不是一个能从本源上脱离现实世界的虚拟世界,而是现实世界的映射,也应遵从中心化发展的定律。被技术引领而超现实需求追求去中心化,不仅不能减少治理成本,反而会增加风险。例如不可能完全以虚拟货币代替主权货币,没有主权货币的货币世界只能以主权国家中心的消亡为前提,目前还看不到这种可能性。去中心的核心问题在于破坏了中心化的规则而不能以去中心化的规则替代,模糊了秩序,使得网络成为与现实世界之间的风险隐蔽所,如 P2P 一样,反而增加风险总量,酿成大祸。

所以去中心化只是一个狭义的提法,广义上是要在中心化体系下找到多中心的通道和中心与自由的合理关系,即某种均衡点。去中心的本质是挣脱中心规则对个体自由的束缚,增加社会创造能力,在这一点上新技术提供了这种可能。但自由也是有代价的,那就是在新的技术规则和技术迭代更新中被新的中心所控制。当前的人类文明程度,还摆脱不了这个陷阱。

所以一个国家、一个社会、一个经济生态圈,需不需要去中心化,需不需要运用网络和类区块链技术建立多中心化的社会治理功能,并不是由技术能力决定的,而是需要通过对社会状态的综合计量和从社会学、法律学等多方面进行综合考量来决定。如果现状还处在大致均衡有效的状态,去中心就是危险的行为。如果现状已经不可持续,则弱中心或多中心会使社会获得新的发展机会。

## 五、去中心还是多中心

中心化的合理性问题是一个成本与效率的问题,如果成本、效率控制在合理区间,那么去中心化就缺乏动力。现实的需求常常是更换中心结构,或者由一元中心裂变成多元中心,信息由集中储存演变成分步储存。

1. 中心化的优势

(1)通过集中资源进行更加有效的配置,从而使效率整体上大幅提升;赋予优质产品更多的资源和流量,增加社会效用。

(2)统一信用标准,更有利于提高信息对称度,便于评估风险。

(3)行政与货币的统一促进交易与秩序。

2. 中心化的缺陷

(1)如果中心权力失去约束,则资源的配置和使用会产生几何级的不公平扩散。

(2)失去控制的中心化扩张使得维护中心化的运行成本逐步增加,甚至超过其收益,最终不可持续。

3. 去中心化的优势

(1)稀有资源通过分布式存放增加共享。

（2）可以把某种规则放在最适合运行它的区域。

（3）大幅度降低社会治理成本，尤其是信用成本。

（4）去中心化让每个人都有可能创造出新的产品，但不一定是优质的产品。

在网络观念上，去中心化，不是不要中心，而是由节点来自由选择中心、自由决定中心。简单地说，中心化的意思是中心决定节点。节点必须依赖中心，节点离开了中心就无法生存。在去中心化系统中，任何人都是一个节点，任何人也都可以成为一个中心。任何中心都不是永久的，而是阶段性的，任何中心对节点都不具有强制性。

也可以说，去中心化是为中心化提高效率服务的。可见，去中心是一个伪命题，实际上是多元中心和一元中心的取舍。

# 不确定性认识观

前面的章节我们阐述了不确定性定义、分布、形态等一系列相关的理论,对不确定性做了总结与定性。不确定性的概念已经逐步突破了经济学的范畴,与哲学接壤。不确定性作为世界底层特征,本就是一个哲学范畴的概念。不确定性作为认识论的工具,必然会影响到人们的哲学追问。

本章将基于不确定性的基本框架与思想体系,谈谈对世界的看法,其中一个主要思想是放弃对确定性的追求,选择适应可能会带来更好结果的不确定性。没有人能预判事情的对错,不管做事如何小心翼翼,想法如何缜密完善,从一开始就把事情做对是不可能的,这是一个常识。不断解决问题才能让事情的结果显得相对正确。

## 第一节　不确定性真理观

从不确定性原理看,世界在空间上有固化某些事物的可能,但放在时间轴上,一切都是变化的、波动的,是不可能固化的。所以固化的真理是不存在的,所谓"实践证明"在空间上即使可以,但在时间上很难成立,这是因为实践的结果已经是三维空间,因此,这仍然是主观的判断。在不确定性观念中真理只有阶段性,没有绝对性,真理不是唯一的,但确实有时空中的共识。所以真理属于历史范畴。

在不确定性原理的框架下,我们所称的真理实际上是对事物相对确定性的表述。本质上,世界并不存在绝对的真理,而只存在相对确定性的原理。这些原理随着条件的不断变化也在不断演变,真理只存在于特定的阶段之中。

真理的相对性是如何确认的呢? 关键在于共识。所以不同的人群信奉不同的真理,保守主义者关于真理唯一性的论断,是一种主观有利的设想。真实情况是,不同的地区、不同的人群相信不同的真理,全人类也有共同信奉的真理,如科学知识。

## 一、谬误与正确

在不确定性理论框架中,谬误与正确似乎是同一件事物,只是主观立场不同而产生的不同表述罢了。人类迷信确定性,所以把确定的当成正确的,不符合这样的目标和理想就是谬误。

在传统哲学上,真理(正确)和谬误(错误)是认识论中的一对范畴。真理是客观事物及其规律的正确反映。谬误是对客观事物的歪曲反映。而万物都是变化的,在变化中对周围的事物(包括人)或者带来收益,或者带来损失,这些都是客观存在的,不以人的意志为转移。

不同的个体,由于他们所处在的时间和地区的差异,其对另一个事物的感受也会不同。同一事物在不同人眼里的观察和结论往往存在着显著差异。在处理这种不确定性的观念下,我们的关注点不是对与错或好与坏的判断,而是要明确底线原则:最差的可能是什么? 最好的结果又会是怎样的? 这是我们必须面对的现实。

## 二、不符合不确定性的规则不可持续

《远离冰山》一书中有一句话:"不符合人性的规则都是不可持续的。"人性的自负与多变是不确定性的来源之一。所以从根本上讲,不符合不确定性原理的规则是不可持续的。人类在构建文明秩序的过程中,实际上是不断在对抗不确定性的过程中寻求自然规则和自律约束之间的平衡,一方面要服从自然规则,另一方面也要克制人性中的自然属性。人性是自然的一部分,自律是约束人性的努力。但约束不是消除,而是给人性一条另外的出路。

一国之文明,高低之分就在于是否尊重自然、尊重人性。尽管某些文明源远流长,但压制人性便会停滞不前。相较之下,那些逐次淘汰,尊重人性,符合不确定性原理的文明体系,才更加具有活力和创造力。

不确定性是客观世界本相,无处不在的不确定性实际上影响和引导了人类文明发展的方向,但人性的自然属性又催动着人类往无序的方向使劲,消解着文明秩序的约束,这就产生了各种矛盾冲突的范畴。

在法律上,自然法是自然界教给一切动物的法律,是现代法律制度的底层逻辑。有人说:自然法叫 law,人造的法律也叫 law,说明什么?说明人为的法律不能冲撞宇宙法则,否则就是恶法,无法持续存在。人类或许是可以比照自然的原型在潜意识中感知法律的适合度的,人类一边在扎紧自己的行为边界篱笆,一边挣扎着要冲出边界。法律制度如果忘记了自然法度,忘记了不确定性,忘记了人性的复杂,就很难持续完善。

如何在遵循自然和对抗不确定性之间找到平衡,使得人类文明秩序得到可持续和完善,这需要人类积累智慧,不断提高自己运用自然能量的能力,也就是提升自己的文明程度。

### 三、放羊型理论与盖楼理论

所谓"放羊型理论"是王立铭教授提出的,指用羊群活动的随机性来描述现实世界的不确定性运行。其主要观点是接受真实世界的复杂性,干脆放弃把复杂问题拆解成几条简单的定律,一步到位地解释明白;而是就复杂说复杂,用一套复杂的话语体系来描述复杂系统到底是如何工作的。放羊型理论的主要观点是,企业的成长就像放牧羊群一样,需要给予员工足够的空间,使他们能够按照自己的想法进行创造和创新。企业可以通过提供丰富的资源和支持，使员工能够在工作中尝试新的方法和思路，从而不断推动企业向前发展。

这种理论的另一个重要方面是强调企业的文化建设。企业需要建立一个鼓励创新和尝试的氛围，使员工能够感受到企业对他们创新的尊重和支持，从而增强员工的归属感和认同感。

市场经济的"看不见的手"就是典型的放羊型理论，但这并不意味着我们没法在放羊的场景中开展研究、找到某些适用的规则。因为这个理论有四个重要特征：边界性、不确定性、还原性、涌现性。笔者对照这四个特征来分析市场机制，首先，从边界性来说，市场经济的出现显然是有边界的、有约束条件的，重点包括"自由、财产和公正"。其次，不确定性意味着我们对复杂现象的描述只能逼近某种程度，而无法做到100%的精确刻画，市场经济只能大概地说明其运行机制，但具体在某件商品上谁和谁成交则是随机事件。需要注意的是，边界性和不确定性其实是一对概念，意思是在一定的边界范围内，运行机制是基本清晰的，但具体如何发生是不确定的，即边界是清晰的，结果是不确定的。

还原性和涌现性也是一对概念，体现的是相反的两个方向。还原性体现的是从上往下一层一层地分解还原到最基本的元素，涌现性则体现为从下往上一层一层所体现出来的不同特征。所谓涌现性其实表明的是在不同层次上所展现出来的完全不同的规则，就好像微观世界适用量子力学而宏观世界适用牛顿力学一样。其实在人类社会也是如此，人类个体有其运行的规律，但作为一个整体来看时，其运行规律呈现出涌现性。这也是放羊型理论的核心，即"先承认科学理论的局限，干脆放弃了把复杂现象拆解到最底层的做法，选择直接描述复杂现象本身有什么规律"。这一点对当前经济理论研究具有重要的启示。

当微观经济学与宏观经济学出现分野以后，为了统一两种经济学，众多专家学者都在努力构建宏观经济学的微观基础，并产生了许多以微观个体行为特征为基础的宏观经济模型（包括真实经济周期模型）。

但从涌现性来看,似乎这种努力都是徒劳的。当然,我们并不否认未来有更加聪明的头脑可以将这两套理论体系合二为一,直接从微观个体的行为推导出整个经济体的走势。但至少在现在,从涌现性出发理解,也许可以更好地把握现实经济运行状态。

## 四、二元思维方式与不确定性

不确定性原理在认识论上可以澄清许多问题。

例如二元思维方式在中国传统哲学与文化观念中影响深远,在阴阳划分观念下,人们总是下意识地把事物的状态分为两种对立状态,并通过统一这两种对立状态来理解事物的本质和变化。

但不确定性原理认为,世界上任何事物的变化都是没有固定规律的,事物呈现任何状态的可能性都存在,区别在于在不同条件下的发生概率。所以二元思维方式束缚了人类认识世界和自我的广度与深度,从而局限地、孤傲地、狭隘地用二元维度解释世界、构建社会,陷入困境而不自知。

二元思维是从非此即彼的角度审视各种情况。就像把复杂的赤橙黄绿青蓝紫的多样性简化成黑色或白色的认知过程。这样虽然可以节省时间,简化社会治理元素和流程,降低社会成本,但丢失了认知事物本质的机会。

常见的基于二元思维的认知缺陷有:

一是哲学上的阴阳观和天人合一的整体观固然是古人认知智慧的体现,但阴阳显然不是事物特征的全部,合一也不是人类社会唯一的存在形式。

二是社会与经济治理上的城乡二元结构,事实上在简化治理元素的同时也掩盖了社会治理中的多元价值和矛盾,限制了经济元素的有效流转和广泛市场交易,阻碍了社会进步。

三是对事物状态要求绝对化,不绝对便会否定。例如大一统不容纳区别,追求公平不接受差异;追求收益、拒绝损失;把每个人的复杂特征划分为优点、缺点;等等。

四是二元思维排斥了逻辑思维模式,也基本杜绝了科学技术的研究与发展的有效路径。普遍存在的二元思维方式缺乏对复杂问题的系统思考能力,不能包容差异而容易陷入模仿和跟随的困境,难以产生真正原创性的成果。

理解不确定性是打破二元思维模式的思想基础。唯有如此,才能承认世界多样、动态与变化的特点,不拘泥于寻找客观规律,而是接纳和适应不确定性带来的事物的状态和结果。

## 第二节　不确定性宗教观

宗教产生于哲学思考和科学追问,从根源上看,所有宗教源于对不确定性的恐惧。科学需要追问和质疑,因为世界的本质是不确定性的,人类需要适应和认知这个不确定性。

宗教信仰的背后反映了人类对不确定性和恐惧的应对需求,所以没有什么人群是没有信仰的。信仰是面对不确定性的精神安慰,也是适应不确定性世界的必然的文化表达。虽然人们普遍熟悉的是三大宗教,实际上每一类人群都有自己认可的图腾。世界上存在过的宗教信仰多如牛毛。

中国人的宗教信仰有些是被压抑在内心而已,表达出来的有可能是功利目的的祈愿。比如,大年初五是民间迎接财神的日子,实际上人类对财富的追求本身就是属于信仰级别的。财富信仰存在于每个人的心中,所以国人祈求功利也是在不确定性环境下的精神诉求。

财富梦本身并不是信仰,信仰是一种科学追问的产物,它寄托着人类对未知世界的探索和追求。信仰源于人类对未知的恐惧和渴望,是人类对自身存在和命运的深刻反思和探索。真正的宗教信仰应该推动科学追问的发展,而不是阻碍科学探索的进程。财富梦的实现需要依靠科学技术的进步和人类智慧的积累,而不是仅仅依赖于信仰。

## 一、人类的终极困惑

有人说人类的终极困惑是人类从哪里来?到哪里去?到底有没有造物主?这些问题并不是人类关于自身生存与发展的困惑。也有人说人类的困惑是如何预防自然灾害。这样说有失浅薄。人类生存于自然中,始终与自然灾害相伴,要是有人想消除掉各种对人类不利的自然现象,那无异于自杀,这是因为那些看起来对人类不利的事物,却可能是人类生存的基础。

就人类发展过程而言,始终困扰人类精神追求和文明进程却又难以厘清其发展动因与结果之间的逻辑关系的问题才是人类的终极困惑。换句话说:人类是依靠什么力量获得生存与发展的机会和能力的?

从宇宙的无序、世界的不确定性、人类社会的偶然性可以观察到,人类发展与进步的动力从根源上就是对抗无序,应对不确定性,适应偶然性,获得相对确定的自然环境,建立相对稳定的人文秩序,从而拥有稳定和良好的生活预期。遗憾的是,人类从生活在丛林时就滋生出来的对不确定性的恐惧已经刻入基因里,塑造了人类拒绝不确定性,不懈追求必然性和确定性的基本动因。直至今日我们终于明白:当世界上的事物具有确定性的时候,这个世界就停顿了、凝固了、死亡了。而这绝不是人类想要的结果。

这就是人类精神世界面对的终极困惑:以确定性对抗不确定性,是否走进了一条死胡同,陷入了某种无解的悖论?

经济学本身也是哲学的某种表达。经济学告诉我们,交易会达成某种均衡,但均衡意味着停滞,就是死亡。在现实世界中,宏观经济数据是微观博弈结果的合成,价格会根据不确定性持续波动,一旦出现了恒定的价格,那么博弈就失去了存在的价值,继而市场将不复存在,伴随利益空间的消失,一切就进入了停滞。相信并承认不确定性的存在,本身也给予人类个体无限的潜力:一个不存在限制的未来。因此,经济学家有责任解释关于人类的终极困惑的悖论到底是如何产生的。

所以,人类的终极困惑是不确定性,而这一困惑的终极答案也是不确定性。

## 二、基因、传承

人类总是在追问有没有上帝。如果上帝存在,那不确定性就不能成立。笔者认为上帝就是自然之力,也就是不确定性。不确定性原理要求敬畏自然之力,那自然的另一面是什么呢?是非自然吗?如果存在非自然世界,那么上帝是否真的存在?是不是就是指意识世界?量子纠缠证明了意识对自然真实性的影响,那么在物理世界存在的量子纠缠是不是可以解释生物学上的相互感应?所谓人与其他生物的真实面貌就是基因图谱?同一基因血统之间的人共有感应与生物学上的量子纠缠是否有关?所谓命中注定是否就是存在于生物基因中的密码?

《基因与命运》(加拿大社会与文化心理学教授斯蒂芬·J.海涅)这本有趣的书专门讨论了基因怎样决定着你是谁。

关于遗传病,作者写道:"这样看来,受孕的那一刻,就像玩俄罗斯轮盘赌游戏一样,我们继承的一组基因可能最终会置我们于死地,也可能不会。"

他进一步说,基因显然与复杂的人类特征有关,这些特征和其他类型的特征一样,都是可遗传的。但是任何单个基因的影响都是十分微弱的。

笔者对遗传生物学一窍不通,但从人类的一般感觉出发,赞同这一论断。

每个人都能意识到其实有两个自我存在于同一躯体上。一个是灵魂或意识层面上的自我,另一个是肉体或生物意义上的自我,也可以说是精神上和生理上合而为一的自我。当我们谈到"我"时,这两个自我其实是有区别的。至少意识层面的自我是管不住肉体上的自我的。肉体的舒服或疼痛决定了灵魂自我的愉悦或痛苦。身体会得什么病,活多久,并不决定于灵魂的自我,那哪个才是真正的"我"呢?我同一位学者讨论时,设想也许是基因借助肉体的繁衍而不断通过基因组合或变异来完善和传承的,而你的肉体不过是基因的寄生媒介。"我"到底是谁,的确是个问题。

再往深处解构性地仔细思考,除了肉体自我的出生和成长,以及决定了这个肉体成长路径的基因之外,我们明显地感觉到伴随肉体一起成长的心智的存在。现代研究表明,基因在很大程度上替你选择了肉体和心智成长的路径与方式,有一种可能是,肉体和心智的任务是有效地完成基因的选择目标,并且实现基因的优化和完善。在众生的肉体和心智的学习、竞争与淘汰中,某些基因一定会得到改善的机会,而它给肉体和心智的奖励就是你的下一代可能保持生存优势并更强大。现实生活中贵族和上流社会与下层阶级之间的鸿沟差异难以跨越,可能就是基因之间竞争和完善的差异的结果。当然也有可能在繁殖的过程中遇到低质的基因,拉低了后代的基因完善程度,这也许是关于"富不过三代"的另一种解释。所以不确定性永远存在。这公平吗?当然不公平,但如果改变公平的定义,以自然力量选择为客观标准,这也是公平的,符合法学上讲的自然公平原理。

我们知道,生殖方面除了遗传优势之外,为了防止基因变异造成人类和其他物种的彻底衰退,就出现了一些保护措施,如生殖隔离。同一血统的族人不能通婚,否则后代会大概率出现遗传疾病。相近的物种如虎与狮,马与驴,即使交配,后代也会失去繁殖能力。这可能也是基因出于利己目的对生物寄主设置的限制。

人类的心智成长本质上是某些基因异化或者突变的隐秘结果。《非理性的人》一书中说,最糟糕又最终极的异化形式乃是人同他自己的自我的异化。所以人类理性总是有限的,它们受到了基因完善程度的影响。

所以按照笔者的逻辑,人是一种三维结构生物,即基因、肉身、心智的组合体。心智或思维作为意识的存在方式,已经被现代科学(如量子力学)证明了是物质化的存在。三维结构的人类本质上也是地球世界的一种客观物质存在,而且是独一无二的三维结构的存在。而一般生物只是二维结构生物(肉身和基因)。

许多事情从三维角度来看,结论就大不一样了。

# 第三节　不确定性与循环史观

媒体人王志纲在一篇文章中说道:"在古代,无论中外,人们感知到的时间是不断在循环的。许多自然经验都和人们的这种感受相吻合,比如日复一日的太阳升起又落下,年复一年的四季轮回,王朝治乱承平的更替……在这样循环往复的时间观中,不可能诞生现代化的种子。到了文艺复兴,特别是在启蒙时代和工业革命之后,西方社会发生了剧烈变动,'循环历史观'被颠覆。当下不再是以往的延续和重复,而是前所未有的剧变。"

这段话讲得很有意思。难道在进入现代社会之前的人类社会真的存在某种循环往复的规律吗?而到了现代社会就进入了偶然性状态?在不确定性世界里,其实人类社会从来都是偶然性社会,没有什么循环,只不过存在事物因果关系上的某些相似状态:当事物成因条件没有改变时,事物的结果在很大概率上会有相似的状态。

加亚·文斯在《人类进化史》中说,人类可以对以往未知的空间进行探索,但无法对未来的时间进行探索,因为未来的一切还未发生。不过,尽管只发明了时间标记,我们还是足够幸运,因为我们确信,在大概率上,明天清晨,太阳会依旧升起。也就是说,在空间上过去与未来存在相似的事物,但在时间上绝无可能。古希腊哲学家赫拉克利特说人不能两次踏进同一条河流,说的大概也是这个意思。

## 一、有没有所谓的生命周期

生命周期的概念应用很广泛,在心理学上主要是指个人生命周期和家庭生命周期。个人生命周期是指包含一个人的出生、成长、衰老、生病和死亡的落叶归根的过程。家庭生命周期分为形成、扩展、稳定、收缩、空巢与解体6个阶段,包括与父母分离、成立自己的家庭、有年幼的孩子、孩子进入青春期、孩子离家及生命晚期家庭等阶段。

生命的过程根本没有任何循环的现象,没有任何一个生命过程是可以重复的,所谓周期其实就是描述了众多生命过程中出现的类似心理和物理现象。

在不确定性框架下,人生的解释归于偶然性。人的生命进展是多样化、偶然性的,没有规律可言,每个人的一生都是独一无二的,无论大人物、小人物、男人、女人,还是小孩、老人,都只是生命过程的内容和长短不一而已。对每个个体而言,具体的感受是谁也不知道明天会发生什么。

人类总是在孜孜不倦地寻求终极真理和规律,这其实是挺无聊的一件事情。大自然是否存在终极法则可以解释一切?诺贝尔物理学奖得主理查德·费曼认为有这样的法则固然可喜,无亦欣然。而面对各种深刻的哲学问题,费曼认为,"承认无知比得到错误答案更有趣"。基于人类社会的偶然性原理,把握当下才是人生真谛。不要幻想人生的成功与失败有什么周期和规律可以借鉴,反而是寻找事物的具体因果,把握机会,更加可靠。换句话说,承认人类社会运动的偶然性比费尽心力寻找规律性、必然性更有趣。

根据不确定性原理,每个生命个体的生死及每类生命群体的存亡都是由不确定性分布所决定的,这一过程无法改变。然而,每个生命个体和群体的生死存亡状态及具体时间点则是属于不确定性形态问题,可以通过技术运用来进行有利的改变。例如,通过先进的医疗技术延长人的寿命。

## 二、成功能否复制

法律人罗翔在一段视频里说,人生的收获其实是命运赏给自己的。许多大师级人物也说过类似的话。人生的成功与失败,收获与失去,名声、学问与财富,并无必然性。个人的努力、辛勤、聪明才智、环境条件等都只是偶然关联,或者是成因元素。结果的出现,都是偶然之手拨弄出来的,既无好坏,也无高下,所谓好坏、高下纯粹是人们主观感受的区别。命运是一个非线性函数的变量,它只同天意有关,而跟具体的人无关。当然个人努力也是非常重要的偶然性因果关系中的成因元素。努力使人具备更多的成因元素,使得成功的概率大大高于不努力的人。

世界上并无成功的神话,也不缺努力奋斗的励志故事。所有的成功都不可复制,所有的努力并不一定会有好的结果。拥抱当下,珍惜过往,方为大道。所以中国民间有句话,“尽人事,听天命”,是深得偶然性哲学要领的。

## 三、未来的世界是一个包容性的世界

对未来充满敬畏,也就会充满期待。新冠疫情、俄乌冲突都极大地寒冷着人们的心境。人们禁不住会怀疑人类的未来会不会越来越灰暗。

20世纪可以说是激烈而辉煌的百年,科技创新、经济发展、民生改善、文明进步。但是好运气会不会骤然消失,不再光顾人类? 21世纪以来,步步惊心,令人常怀忧虑之感。瘟疫和战争是自古以来戕害人类的两大恶魔,居然在21世纪初叶一同发生。

不确定性的观念下,一个重要的问题是:我们可能会留下一个什么样的未来给我们的后代? 对于未来而言,我们的孩子看到的肯定是一个不同的世界。真希望那是一个更美好的世界,但取决于我们今天在做什么。

20 世纪的最大诟病就是某一种主流制度和主流思想总是企图否定别的制度和思想,这给今天的世界埋下了祸端。未来世界应该是一个包容的形态,无论是何种社会制度、意识形态、经济运行模式、社会治理方式等,只有求同存异、共同繁荣,才能有光明的未来。一个整齐划一的世界是停滞的,没有生机的,也不存在均衡。

笔者认为,这个世界的规则是:如果当代发展很快,蛋糕已经很大,那么未来就会发展很慢,从自由扩张转向保守收敛。跳不出否极泰来,物极必反的因果。

未来是一组非常复杂的函数,影响未来的变量不胜枚举。本书后文要提出的异度均衡理论就是希望把正面的收益因素和负面的损耗因素筛选出来,纳入这个函数的逻辑关系中去,从而观察我们会创造一个什么样的未来。相信科技创新、人文进步及环境改善,能够给我们的子孙后代留下一片春暖花开、蓝天白云的世界,而不是一片狼藉。

## 第四节  从不确定性看人性

人性既简单又复杂。在纯自然环境下,只有简单的生存欲望,在社会环境下,人的欲望就变得多样化、复杂化了。自然世界的不确定性和人类社会的偶然性决定了人性的复杂性。

人性本身的欲望才是繁荣的内在动力和原因。人的需求不断变化,才会让各种生产要素在流转中偶然形成有效组合模式,巧合地获得增长与繁荣。因此,人性的各种表现都是客观存在的,都是适应不确定性的某种选择。尽管许多具体的表现与人类文明有冲突,但整体地、长期地看是符合人类生存繁衍需要的。在大自然里，野生动物之间的弱肉强食和冷酷无情，甚至人类在某些场景下的邪恶，本质上也是来源于这样的基因动力。所以人性的高尚与丑恶并不是人性本身的优劣，而是环境的优劣、制度的优劣造成的。人性的各种表现，其实是环境的产物。

社会财富积累决定了人类群体文明程度的差异，也决定了人性的差异和人的行为的差别。贫困常常刺激人性恶的一面，而富足则常常激发人性善的一面。所有的人性表达都具有人类生存繁衍的需要性。任何道德的评价都是当下人们的认知误会和偏见。

人性作恶的基本原因之一就是有一个不用付出代价的制度环境。人性就是如此，一有机会或者行善或者作恶。依自然法观念，法大不过自然，人性亦是自然的一部分。任何违反自然秩序和人性的规则都是不可持续的。但人性复杂，因环境差异而富有弹性。欲望不能消灭，只能对冲。欲望是世界无序动力下熵增的方式，对冲的方式有两种：一是通过自律，减少熵增；二是用此人的欲望制衡他人的欲望，实现均衡。

## 一、人为什么很难自省

人是不确定性生物，变幻莫测。人又固执地追求确定性，所以很容易在脑海里固化自己的观念和判断事物的方法。每个人都认为自己的行为是正确的，并且具有充分的理由。即使别人认为他们的行为是错误的，他们也不会改变自己的立场。对错是非是每个人基于自身利益立场的主观判断，因此，人与人之间的行为交互并没有绝对的对错是非。

对于一个群体来说，因为共同生活的原因，无论是一个民族，还是一个单位、一群人，都需要有共同契约，即社会规则供大家遵守，以便维护大多数人的利益和尊严，这便形成了不同的文明。仔细想想，这些所谓文明规则也不能成为人们行为的最终约束和对错判断的标准，要发挥这些规则的作用需要具备逻辑思考的能力,使人们依据某些道理和事实能证明一些具体的行为违反了共同契约。这大概就是文化。但人们仍然可以通过迁徙来选择适合自己的场景生活,以保护自己的对错观,也就是文化尊严。所以不要把自己认为的所谓对错和事实都当作真实的或正确的,那些只是个人的主观臆断,拿这些主观臆想冠以许多理由来让别人接受,本质就是泛道德社会的浅薄激动。

从这样的角度看,我们也不能要求别人按照自己的意愿去改变,纠正所谓的错误,这其实是不合理的。再换个角度看,既然每个人都认为自己在做正确的事,那就不可能去否定自己的正确。正如桥水基金创始人瑞·达利欧的一句话:大多数人希望假设一个人如果做错了事,他会吸取教训和做出改变。这未免太天真了,最好假定他们不会改变。其实达利欧也是认为自己是正确的才说这句话。他也不会在别人的劝说下改变自己的行为。概莫能外。

唯一的办法是拿公共契约背后的知识逻辑和规则来判断,让每个人自己做出选择:是坚持自己的信念并付出代价还是从善如流服从规则。这里其实也没有什么对错是非,文明的外表下,背后仍然是多数人的利益与尊严同个人利益与尊严的取舍,这只是不确定性环境下产生的丛林规则的文明表达而已。

## 二、不确定性与愚蠢

人类对愚蠢的嘲笑多于研究。例如孔子与"三季人"的故事,有人问子贡一年几季,子贡答四季,其人争曰三季。问于孔子,孔子坚称三季是对的,其人乐而去。子贡不解,孔子说:此人与蚱蜢一样,不知四季,跟蠢人争辩只会沦为蠢人。越是愚蠢的人,越只会不停讲道理。庄子亦云:不与夏虫言冰。但愚蠢作为一种社会现象,却远非如此简单。

愚蠢是一个汉语词语,形容人笨,愚昧无知,同时也指一个人明明做错了事却无半点自省,一味指责他人,重复自己错误的言行。

愚蠢的人多了就成了一种值得研究的社会现象。

德国迪特里希·朋霍费尔说:"愚蠢是一种道德上的缺陷。愚蠢的人不可能真正善良,因为愚蠢的人是非对错不分,奉恶魔如父母,视良知如仇寇。愚蠢本身,就是一种不可救药的邪恶。"

苏格拉底也说,愚蠢是最大的恶。

1976 年,加州大学伯克利分校一位研究经济史的教授写了一篇文章,探讨了关于愚蠢的五条基本定律。这位教授名叫卡罗·奇波拉,在他看来,人类生存的最大威胁,是愚蠢。

奇波拉教授认为,蠢人身上有一些突出特点是相通的,比如总量庞大、缺乏理智,净干些既给别人添乱又对自己没什么好处的事,结果就是拉低整个社会的发展水平。他说,蠢就是蠢,没什么好辩解的。一个社会,要想不被蠢才拖垮,只能靠其他不蠢的成员加倍努力,来抵消蠢人这种负累带来的损失。奇波拉总结了几条愚蠢定律:

定律一:处于活跃状态的蠢人总数,永远比人们想象中的要多。

定律二:一个人是否愚蠢,与此人身上的其他任何特点都没有必然联系。

定律三:所谓蠢人,就是在不产生个人收益甚或引发个人损失的同时,对他人或其他群体造成损失的人。不蠢的人群具有不连贯性。从行为上说,我们有时聪明,有时自私,有时无助,有时被占便宜,有时各占一点。相比之下,蠢人任何时候都很蠢,其愚蠢行为的连贯程度始终完美如初。

定律四:蠢人的破坏力永远被低估了。无论任何时候、任何地点、任何场合,与蠢人打交道哪怕发生联系,最后总会是一场代价昂贵的错误。而这一点,常常被人遗忘。

定律五:蠢人是最危险的一类人。蠢人比强盗更危险。

面对蠢人我们常常无能为力。一个社会,究竟是被愚蠢公民的负累拖垮,还是超越这群负累,这两种不同的命运,取决于不蠢人群的构成。

愚蠢人多、乌合之众多并不是糟糕的事情，而是客观现象。但社会文化的演化变迁会把人类社会区分成愚蠢型社会和聪明型社会。

由于不确定性世界的复杂性和偶然性主导的人类社会的巧合概率较低，所以掌握世界精巧之道的精英总是少数人，而大多数人要想避开不确定性的风险，享受偶然性提供的机会，正确的做法是跟随少部分聪明人的步伐，而不是干掉聪明人。这就是愚蠢社会与聪明社会的区别。

愚蠢型社会一般会表现为泛道德社会。愚蠢之所以总量庞大，是因为愚蠢常常披着一种人类以为很高尚的情怀外衣。

愚蠢型社会的另一个特征是喜欢寻找规律、周期和一成不变的知识。因为打破既有的规则会使大多数人感到不安全、不稳定。

然而，在不确定性世界框架下，任何社会现象的背后都可以感受到自然的力量，这种力量可能对人类有利也可能有害。我们只能面对它、适应它，才能尽量减少损失。

## 三、感性、理性、人性与偶然性

理性常常被理解为个人运用知识和规则思考和判断的能力。而人性常常是指人的自然属性的感性表达。在一般观念上，理性与感性，理性与人性之间都隐含了对立的意义。

理性与人性是对立的吗？知识和规则都是主观的产物，而所谓主观其实就是人性的某一侧面的表达。运用知识和规则的能力就是接受这些知识和规则的能力，归根结底，理性是人性的一个侧面，是人性的一部分。之所以把他们对立起来仍然是哲学思想对事物二分法的影响。在偶然性原理中，二分法是很难成立的。事物在偶然性中发展，对立统一这样的二分法思维只是一个侧面，整体而言，事物的变化发展并无规律可循，也不可能有对立或一致的刻意分布。分析事物还有更多的维度和方法。理性并不一定违逆人性，而人性也并非不能包容理性。

理性另一个对立的概念是感性。有专家指出,虽然感性功能最直接有效,但它只适合于应对丛林时代的自然界,而现代社会有很多人造的东西,比如糖、可乐、酒、饮料、香烟、电子游戏等,人的感性机能不能有效地应对这些自然界中不存在的东西,所以,这时就需要人的理性来作出判断。这也是把理性同感性做对立的排列。在偶然性世界里,所谓理性和感性都是主观意识观念,都是人与自然关系的一部分,无序和不确定性主导了物理世界的变化,理性、感性和其他,都是人性的表达。本能的反应大概就是感性,运用知识与规则的反应大概就是理性,它们同时存在于人性中,并不排斥,也无是非对错。

偶然性世界观承认客观世界的不可控、结果难料,人类通过试探逐步建立适应自然环境的运行规则,依据变化不断调整这些规则,这就是所谓的理性,但其实也只是感性的探索成果罢了。

在思考"摸着石头过河"和"不管白猫黑猫,抓到老鼠就是好猫"这些流行语时,我们不禁感叹其中所蕴含的偶然性世界观的智慧。那些一味追求规律,企图寻找一劳永逸的解决方案的想法,在人文和经济这些主观观念极强的领域中,显得尤为愚蠢。这些流行语,恰恰反映了在复杂多变的环境中,应灵活应对,勇于尝试,而非墨守成规。

### 四、自然与自律:无序与有序的效率比较

自律才能成长,自然才能舒适。没有是非,但有边界。有时候生活中的经验是多样的,也是矛盾的。稚童需要自然,但教育的目的是自律,帮助我们在成长中逐步形成行为边界。

在自己办公桌上找文件资料,或者在书房里找书的方法有两种:一种是靠记忆,即靠建立的记忆线索,另一种就是临时按习惯去翻找。前者是有序的方法,后者是无序的方法。到底是有序靠记忆的效率高还是无序靠临时翻找的效率高?其实这值得试验一下才能下结论。

图书馆藏书浩瀚,没有索引便无法使用。但办公桌上一眼尽览当然

不需要索引。可见有序与无序之间的效率比较存在一个边界或者拐点。短时间近距离内，显然无序的效率大于有序，为了很少的事情建立庞大的秩序本来就是浪费资源和能量。所以并不是所有的稳定性和相对确定性都是合理的。在很多情况下，顺其自然的无序原则才是有效的或最优解。

## 五、天赋异禀的不确定性

人脑的结构比较复杂，脑专家认为，大脑的神经元是大脑中基本的功能单元。神经元通过电化学信号传递信息，当一个神经元被刺激时，它会产生电脉冲，被称为动作电位。这个电脉冲会沿着神经元的树突传播，然后通过轴突传递给其他神经元。这种传递过程称为神经冲动的传导。

神经元之间的连接点称为突触。当动作电位到达突触时，它会释放出被称为神经递质的化学物质。这些神经递质会跨过突触间隙，然后结合到接收神经元上的特定受体上。这种结合会引起接收神经元内部的电位变化，从而影响接收神经元是否会产生动作电位。也就是当神经元不断受到刺激时会越来越活跃，人的智商就更高。

人们的后天训练和学习对大脑的刺激激发了每个人的大脑功能，训练和学习的程度与时段不同，使得人与人之间的智力与认知能力存在差异。一个孩子，最早学习了什么，训练了什么，都会对大脑产生不同程度的刺激，从而激活脑皮层和脑干细胞的活力，这种激活纯粹是偶然性的。例如一个孩子被父母安排去学校弹钢琴（或者是绘画、跳舞），从而偶然性地刺激了大脑的某一部位（不确定、不固定的偶然区域），而这一部位的生理细胞基础很好，坚持练习就可能成为一个钢琴家。越是坚持练习，人脑细胞受到的激励越强，其功能也就越强大，一旦突破瓶颈期（厌倦期），就可能闯进康庄大道，得心应手了。而后天学习首次开发的脑部区域如果不是最佳脑资源配置，那就很可能坚持不下去，或者是最终水平存在天花板。

不确定性充满了人的一生，人们常常把结果看成命运的杰作，但其实是偶然性的杰作。

有些人确实天赋异禀，俗称天才。这可能同大脑皮质的开发使用有关。实际上人脑的天然功能除了极少数不幸者外，大体上是差异不大的。所谓天赋异禀取决于人脑资源的开发利用，开发得越广泛，方法越科学，人脑资源的利用效率就越高，就越易成为"天赋异禀"的天才。

所谓的天才，都是偶然性条件下达到最优的普通人。在智能化时代，一般的知识和技能都在贬值，天赋异禀越来越成为自我赋予的高人一等的素质，努力学习和训练，坚持初心、不断奋斗是自我赋能的基本方式。

## 六、思考与偏见

有一句名言：很多人以为他们在思考，其实只是在整理他们的偏见。

这句话颇有道理。世界的本质是不确定性的，人类个体根本无法掌控客观世界的事物。人与自然之间，人与人之间，信息不对称是绝对的，无论你是读万卷书，还是行万里路，知识和见识都是有限的，读到的书都是前人的有限思考，见识到的永远是客观存在的冰山一角。并且知识的来源本身就是某种偏见的产物，人类总是在自身构建的主观世界里探索或迷失。

由此，当我们思考时，我们的确是在整理以往获得和形成的偏见，这些思考的价值，完全依赖于夹杂在偶然性中的运气。

所以，思考并不能产生圣人和智者，只能产生偏见。有时候，思考是条死胡同。

# 偶然性社会

　　从不确定性到偶然性是一个涉及概率、事件预测和随机性的过程。不确定性是指我们无法确定特定事件将如何发展,但这并不一定涉及偶然性。偶然性则暗示着某种事件或结果是完全随机的,没有明确的模式或规律可循。

　　这种随机的概念在一定程度上服从柏拉图、笛卡尔的理性主义,即服从一个推理的过程。在前文阐述三维空间与四维空间的关系中,我们认定事件的变动在时间线上一定是存在关联的。不过,认知上可能存在一个"突然发生"的主观感受,这通常是信息的不对称性导致的。作为一个个体生物,生物的局限性迫使我们无法掌握这个世界所有的信息、知识,也就无法证明完全合理的推理过程一定存在。这种随机过程,在三维与四维空间下形成了因果的关系。如果诱因的出现并没有遵循一个可以用历史数据追溯的趋势,那么这种偶发的诱因必然将导致一个偶然性的结果。

　　本章建立在不确定性的基础之上,着重阐述偶然性与不确定性的关系、偶然性的运行机理及来源于偶然性的灵感三个主要方向。

## 第一节　从不确定性到偶然性

### 一、不确定性决定了人类社会的偶然性本相

生活在偶然性中的人类总是想过必然的生活,这是对不确定性尚不

能理解的认知误区。实际上不确定性是无处不在的基本规则,尽管存在日月星辰这样一些相对确定的事物,但这种相对确定性仍然在我们感知不到的变化中缓慢且渐进地改变着现有的自然规则和人文秩序。一次宇宙大爆炸或是彗星的再次撞击,就可能会改变我们已经熟悉的宇宙世界,以及千辛万苦建立起来的文明秩序。

不确定性是绝对的,确定性都是有条件的、相对的,这决定了人类生存方式的根本环境是偶然性的产物。正如《人类进化史》的作者所说,宇宙经过多少亿年的变化,人类经过多少万年的进化,成为今天的模样,其实根本找不到必然性的任何依据,都是偶然的结果。

从学理上看,偶然性有多层含义。第一种含义是指巧合,与目的对立。例如一个人到菜市场买菜,结果遇到了债主,所以把钱还了。第二种含义是指个别,与普遍对立。例如医生给一个叫张三的人治病。第三种是指可能性,与必然性对立。对于一件事情,因各种原因无法预测其未来,而只能通过大量的观察来统计其结果,以概率来描述其再次发生的可能性大小。根据我们最新的研究结论,这些偶然性的数据根本无法用于判断其再次发生的可能性概率。传统的解释是,事件的发生是受多方面因素控制的,只有所有因素都具备了,事件才发生。对于多因素事件,与两因素事件同理。因素越多,事件发生的概率越小。因素过多,就成了不可能事件。历史事件的发生就是偶然性的,只有几个条件凑到一起才可能恰好发生,如果时机未到,个人再怎么努力也是枉然。

因此偶然现象的存在根源在于,事件发生的原因是多方面的,而人们在特定的条件下不一定能掌握到某个事件的所有条件,同时也观测不到所有的已知条件,所以就无法推断此事件是否必然发生,因而认为该事件的发生是偶然的。事实上,这是在无知情况下对必然的描述。这样的解释还是缺乏对不确定性的理解。其实在不确定性的世界里,偶然性就是一种必然的存在。

　　大部分人相信自己掌握了某种规律,却仍然生活在不明所以的偶然性之中。大家企图去掌握必然性,但必然性的条件也是偶然性的,从根本上讲就没有必然性,只有不确定性框架下的相对确定性。在宇宙大爆炸或彗星撞击这样的偶然下,自然科学树立了一些有条件的必然规律,建立了文明知识,创造出规律性的生活。

　　人类建立了很多秩序来引导人们的行为,企图减少不确定性下的偶然性。但是事物总有两面性,经过规则训练的人常常被减损了创新能力。长期来看文明秩序的稳定会造成人类失去创新能力。所以偶然性并不是完全的不妥,而必然性也不是完全的妥帖。

　　总之,人类生活在偶然性当中,遵循相对确定的自然规则和文明秩序就能在大自然的怀抱里获得生存与发展。没有偶然性就没有创造,没有相对的确定和预期就没有秩序和文明,就没有建立信用的依据,就没有人类的发展。不必刻意地迷恋必然的稳定环境,也不必对生活中的偶然性耿耿于怀。只有适应偶然性,才能创造秩序,对抗不确定性。

## 二、从偶然性角度看世界

　　偶然性的波动带来了收益或者风险的或然性。奈特认为利润来源于风险。实际上利润的来源不仅是波动中的收益和风险,也来源于转移出去而没有被承担的风险。让风险有所承担是重要的偶然性原则。

　　现代金融是经典的偶然性社会机制安排。银行的收益除了有靠服务获得的手续费之外,还依赖于对行业、区域、企业的违约概率和损失概率的估算。保险业和担保也是一种典型的依赖或然性的业务。所谓规律如经济周期是否存在是存疑的。在偶然性认知框架下,如果不剔除不可重复的偶然性数据,任何在统计数据中寻找到的周期都是不可靠的,它们常常只是事物相关性的偶然性表达。

　　在偶然性之中,本能比理性更值得信赖。所谓理性是建立在对客观世界规律性认识的基础上的,而人类社会的所谓规律也不过是偶然呈现的事物相关性。所以理性的建立是极其困难的过程,因为它并不符合偶然性特征,而本能更贴切偶然性,人类只能用理性来约束本能的泛滥。

战争的发生需要各种复杂的因果因素同时出现,尤其是人的因素、历史因素、地缘因素,没有偶然性的主导几乎是不可能的。

在茫茫人海中两个人相遇,无论是由此而来的友情或爱情,都没有必然性,而是偶然遇到的珍贵的缘分,所以人类的情感、人际关系的基础、血缘关系的脉络,本质上都是偶然性的奇迹。不必探索根源,因为没有根源。

艺术是否存在规律?答案是否定的。艺术家的创作灵感往往来源于偶然性,一旦获得便庆幸不已,一旦失去则只能遗憾。这种灵感稍纵即逝,难以捉摸。与科学不同,艺术没有固定的公式可循。然而,公式化的科学不断受到人们的怀疑、证伪、修复、改进和完善,这恰恰也是偶然性的体现。

从无序的本源上看,事物都是发散的,所以价值的丧失或凝聚是由事物自身的性质和偶然状态决定的。时间并不能凝聚价值,认为什么东西越久越好(如酒、茶)的观念并不适用于所有物品。

对人际关系与国际关系的阴谋论认知在偶然性框架下显得非常幼稚。虽然个体的人、机构或国家都会有自身的利益立场和相关的谋划,但大量事件发生需要许多因素的偶然组合,没有哪个个人或团体甚至国家具有这样的能力。阴谋只能在可控范围内可行。偶然性决定了许多事态是由因果关系催生出来的。从偶然性角度看,因果逻辑关系才是研究的重要对象。

每个人都生活在偶然性之中,际遇难以逆料,各种相遇、各种情感、各种沟通、各种欣赏与反感、各种爱与厌、各种亲情与血缘,都是建立在每个人的记忆链条上的。这个链条一断,所有的一切都会碎片一般漂浮而去,人生便四分五裂。

人的本性是向往必然性,希望有稳定的预期,追求确定性而厌恶不确定性的。但事实的真相是:人类生活在偶然性丛生的环境中,必须直面它,拥抱它,遵循偶然性的运行机理,服从偶然性带来的变化,抓住偶然性带来的机遇,承受偶然性带来的损失和不安的情绪体验。

## 三、人类社会的主观性

当我们谈到人类文明的起源与发展时,不得不对人类的文明创造肃然起敬。笔者已讲过,人类文明本质上起源于世界的不确定性。为了适应或对抗不确定性,人类殚精竭虑地追求确定性,努力建设稳定持久的生活环境。为此,人类事实上逐步构建了与自然客观相去甚远的物理环境和与自然客观渐行渐远的行为规范。这就是人类文明。

所谓人类文明就是人类自己生存立场下的主观构建,自然客观依自然之力(能量)而存在,人类模拟搭建了一套自己认为是最有利于人类生存发展的场景、工具、观念、知识,其中有的符合自然之力的方向,有的会同自然之力冲突。

人类文明的发展完全是人类行为偶然性的产物,也是人类虚拟出来的"现实真实"。当我们追求客观真实的时候,其实那个客观真实已经是人类主观构建的产物。人类一方面努力探索客观世界的边界,却又永远无法达到这个边界;另一方面却在意识上构建了完整的客观世界,并认为已经随着对客观世界的认知扩展,也相应地掌握了已知世界的客观真理,并且用规律、定律、周期、模型这样一些确定性思维来表达虚拟出来的"现实真实"。这恐怕是人类社会最迷惑人的认知缺陷,我们以为的真实,其实是虚拟的。

所有的能量在这个地球上本来就存在,只有在人的主观观念介入后才会产生如何配置、如何使用、如何更有效率的问题。所以长期以来人们所崇拜的客观真理、客观标准、客观评价,其实都是主观的产物。

人类处于客观世界里,但生活在自己构建的主观世界中。在各种主观叠加中,兴奋或沮丧、破坏或建设、成功或失败,加剧了这个世界的不确定性波动。过去讲主观能动性,夸张了主观意识对能量的动员能力,但主观能动性的确是客观能量的牵引力,主观成色不够,客观能量用错了方向,或者时间不匹配,则事倍功半或一事无成。从不确定性原理出发,一个社会的治理水平、资源配置效率、秩序公平和科技创新发展等,取决于人类的主观价值取向。对于每个人来说,生命过程的质量,则取决于自身的主观成色。只有具有较高主观成色的人,才能发现客观世界的真相。

目前的各种学科研究和教学,都强调了解客观的方向。实验的、实证的各种研究方法和技巧构成的基本范式是以触及所谓客观规律为目的的,无论自然科学还是人文科学,都在努力地克服主观意识(噪声)的影响。但不确定性原理告诉我们,偶然性是科学发现的主导力量,而任何科学成果都是主观意识的产物。如何实现从学科客观引导走向学科主观引导,是人类科技探索的重要转型。

在偶然性原理中,偶然性还来源于人类自身的主观性。在进化过程中,人类逐步通过语言、文字、观念、知识、情怀、理想、数据等抽象化的材料,构建了庞大无比的主观世界,甚至企图把客观物理世界都通过元宇宙工具虚拟化。

人类所崇拜的客观世界由两部分构成:一部分是物理的,一部分是主观意识的。就像人的自我认知是由身体和意识(心灵)两部分构成的一样,人类发展史也是一部从崇尚自然客观到崇尚意识主观的进化史。

长期以来,人类崇尚客观,探索客观规律,发现客观真理,其中有的内容符合真正的物质世界真相,而绝大部分离客观世界越来越远,也就越来越具有不确定性和偶然性特点。

人类的进化史就是这样一部历史,充满偶然性、主观性,自然世界根本不在乎人类的活动,依然故我,岿然不动。但人类在自己构建的主观世界里不停地发现和归纳总结出各种各样的真理、周期、规律,并把这些东西冠之以客观存在。

提高社会和自身的主观成色，不是宣称自己掌握了多少客观真理，而是要不断完善主观意识的结构和成色，使之更贴近客观自然。从根本上讲，就是要提升社会认识水平和能力，构建强大的主观力量去引导客观世界的变化，而不是纠结于唯心与唯物这样的哲学命题。

风险规则都是主观的，每个主体看待风险的方式、角度都不同。自由市场的基本逻辑就是允许所有主观交易者进入，通过撮合竞价等方式摩擦出一个公允价格，以达成风险承担的最优水平。人类社会是由人类个体组织建立的，主观性在社会中充当了主要角色。法律、道德的建立是人类文明追求相对确定性道路上的产物，不过仔细推敲的话，包括各个国家制定的、国际约定的所有法律，都是一种主观假设。这个假设基于绝大部分人愿意遵守这些规则。无论用什么民主的、广泛性的办法，法律都只是一部分人的想法。这些想法的约束力最终来源于强大的自然力量和物理能力。

## 四、博弈：遵循偶然性

笔者认为人类社会是由偶然性主导的，与偶然性共舞不可避免。《对赌：信息不足时如何做出高明决策》一书印证了上述论断。这是美国作家安妮·杜克所著的一本值得一读的奇书。书的逻辑是建立在偶然性基础上的，有些段落可以说明：运气是客观存在的不确定性的表现。人类建立秩序就是为了克服无序的混乱和争取某种相对的确定性。如以下几段文字：

> 生活是扑克，不是象棋。人生就像一场场牌局，我们每个人都是参与者。在"变"和"不确定"成为常态的当下，我们在信息不充分的条件下，如何作出正确的重大决策，需要一定的智慧。愿每个人都在人生长期博弈中，出好每一张牌，成为胜者。

人类大脑的进化是为了创造确定性和秩序。了解到运气在我们的生活中发挥着重要的作用使人感到不安。我们意识到运气的存在，但抗拒竭尽全力而得不到满意结果的想法。我们喜欢把世界想象成一个有秩序的地方，一个随机性没有肆虐成灾，可以预见所有结果的地方。进化赋予了我们这种看待世界的方式，在混乱中创造秩序是我们生存的必要条件。

一直以来，寻求确定性是人类赖以生存的手段，但在一个不确定的环境里，它却可能会对我们的决策造成严重的破坏。当我们从结果入手反向调查事件原因时，很容易掉进各种认知的陷阱，比如将事物的任何相关性都认为是因果关系，或者采用单方论证来确认我们偏爱的做法。我们倾向于将方钉强行楔入圆孔，以维持我们认为结果与决策之间有着紧密关系的幻觉。

实际上，偶然性才是主导人类行为和结果的主要力量，无论多么复杂的博弈过程，都可能只是偶然性的曲意表达。

## 五、秩序与自由

在社会经济生活中，我们常常落入某种主观偏见之中而不能察觉。例如，等级森严的秩序就意味着社会实现了某种公平，严谨复杂的流程能达到某种效率，集中力量才能做好某些大事，秩序越好社会越安全，不一而足。

但从不确定性角度审视，人类社会的所有进步发展都是偶然的灵感相遇和聪明的有效运用，包括地球所处的难得适于生存的奇妙的宇宙环境和人类生存发展的精巧环境，人类学家的结论等，这些都是大自然的偶然产物。建立各种秩序是人类最重要的适应或对抗不确定性的重要文明环境建设，但付出的代价是局部的效率和某些个性化的创意价值。一般来说，环境越自由，灵感越张扬，越有利于理论创新和技术进步。秩序越细致，灵感就越稀有，创新就越式微。但对于科技运用来说，秩序流程能保证资源的有效配置，秩序越完备，流程越简要，科技创新的运用就越趋于有效。

所以秩序和自由之间存在着某种黄金比例或某种均衡。秩序和自由之间边界的合理选择和良好相容，是现代社会治理的重要课题。这之间应该存在某种数学上的函数关系和支撑其计量的数据。例如立法，并不是简单的社会道德意识上升为国家意志，更主要的是要把法律约束行为的边界构建成平衡社会相关方利益和行为特点的多变量函数，通过计量得到法律约束的边界，进而成为立法的依据。

事物不确定性的形态即风险，其带来的收益越高，损耗越低。不确定性的变化越少，相对确定性越多，可预期事物越多，可预测的事情也越来越多。科技创新是防范风险损失的底层逻辑力量，而自由度是科技创新的必需营养。秩序使人的行为有可预期性，降低了不确定性；科技使不确定性变化度下降，增加了未来的收益性，减少了风险损失。

站在长期经济增长的角度上，一个相对稳定的趋势是经济长期向好的基石，当然，过分强调秩序使之成为确定性的要素也将带来毁灭。

长期经济增长应当在自由的市场与安全可靠的秩序之间寻求效率最优。对现代社会而言，秩序与自由，是相互支撑的一对概念，不能误会，也不能偏颇。

## 第二节　偶然性的运行机理

自利和利他都是偶然性社会运行机制的基础机理。在因果选择中，人们根据具体事物的成因元素，根据利己的原则或者某种情怀驱动下的利他原则，做出对事物结果的接受或者不接受的选择。也会通过改变成因元素的发生、发展的进程来改变结果，使之符合自身的价值目标。这些都是面对偶然性的策略。

市场经济是偶然性本质的经济表达。计划经济是以追求确定性为前提的,市场经济是以不确定性为前提的。在社会偶然性世界观框架下,市场经济正是顺应偶然性社会的运行制度安排。偶然性社会虽然没有规律可循,但按因果逻辑办事。

在人类社会的发展过程中,偶然性其实随处可见,偶然性的影响也是随处可见,有时甚至还十分强大。"偶然的发明"可能都会改变整个社会的运行轨迹,例如许多传播学理论(比如沉默的螺旋)也很难预测到互联网化后社交媒体上的新动态。这归根结底是因为知识技术的积累与人类社会的变革之间不存在一种简单的线性关系,知识技术能不能进步、往什么方向进步往往是"突变"的,具有极大的偶然性。人类生活在偶然性之中,因此有必要继续考察一下偶然性的运行机理。

经济学里经常谈到的"蝴蝶效应"是典型的偶然性运行机理的表达。"蝴蝶效应"是指一只南美洲亚马孙河流域热带雨林中的蝴蝶,偶尔扇动几下翅膀,可能在两周后引起美国得克萨斯州的一场龙卷风。其原因在于:蝴蝶翅膀的运动,导致其身边的空气系统发生变化,并引起微弱气流的产生,而微弱气流的产生又会引起它四周空气或其他系统产生相应的变化,由此引起连锁反应,最终导致其他系统的极大变化。这说明,事物发展的结果,对初始条件具有极为敏感的依赖性,初始条件的极小偏差,将会引起结果的极大差异,继而产生巨大的后续影响。

混沌是指无序和混乱的状态,20 世纪 60 年代混沌学研究悄然兴起,而"蝴蝶效应"则是混沌学的代表性学说。混沌状态下的"蝴蝶效应"表明世界上各种因素无序运动时可能会产生完全不同或差异巨大的结果,说明了不确定性的另一面即偶然性的特征:无序可循的运动和无法预料的结果。

## 一、因果关系

哲学家和宏观经济学家总是在强调规律、定律等,似乎寻找到规律性的东西就可以掌握某种真理。尤其是自然科学知识、牛顿定律、热力学定律、化学反应方程式、生物结构方程式等被认为是真理，是可重复数据，是预测未来的可靠依据。也有人会以社会学、经济学、心理学等发现的人类行为特征现象为据，说明人类是可以认知客观规律和主观规律，最终掌握自己命运的。

例如，马斯洛提出的著名"需求层次理论"，这个理论将人类需求比作了一座金字塔，从底层到顶层，逐层递进。这些需求层次相互关联、相互影响，构成了人类内心世界的复杂系统。这五个层次依次为：生理需求、安全需求、社交需求、尊重需求、自我实现需求。马斯洛的需求理论被广泛认同，如果这个理论是正确的，那么不就说明存在某种客观和主观的认知是如真理般存在的吗？每个人的自我实现难道不是有共同的或类似的路径可循吗？

但不确定性理论不这么看问题。截至目前，人类所有知识都是某种条件下的知识，都是不确定性世界的整体状态和本质的表达。我们所认为的知识、规律、真理，都是相对稳定条件下的可重复现象，条件易变，不确定性暗藏其中。在自然之力面前，所有看似稳定的环境条件，其实都不堪一击。这个自然之力就是不确定性。

回到马斯洛的需求理论。不确定性理论认为，人类社会是偶然性社会，每个人都按自己所愿去努力，但服从自然力量的安排，不去刻意追求或掩饰。每个人的发展都是自我的、个性的。

那这个"所愿"有没有共性？

人性当然有趋同的东西，但不宜用规律来描述，实际上每个人对环境的感受是不同的。不确定性并不否定这些现象总结，但这都是偶然性产物，都是概率问题。如果存在发展规律，大家照模式生活就可以了。

按照不确定性理论，事物并无绝对规律，但事物的发生发展都处于具体的因果条件中，我们真正能做的是因果分析。因果推导是某种逻辑关系下的主观概率，即可能性预测。即便我们计算出了接近真实的概率,那也只是当下的主观判断,并非未来的真实。

不确定性原理认为所谓不确定性就是指未来,未来就是四维空间。看得见的三维空间与看不见的四维空间相互之间一定存在某种逻辑因果关系。人类正是依据这种逻辑因果关系来预测四维空间的某些状态发生的概率。

不确定性经济因果分析框架需要对事物变化波动的原因元素进行条件确认,在什么条件下原因元素会出现,然后推算这个条件因素直接影响的经济事项有哪些。直接与间接影响的因素很多,但不必都加以分析。比较典型的例子就是经济学上常用的"明斯基时刻(拐点)"。当某些原因元素出现时,就要小心危机会随时来临。

任何事物的变化都遵循不确定性本质,具体事物的变化是有其内在逻辑的。我们不能用所谓大数定律去寻找规律,但可以用因果逻辑,分析经济现象的成因和趋势,并建模计量某些事物发生的概率。在因果关系的研究上,已经涌现出了很多优秀的理论。例如朱迪亚·珀尔在《为什么:关于因果关系的新科学》一书中探讨了因果关系,并试图重新确立因果关系在科学研究及决策分析中的地位。他讨论了不同于传统统计学相关性分析的因果推断方法,并解释其在理解世界及我们如何从数据中提取更有意义的结论方面的重要性。

朱迪亚·珀尔的理论为理解不确定性和偶然性在经济、社会和生物学等领域中的作用提供了一个强有力的分析框架,尤其是当涉及需要区分因果关联时。这样的理论体系允许我们在面对看似纯粹随机的现象时,仍然尝试寻找和建立潜在的因果关系。

在不确定性框架下,偶然性的社会是否存在所谓经济周期或预示未来的规律是高度存疑的。但同样明显的是,凡事都存在因果关系。这里的因果关系强调的是当什么条件发生时就会出现什么结果,就像前面提到的需求与供给的双重巧合,如果需求方的需求与供给方的供给刚好在同一个时空中相遇并且双方都有能力、有意愿,就会产生交易。

这就是因果关系。由于因是不确定的,所以果也是不确定的,这就出现了人类生活中的偶然性。当因在偶然性运行中集聚在一起,构成某种果的必需条件,并且的确发生了这个果,事物就形成了因果关系。大量的偶然性就以因果关系表现出来,且常常让人觉得不可思议。再来看人类的进化,进化的根源是"可遗传变异",主要通过 DNA 序列的随机变异来实现,没有方向性可言。在这一步,进化体现出来的更多是随机性。这其实就是典型的因果关系,随机的因、随机的果所带来的偶然性。很多学者的研究已经表明,人类社会进化到现在的模样,完全没有规律可言,有的只是在一定条件下的各种巧合(即各种偶然性),并据此得出,如果进化过程重来一次,不会是现在的模样,因为到达现在模样本身就是各种偶然性的叠加,是非常小概率的事件。

运气与概率的区别在于信仰不同。查理·芒格说过他眼中的中国人相信运气而不是相信概率。其实运气与概率是同一件事,都是指事物的偶然性。当我们站在自利的立场看待某件事的时候,对自己有利就觉得是上天眷顾,运气好,因为你没有丝毫的能力左右这件事的发展过程和结果。但如果你站在观察的立场看一件事,它的过程和结果其实是不确定性框架下偶然性的表达,呈现出一定概率的阈值。

相信自然力量且服从自然,便会相信运气,相信因果逻辑且进行科学探索,便会相信概率。世界的本源是自然之力的无序创造,世界的本质是不确定性的,是波动变化的。但相同时空条件下的变化还是具有一定的相同性和相似性或者相关性,人们往往误以为这是某种规律性,但不确定性理论告诉我们,这仍然是偶然性的表达。时空条件也是变化多端、不确定的,所以即使是相同时空条件下发生的事物,出现完全相同的结果也只是有一定概率而已。现代科学如概率论已经找到了计量概率的数学模型,所以相信不确定性的正确方式是相信概率,而不是守株待兔地相信运气,而失去了做好迎接运气的准备和接受失败的拨备。

## 二、关联关系

正如《对赌：信息不足时如何做出高明决策》一书所言：必须认识到并没有任何策略能把我们变成完美的理性决策者。并且即便我们可以做出最佳决策，仍然无法保证一定会得到想要的结果。提升决策质量能增加我们获得良好结果的概率，而不能保证一定就会获得良好结果。

《微观动机与宏观行为》是美国哈佛大学肯尼迪政府学院教授托马斯·谢林的代表性著作。谢林在 2005 年与罗伯特·奥曼共同获得了诺贝尔经济学奖。

有位学者型资深媒体人评论道，近 1 000 年里最重要的人类社会研究大概就是谢林的，其实也没回答什么问题，只是科学解释了"为什么人类永远无法从历史中吸取教训"。微观行为的博弈选择和宏观行为的结果必然是有限的排列组合，没有所谓均衡最优解，美国人会和 5 000年前的阿卡德人做出一样的选择。真正需要的不是去信仰不存在的科学规律，而是要保证规模。规模越大，排列组合的结果才能越可靠。

从偶然性观念出发，要回答"为什么人类永远无法从历史中吸取教训"这个问题，其实很简单。因为人类社会，包括历史都是偶然性产物。我们认为的教训，对当时的人们来说，就是一个微观具体的取舍，所谓成功的经验和失败的教训都是后来者的主观臆想。

这里的关联关系其实不存在因果关系的相关性。在因果关系中，出现因就必然会出现果，而相关性更多的是指在不存在因果关系的情况下两个或多个现象差不多同时发生，类似于瑞士心理学家卡尔·荣格在研究无意识过程的心理学时提出的"共时性"。因为因果性原理不能令人满意地解释某些值得注意的无意识心理现象，荣格发现有一些心理上的平行现象，它们之间不可能有因果联系，只可能是另一种事件联系，而这种联系主要可见于相对的同时性这一事实。除因果关系外，具有共时性的关联关系,也构成了偶然性的运行机理之一。例如商店里的啤酒销量可能突然同卫生纸销量成正比,而小人书的销量可能同小工艺品的销量成正比。这样的相关关系是偶然性的非逻辑性表达,前者可能是替妻子买卫生纸的丈夫顺便买了啤酒,后者则可能是替孩子买小人书时顺便买了一款自己喜欢的小工艺品。这些可能的关系构成了事物的偶然性状态。

## 三、趋势关系

卡尔·波普尔曾经在《历史决定论的贫困》一书中说过,"趋势的存在是无可怀疑的……在研究趋势的真正条件时,为了能够探明这些可能性,就必须随时设想在什么条件下该趋势将会消失"。即使某个物体在下一个时间点会往哪个方向运动是不确定的,但基于自然世界的连续性,趋势关系仍然是存在的。假如某个物体现在处在某个位置,在不确定的世界中,它可能会受到各种外在的和内在的冲撞,下一步会走向何方完全是随机的,但仍然可以猜测它走向的大概位置,即它现在所处位置的周围空间,空间的边缘到其现在位置的距离就是其运动的最大速度。趋势关系也是构成偶然性的运行机理之一,为后续数据分类提供了一个依据。所有因不确定性波动牵引事物方向而形成的趋势及其变化都具有明显的偶然性,通过偶然性分析也可以获得趋势的方向。

## 四、不可逆

不可逆也是偶然性的运行方式。由于偶然性是非线性状态的事物,混沌无序,决定了偶然性的不可逆特征,也即不再回到原点,不可修复。一旦发生,只会在时间轴上往前出现结果,不会逆转。

不可逆是偶然性的客观属性。在不确定性世界中,在偶然性框架下,事物都在时间轴上运动,一往直前,不可逆转,也不可修复。子在川上曰:逝者如斯乎!人际关系、国际关系常常不可逆,好坏虽然如常,但每一段都是前一段关系的逻辑结果,都是新的关系。夫妻关系也是如此,一旦互有伤害,就只能选择新的相处模式,回到从前是不可能的了。事物的不可逆是偶然性的客观属性,任何逆转的企图都是徒劳。

那么有没有可以重复循环的事物?人们总是觉得黑格尔评价中国历史的话很刺耳:几千年来,只有循环重复没有历史。从偶然性角度分析这并不准确。

事实上秦皇以降,到现代共和制度之前,朝代更迭,秦制不改。人物变幻,剧情类似。所以,中国的历史,并不是没有历史,而是只有人的生存史,没有社会背景更新史。换句话说,就是国人创造人文环境的文明力量不足,而扩张生存条件的能力强大。人的生存史也是一种历史,其任何过程都是不可逆的偶然的产物。

## 五、意外

在偶然性机理中,意外是一个重要概念。

不确定性带来的焦虑不仅不会让人们理性地拥抱不确定性,反而会让人们狂热地追求确定性。但无论你喜不喜欢不确定性,它都是客观存在的。这是由人类社会的偶然性属性决定的。

事出意外可能充满惊喜也可能带来不满。意外是偶然性自带的魅力。

意外,指的是意料之外、料想不到的事件,超出预期、预判、预算、预计之外发生的事情,也指突如其来的不好的事件,事出意外也常被人们作为责任推脱的一句铺垫。

意外其实是不确定性的表现,是人类行为偶然性的表达。所有的事物都存在某种概率的意外,所有的预先规划、判断、料想,都受到不确定性的困扰,意外也是客观事实对事先主观预期的修正。

意外的真实含义不是"意外",而是证明了主观预计的偏差,可能是意外之损失,也可能是意外之收获。搞清楚某些事情发生意外的概率,就能对意外进行管理。所以意外跟风险具有同样的内涵,相对于不确定性来说是风险,相对于偶然性来说是意外。

没有意外的世界是一潭死水。没有惊喜,没有惊诧。意外是人类社会的另一类财富,人类一边等待事物按照预期发展,一边又盼望出现意外的变化,带来新的机遇和挑战。春节的烟花就有一种意外的美感。

有时候,意外给你带来伤害,这也不是坏事。违反逻辑的事情对你来说是意外,对他人来说却是逻辑缜密的推导结果。这样的意外也会给人带来启示:就如你走在街上,有人突然失误泼了脏水到你身上,你最好掸掉水走开,不必同这种逻辑意外纠缠。如果去争议,那就会扩大这种意外的伤害。用不同的逻辑去争议也根本改变不了意外的发生逻辑。而这样的意外却会带给你修正行为规则的好处。

意外证明了不确定性是本相,证明了人类的主观预判是有不确定偏差的,即使制订了计划与流程,稍不留神也会发生神秘的意外。

股市投资者的赚与赔,都来源于意外,有了预判才有意外,所以预判是所有意外的前提,意外与预想哪一个先来,真不好说,但没有意外,人生便失去了乐趣。

因此,意外是人类生存所不可或缺的事物变化环境的组成部分,虽然每一次意外事件的发生都可以找到意外逻辑的痕迹,也可以启发对预判逻辑的修改。但这些修改会带来新的意外。

随时接受意外,做好准备,具备处理意外事件的能力,才是正确的态度。正是意外不可避免,我们才有必要建立严密的社会应急预案。

## 六、例外

在偶然性框架下,例外是一个值得研究的话题。许多情况下,从人性出发我们建立一定的规则和预判,构成社会文明的一部分,规范和引导人们的行为。但一些低概率的例外事件仍然会突破规则和预判而突然发生。例外是偶然性的魅力。我们常说下不为例,实际上例外却层出不穷。

在风险管理中,操作风险是客观存在的。墨菲定理告诉我们,只要有犯错的可能,就一定会有人犯错。再如托马斯·谢林的有限战争理论,面对一个疯狂且有权使用核武的人或国家是不是管用呢? 如果出现例外,人类的命运就改变了。

偶然性告诉我们,所有的预判都会有例外,所有的规则都会有违反,所有的一般都会有个别,所有的正确都包含错误,偶然性一旦出现,就会令人措手不及。

## 第三节　偶然性与公平

在我们渴望实现公平的过程中,我们被迫直面一个冷酷而现实的事实:世界的运行机制本质上是不公平的,只是在某些偶然的瞬间,我们才能够触及一些被认定为公平的片段,为人类社会带来一些短暂的均衡。客观世界存在差异,而尽管人类自诩强大,却无法改变这些差异。不确定性决定了世界的多样性,自然力在不经意间塑造了各种差异和特征,形成了丰富多彩的生态系统,使得这个世界能够繁荣发展。所谓的公平,不过是人类对于生存机会和资源公正分配的理想化表达。根据不确定性原理,没有差异,社会将失去运行的动力;而若差异太大,那些受到生存压力的个体可能会产生破坏性的反应。

在差异、不公平构成客观世界的背景下,各种偶然性的运行、碰撞和机缘巧合或许会导致某种程度上的公平结果。然而,这种偶然达成的公平与人类主观上所追求的公平并不总是一致的。人类追求的公平理念正是人类文明进步的推动力,为实现这一理念,人们设计了各种行为规范和资源分配制度,以求在结果和起点之间找到一种平衡。然而,无论采用何种制度,对于公平的理念始终是建立在现实世界的不公平之上,制度所能实现的只是人们主观上想象的公平。每个个体或群体所感受到的公平，很可能仍然建立在另外的个体或群体付出的不公平之上。

人类社会运行的底层法则是偶然性，因此在偶然性中获得的一切都应当被珍视。这种珍视或许是人类对于不确定性的一种回应，同时也是我们在不确定性中寻求秩序和公平的努力的一部分。因此，我们不仅需要关注如何面对不确定性，更需要在其中寻找和塑造公平的机会，以促使人类社会朝着更加公正和均衡的方向前进。

## 一、差异与不确定性

从不确定性原理看，世界的存在本身就是差异的、多样的。没有差异的世界就是一个确定性的世界，要么已经停滞，要么已经死亡。

既然承认差异，就应该有治理框架下的容错机制，允许不同的地区存在不同的方法、不同的观念、不同的习惯，甚至不同的结果。实际上共识不代表彻底的一致，客观上也不存在绝对的共识。不确定性理论就是要让人们正确地理解世界的参差与差异，构建社会的包容精神，接受个人道德的不完美，接受色彩的不一致。

没有差异就没有动力。在良好的社会福利保障制度下，以承认差异和适当的激励来维护效率的动力，使得能力强、贡献多、有突出技能的人创造更多的财富，从而可以像罗尔斯所说的那样，拿出一部分财富让能力弱的社会成员分享，这大概就是当今世界文明环境下比较理想的处理差异、效率与公平三者之间关系的方式。

回到经济的问题上，差异与经济发展之间是存在悖论的。在《全球最大的风险源是公平失衡》一文中笔者写道："当然这里有个悖论：没有差异就没有发展动力，但差异越大社会破坏力越大，终将毁灭发展成果。这是人类社会面临的挑战性最强的风险。如何找到维持这个悖论的微妙平衡，减少这个悖论带来的发展不确定性是对人类智慧的严峻考验。"这里讲的悖论是一个值得研究的经济学和风险原理问题。

我们以前认为悖论是相向对立的事物。悖论是一种逻辑结构,其特点是表面上同一命题或推理中隐含着两个对立的结论,这两个结论都能自圆其说。悖论的抽象公式可以表示为:如果事件 A 发生,则推导出非 A,非 A 发生则推导出 A。悖论的产生源于思维的不同层次、意义和表达方式的混淆,是思维内容与思维形式、思维主体与思维客体、思维层次与思维对象的不对称。它也是知性认识、知性逻辑和矛盾逻辑的局限性所导致的。解决悖论的关键在于发现并纠正其中的逻辑错误,而所有悖论的产生都是由形式逻辑思维方式所引起的。因此,解决悖论需要超越形式逻辑思维方式,寻找更为全面和深入的思维方式。

其实,悖论与解悖主要是一种逻辑思路,来源于对事物运行变化状态的深入观察,尤其是对不确定性的深刻认识。按照物理学的观点,事物在运动过程中会受到来自各个不同方向的作用力,但归根到底可以算出一个"合力",这个合力就是在某一个方向上的作用力(矢量)。在某一个方向上显然又包括"正方向"的作用力和"反方向"的作用力,这两个方向的作用力的对比结果,决定了最终的"合力",也决定了事物运动的最终方向。同样,任何事物在运行过程中都受到多方面因素的影响,当有利因素大于不利因素时,事物就向好的方向发展;当有利因素积累到一定程度时,不利因素也会开始积累,有利因素的积累就会逐步放缓(悖论)。当有利因素与不利因素相当时,事物就达到均衡状态,这时趋势不会改变,经过拐点后不利因素的积累会加速,有利因素的积累会减速。当有利因素小于不利因素时,事物就向坏的方向发展;当不利因素积累到一定程度时,有利因素也会开始积累,不利因素的积累会逐步放缓(解悖)。这个原理的本质其实就是矛盾及其运动转换。

任何状态的经济增长都会带来繁荣和相应的经济泡沫、货币超发、成本高企、规模超限等负面的伴生物。当这些负面的伴生物超过了社会承受能力,与收益失去了均衡时,最终就会损害现有的发展成果。因此社会发展需要找到相悖因素之间的平衡点,即期待的正面作用和可承受的负面作用大体均衡的区域。这与经济学的均衡理论相通,寻求均衡也常常是一个悖论的解悖。在悖论状态中寻找均衡点,就是找到某个能够有效维持正负面作用均衡的点或阈值。只有在时间维度下,在事物发展中悖论才会呈现。这种情况下的解悖即寻找平衡就构成了一个新的均衡问题。本书所呈现的"异度均衡"理论即是基于上述逻辑的新理论探索。

上文提到的找到某种微妙的平衡,就是解悖的一种方式,就是用事物的本质来覆盖形式逻辑的局限性。有些有名的悖论是无法解悖的,如先有鸡还是先有蛋。而两分法悖论却可以得到解释:

因为一个运动物体在到达目的地之前,必须先抵达距离目的地一半的位置。《庄子·天下篇》说:"一尺之棰,日取其半,万世不竭。"其实此悖论的解释如下:此悖论在设立时有意忽略了一个事实,即从 A 到 B 的"运动"必须是一个时间相关的概念而不仅仅是距离的概念。也就是说如果运动的速度为 0,那这个悖论为真!但是一旦运动起来,必然有一个速度,速度等于经过的距离除以历经的时间。什么时候速度为 0 呢?一种情况是距离为 0,根本没有要动,另一种情况大家一般会忽略掉,就是经历的时间趋近于无限,不论距离多大,只要是一个固定值,那么速度就是 0,于是悖论就成立了。此悖论虽然没有提及时间,但是故意掩盖了时间这个因素。所以只要是在时间序列中运动,就会存在运动中的差异。万世不竭的稳定状态是不存在的。

在社会经济发展过程中,差异是社会发展的动力,扩大或缩小人与人、企业与企业之间的差距,构成了各种创造的动因。差异产生财富,财富的分配当然也有差异。当财富差距太大时,客观上便存在不公平。无论每个个体是否尽了努力,如果差距太大,穷人对社会现状的破坏动力就会很大。差距越大,创造财富与破坏财富的动力也会越大。这个悖论揭示了人类社会发展中的困境。

如何解悖十分重要。在这个差异所形成的创造与破坏的悖论中,被掩饰的元素是财富差异双方即贫富双方的共同愿望,只要双方在财富的分享中都处在受益地位,那这个悖论就只是一个形式逻辑趋势而不是实际发生的冲突。这个悖论趋势的稳定需要社会治理结构能够抑制过分的富裕和过度的贫困。在社会发展动力上持续保持足够的力量,而又将社会破坏力限制在社会承受能力之内。

所以无论在什么理由下,过大的贫富差距都是没有理由的。"朱门酒肉臭,路有冻死骨"显然是社会不公平的写照。贫困会带来很多麻烦和破坏力,"贫贱夫妻百事哀"只是家庭的生活悲情,"贫贱社会百事闹"的负能量便是社会动荡的根源。

良性的社会治理结构应从法律制度、文化观念、道德修养的诸多方面认真保护社会财富。既要保护公共财富,更要保护私人财产;既要保护富人的法律权益,也要筑高贫困的底线。以差异推动社会进步,以公平抑制社会动荡。富人要多缴税,同时对财富的享有要坚守道德底线和法律底线,不能为所欲为。穷人应少缴税,对公平的追求要尊重法律的底线,不能突破道德规则。

在不确定性的世界里,变化是常态,悖论有逻辑局限,解悖需要稳定且动态的秩序前提。否则,市场主体将无所适从。

## 二、追求确定性:人类终极理想——平均主义

在现代经济观念中,承认差异是人类社会的动力来源,是激励的重要依据,而比较一致地反对平均主义。但是在不确定性理论观念中,也承认平均主义永远是人类社会向往确定性的理想旗帜。

说到平均主义,我们会想到传统社会主义。虽然实践证明平均主义对社会发展缺乏驱动力,平均主义思想否认社会主义客观存在的人与人之间的劳动差别和个人收入差别,结果必然是鼓励懒惰和落后,挫伤劳动者的积极性和创造性,使劳动者滞留在共同贫穷的水平上,导致生产力的破坏和社会风尚的倒退,与科学的社会主义格格不入,因而是一

种落后、有害的思想。但平均主义不仅是对财富的态度,也是人与人、人与社会、人与自然的文化态度。平均主义是人类社会,永远追求而无法企及的理想社会,是大同世界,是桃花源,是耕者有其田、居者有其屋,是福利平等,是均贫富,是打土豪分田地,是闯王来了不纳粮,是乌托邦、理想国、人民公社、欧文工厂。总之,平均主义是人类文明产生以来孜孜以求、从未放弃的理想。

由于世界的本质是不确定性的,合适的差异才是建立在人性上的动力,平均主义永远只是照射人类却毫无热量的光芒。没有平均主义的照射,人类的生活失去了方向和希望,就失去了意义。一旦差异过大,贫富悬殊,平均主义就会发出更加耀眼的光芒,诱发人们的过激行为。这是一种微妙的均衡。

在不确定性理论框架下,追求并建设相对确定性是互为引力、相互推动的。没有差异,社会缺乏动力;差异过大,就会给社会带来破坏力,而这种破坏力(革命)一般都是以平均主义理想为旗帜的。

## 三、经济公平

公平是人类文明的终极目标。但公平不是靠道德号召或是英明圣主就能实现的,也不是仅仅依靠一套理念或者完善的法律制度就能得到的,公平的实现需要方法和工具。方法和工具则依赖于评价公平的标准。

经济公平一般应从两个层面上理解和把握。公平是市场经济的内在要求,强调的是要素投入和要素收入相对称,它是在平等竞争的条件下通过价值交换实现的。

首先,在财富创造过程中,经济公平指的是机会均等和规则公正。公平和效率不是一对矛盾,公平决定效率,效率是公平的必然结果。公平的规则和合理的制度可以使人们形成有效的预期,增加或减少各种投入,降低生产成本,带来规模效益。所以经济公平首先是创造财富过程的规则公平。

其次,在财富分配过程中,公平指收入分配公正。这是相对于收入分配的尺度标准而言的,即等量劳动获得等量报酬,等量资本获得等量利润,如果收入分配不公平,投入生产要素多者不能获得较多利润,投入少者反倒获得较多利润,那么,劳动、技术、资本、土地就不可能被更多地投入,社会资源就不可能得到充分有效的配置。当然,以行政权力为背景的二次分配即财政分配更加直接体现经济公平。

经济公平的核心内容应包括:①产权是否充分明晰界定,每个人的财产占有关系是否平等;②资源配置机制是否有效,激励机制和约束机制、信息机制和决策机制是否均衡、公正、有效;③由伦理、道德、文化模式形成的习惯是否有助于提高效率。公平理念集中体现在各个国家的市场规则中,反垄断法和反不正当竞争法的主要立法目的就是创造一个公平的竞争环境。

犹如中国人所崇尚的道法自然,公平是基于自然法的文明规则,公平的理念涵盖了人与自然、人与人、人与社会之间的关系,实现公平的程度体现的是社会文明程度。而经济公平是所有公平的基础。

但是公平不仅是怎么实现的问题,更重要的是如何防范不公平行为的问题。在时间轴线上,公平没有上面所说的那么简单。即使是在完善的实现价值创造和价值分配的公平规则下,制造不公平的行为仍然有着巨大的空间。

## 第四节　偶然性社会科技观

### 一、创新的原理

现代工业文明是在与传统文化的冲突与平衡中发展起来的。工业文明和传统文化这二者本质上都是社会实践发展的产物,是以生产方式为基础的上层建筑的一部分。二者都符合所在的时间段的生产需要，且有相互承接的关系。传统文化往往是工业文明发展的基石，对现代工业文明的发展具有极大的推动作用。科技进步与运用会带来新的生活方式，也会摧毁一部分旧的生活方式，例如英国当年限制汽车的《红旗法案》，实际是汽车取代马车过程中新动力带来的效率与安全，以及马夫与司机之间利益平衡的产物，而并非当代人在马车与汽车之间所做的比较那么简单。

尽管科技可以带来效率和更多样的选择，但人文观念、传统价值是人类能够不断繁衍生息的价值支撑。此外，由于所有的科学技术的进步都需要被当时的社会广泛认可，这既需要对新事物的风险有所认识，也要知道如何平衡新事物与传统文化的利益冲突。所以创新就不仅仅是权衡短期的资本收益与效率高低那么简单。现代工业文明正是在这样的冲突与平衡的人文环境基础上逐步发展起来的。

创新，这一词语在当代社会中承载了巨大的期待，有着重要意义。然而，我们对创新的认知是否已经真正全面且深入呢？以下观点或许能帮助我们以崭新视角审视创新。

首先，创新并非孤立现象，它与市场自由竞争和自由思考密切相关。市场自由竞争激发创新活力，自由思考则是理论创新的源泉。然而，创新并非仅追求独特新颖，而更须挑战和突破传统观念。这就要求我们理解，教育目的虽为传承，但创新是对传统的偏离与背叛。许多人将创新与成功直接等同，认为它是企业、社会乃至个人成功的关键。然而这种观念实则存在误区。真正的创新并非仅为创新而创新，而在于在实践中解决问题、提升效率、优化体验。若企业仅标榜自身为创新型企业，投资者反而会保持谨慎。我们常提及"社会沉没成本"这一概念，它是衡量社会创新能力的重要指标。沉没成本低，反映创新能力不足；沉没成本高，则显示社会治理水平不高。因此，提升创新能力，不仅仅是创新本身的问题，还需社会治理的协同进步。

其次,创新并非仅靠口号实现,而是需要实质性行动。同时,我们要认识到,集中力量攻关无法真正实现创新,但在新技术应用上会具有优势。因此,在鼓励创新的同时,要避免过度集中、忽视分散创新的误区。关于大学设立创新专业,我们需理性看待,创新并非简便可教授的知识,而是要在实践中不断摸索、体验。因此,仅设立创新专业无法真正培养出创新人才。

在追求创新的过程中,我们要认识到创新边界。所有奇思妙想都应遵循自然力量构成的伦理规定,突破此边界往往带来灾难。创新虽可带来美好未来,亦会带来新问题。缺乏创新未必没有美好未来,但可能缺少新收益。创新不能确保完美未来,它仅是通往更好道路的一步。

最后,创新不仅局限于技术,还包括产品、流程、商业模式的变革。技术创新基于理论创新与发现,而社会底层逻辑的创建能力和思维方式则是经济社会创新的基本路径。创新非一蹴而就,需在日常点滴中积累知识和能量。创新无捷径,唯有脚踏实地前行,方能走出属于自己的创新之路。

## 二、技术进步的偶然性

所有的科学发现和科技发明都是偶然性产物,任何刻意的追求和拔苗助长的行为都是不妥的。

市场选择比行政选择更利于高科技发展。一般大众都认为像高科技大基建这样的事情,应该在社会面集中力量才能实现。私营部门很难有这么大的资源配置能力,其实不然。市场才是真正的力量之源,资本和收益才是配置资源的引力。市场机制通过博弈和竞争,能有效实现市场主体的收益和风险承担,更经济更合理地实现资本聚集。而行政选择虽然也能快速地聚集资本,但由于风险承担偏离主体,常常会造成防御性决策,而付出更大的风险代价。像科技创新这样的基础性投资,市场选择可能更适合科学技术的价值实现和转化。

1. 偶然性巧合

《三体》中关于物理学将不存在的情节也是很有趣的,讲到了人类生活的偶然性,讲到低维度生物的所谓规律可能只是高维度生物的偶然。我们人类的存在纯属侥幸。

冯立在《真正厉害的人,都能分清成功中的实力与运气》一文中作了有趣的描述:宇宙诞生是个巧合,物种形成源自偶然,这个世界只是众多可能性中的一种,在众多道路中,世界选择了其中一条。从这个意义上说,人类是幸运的。而我们每一个人的出生,按照医学博士阿里·比纳奇的计算:仅从你父母那一辈相遇的概率算起,直到造就你的那个精子遇到他命中注定的那个卵子,你出生的概率是 4 万万亿分之一($1/400\,000\,000\,000\,000\,000$)。如果再往父辈以上算,叠加 15 万代到我们的祖先,想想你的祖先在那个茹毛饮血的年代,每天得冒着生命危险获取足够食物,还要能活到生育年龄,那么这样算起来你出生的概率是 $1/10^{2\,685\,000}$。

也就是说,不确定性才是世界的本质。所谓实力就是克服认知局限性的能力,所谓运气就是在随机性中撞到大运。希望科学技术进步的话,不如提升认知,等待运气。

2. 灵感与偶然性

在人文理论框架中,灵感的社会属性的确像它的生物属性一样,是个谜。

人类灵感的起源是一个多维复杂的主题,涉及多个方面。生物学角度认为,灵感可能根源于大脑神经网络的活动,新颖的思想可能是不同神经元之间的连接和相互作用的结果,尤其在前额叶皮质区域。心理学角度强调潜意识在灵感产生中的潜在作用,它可能在不经意间为我们提供解决方案和新奇的想法。社会、文化因素也在其中发挥作用,我们从他人的作品、观点和经验中获取灵感。此外,个体的经验和知识库也可以激发创造性思维,不断学习和积累经验能使思维更为开阔。最后,情感和情绪状态也会影响灵感的涌现,在愉快、轻松或低压力状态下更容易激发创意。虽然我们无法完全掌控灵感的产生,但我们可以珍惜并善加利用它,因为它是创造性思维和创新的宝贵来源,同时也展现了人类思维的不可思议之处。

一位生物学家(脑科学家)认为目前虽然有一些关于顿悟、新奇之类脑区的研究表述,但是还不靠谱。严格地说,灵感这个词比较难以用科学语言来定义,也难以设计实验。但他的猜想是,从微观水平上来说,就是突触连接的涨落,形成了涌现现象。涨落可以说是噪声。

诺贝尔奖得主丹尼尔·卡尼曼在《噪声:人类判断的缺陷》中定义噪声是"判断中不必要存在的变异。偏差是平均的、共有的误差,噪声则是这些误差的变异"。

所谓涌现效应是指,大脑喜欢新鲜的血液,我们需要持续地输入能量,才能保持大脑的活力。对于成年人来说,持续输入的能量就是新的知识、新的思考、新的思维。有些人花了很长时间学习知识,也没有获得很大成功。可是某一天突然有了突破性的进展。就好像背单词,当你背会 5 000 个单词也许没什么用,但是当你背会 1 万个,效果一下子就有了。这种突破性进展,是知识的长期积累涌现而来的。当一个人的知识积累到一定程度,就会出现涌现效应。知识越多,涌现效应越明显。

综上所述,我们能够了解到,灵感的产生在表面层次上,源自人们生活在多彩世界中的体验及心理反应;而从生物学角度看,灵感则是由生物噪声变异所引发的思维涌现。

将科学的解释与实际的感受总结在一起,可以将灵感描述为一种突如其来、充满活力的思考体验,仿佛思维的灯泡突然在我们的脑海中闪烁,绽放出耀眼的光芒。然而,这个所谓的"突然"时刻实际上并不是真正意义上的"突然",而是过去经验、学习和对世界持续观察的累积结果。每一次曾经读过的书籍、聆听的对话、经历的失败和成功都在悄无声息中塑造我们,为那个所谓的"突然"时刻做好充分的准备。

那些被称为"创新者"的人,不仅仅是凭借他们那一瞬间的"天才"闪光,更多的是凭借他们多年积累的深厚基础。因此,当他们面临问题或挑战时,他们已经为找到解决方案培养了丰富的土壤。这就是灵感的本质:灵感是过去和现在、已知和未知之间的交叉点,是一个新的开始,是我们在茫茫思绪中寻找到的突破口。

人类日益复杂的日常生活中充满了许多无法预知的事情,这种不可预测的特性为人类带来了前所未有的创新机遇,而这些机遇就像无尽的宝藏一样,令人难以想象,无法估量。在无数改变世界的伟大发现中,亚历山大·弗莱明意外发现青霉素的例子就是一个很好的证明。他的发现不仅是一项医学上的伟大成就,同时也为人类抵抗病菌的进程打开了一个新的通道。然而,弗莱明并没有事先计划去寻找一种新的药物来对抗细菌,他只是在一次实验中意外发现了一个奇特的现象,然后对这个现象进行深入的研究和探索。同样的,许多艺术创作的灵感也源于生活中的意外情境。一个随意的对话,一个特定的光线照射,或者一个偶然听到的音乐旋律,都可能成为创作者的火种,激发出无数的创意和灵感。但更重要的是,我们要看到偶然性不仅仅是关于意外的发现,更多的是关于我们对这些发现的反应和处理。具有好奇心和开放思维的人,更容易看到这些偶然发现背后的潜在价值,并积极地去尝试、探索、发现,以此推动社会和科学的进步。

每一次创新的萌发都源于已知信息和全新视角的精妙结合,这种组合以灵感的火花点燃我们的创新热情,以创新的火花助燃我们的求知之路。当我们探索新的情境、获取新的知识,或者接纳新的文化时,其实是在为未来的灵感播撒丰富多样的种子。这些种子饱含知识的力量,可以在某个时刻与我们已有的知识相互碰撞,引发全新的想法,绽放出创新的火花。

这就是为什么交叉学科的学习和实践具有无可比拟的价值。当一个程序员开始学习艺术,或一个艺术家开始研究科学,他们其实是在为自己的创意池注入新的活力。这种跨界的组合,不仅是对已知信息和全新视角的融合,更是灵感与偶然性交织的魔法所在。它们共同创造出了跨界合作的奇迹,让我们的学习和生活更加充满活力和魅力。

对人类来说,所有无法管理的现象就是某种不确定性分布的现象,灵感也是。人类不能企图通过科学发现去了解并进而掌控和改变所有的物理化学过程,好奇心要服从不确定性的原理。科学技术不能创造灵感,灵感是不确定性的一种人文表达,是不能刻意创造的,一旦拥有,用心留存,善待善用,才是正道。

3. 创新的管理

创新是一个很难运用常规管理原理进行管理的领域。

整个创新研究进程本来就是不确定性的,充满偶然性,一边进行一边变化,例如,不可能事先计划好所需的各种设备和开支项目,管理应当具有包容性,管理越细,效果越差,得不到真正的科研成果。

忘了事物的不确定性和人类社会的偶然性,所有的规划计划都是无本之木,所有的社会管理都是无源之水。

## 三、人工智能与不确定性

在本书前面的章节中,我们描述了技术进步是人类文明适应不确定性的一种方式。但与以往不同的是,人工智能的出现似乎扩大了不确定性对人类的挑战。

在 2024 年初召开的达沃斯论坛上,商业领袖、政治领袖分别围绕人工智能对经济增长中就业、社会福利、消费、通货膨胀及决策准确度等多个方面的影响展开了讨论。整体上割裂为两个部分,一方是以企业家为代表,积极倡导利用人工智能提升企业效率,而另一方是国际组织及部分政治领袖,强调人工智能发展速度过快及缺失监管会对经济带来较大的冲击。其中,国际货币基金组织警告称,技术革命将影响全球近40％的工作岗位,其中包括高技能工作岗位。在发达经济体中,这甚至可能影响大约60％的就业岗位。同时强调,尽管新兴和发展中经济体面临的人工智能直接干扰可能较少,但由于缺乏基础设施和熟练劳动力,其中许多国家将难以利用人工智能的好处,随着时间的推移,人工智能可能会加剧国家之间的不平等。

人工智能技术对人类社会的负面影响是偶然性的,其在设计之初的导向是提高生产效率,而当效率快速膨胀时,又引发了人们对大面积失业和不确定性的担忧。同时,人工智能利用的大数据旨在帮助人们减少决策失误,但是人类又开始担忧人工智能决策出错的概率。

站在不确定性的角度,人工智能永远不可能突破四维空间中的不确定性,人工智能决策出错的概率一定存在,人类所面临的问题更多是:在人工智能与人脑之间,谁出错的概率更小,一个可以肯定的情况是伴随数据量、算法、算力的上升,人工智能在解决传统问题的效率上将远超人类。

站在经济的角度,人工智能的快速崛起确实给经济带来了较大的冲击。人工智能快速替代会不会导致整体经济增速及居民福利水平出现下降,这一问题还有待思考。

整体上,人工智能是人类适应不确定性的一项里程碑的产物,恐惧其带来的不确定性会阻滞技术的进一步发展。如果仅仅是因为担忧人工智能会扩大不确定性而采取强制性的刹车政策,那么文明就难以前进。我们相信,与过去互联网、蒸汽时代一样,只要利用合理,监管到位,人工智能就会逐步进入一个与经济发展均衡的状态,会带来工作效率的大幅增加。

## 四、不确定性与科技向善:人性服从技术还是技术服从人性

科技至上是现代社会的通病。科技创新很重要,是人类社会适应和对抗不确定性的基本路径。但是人们在尝到科技进步带来的甜头之

后，逐步形成了"科技图腾"，似乎认为源于科技的就是正确的，科技进步是带给人类各种福利的唯一源泉。每个个人在以科技为背景的各种社会制度和工作流程面前只能选择服从，否则就会被排除在社会的各项福利供给之外，如医疗、教育、金融、通信等，流程的重要性早已置于个人感受即人性之上。

不确定性原理所定义的科技是能被人们主动选择和利用的工具，人类社会要谨防科技至上，不能让人与科技之间的关系发生异化。

科技进步除了带来福利以外，也会带来风险损耗。

任何改变不确定性分布的观念和技术都是逆天之道，都是企图挑战自然之力。

科技向善还有另一个方向，就是关注新技术带来的负面影响，如污染、工业疾病、塑料回收、微塑料的危害等。就像没有完美的人一样，也不存在完美的科技，我们总是在努力奋发创新的同时，小心翼翼地防范创新带来的伤害。

科技创新与文明进步的初衷只能是改变不确定性形态，改变自然变化的节奏与数量，才对人类适应不确定性具有效率和效用的经济意义。

多少年来，全世界全人类在内心深处都根植了科学技术的正确性远高于个人的直观判断，个人应该服从技术和技术流程的要求的观念。在这样的观念下，尽管科学技术是人类的发明创造，但因每个个人的服从，人在整体上已经被压制在科技之下。而人的感受，却被忽略。也就是说，人与科技之间发生了异化。

这让我想起狄兰·托马斯著名的诗句：

> 不要温和地走进那个良夜，
>
> 老年应当在日暮时燃烧咆哮；
>
> 怒斥，怒斥光明的消逝。
>
> 虽然智慧的人临终时懂得黑暗有理，

因为他们的话没有迸发出闪电，

他们也并不温和地走进那个良夜。

在现在的所谓现代医疗等科技管理框架下，你如果接受了技术的判断，进入规定的流程，那么你在很大程度上便把自己托付给了流程，而这个流程冷漠无情，限制人的自由，不考虑人的感受。你温柔地走进那个良夜，却在良夜里身不由己被流程操控了命运。

这就带来了人类必须考量的问题：到底是以人为中心来运用科技还是以科技为主体引导人的行为甚至服从科技的流程？尽管这些流程只是人的主观构建。

这种问题在商业方面以另外一种方式出现，即到底是以客户为中心还是以自己公司的利润为中心。

在不确定性理论框架中，以人为本和以客户为中心就是服从不确定性，以技术为本和以流程为主体就是服从确定性，这是重大的技术运用的人文价值安排，是重大的文明选择问题。长期以来，人们误认为科学技术的正确性可以给人类的生活带来确定性，人们往往自觉地服从科技运用规则，即流程的要求，促进了科技与人之间的异化进程。

唯愿中国人都真正懂得运用科技的价值，树立起科技向善的伦理观，而不再以"科技至上"的观念将科技运用及其流程置于人、人性和人的价值之上。须知驾驭得不好的科技可能就是魔鬼。

# 基于不确定性的数据重构

不论是对不确定性、偶然性还是对风险的研究,数据都扮演着重要角色。数据是行为的表征,最基本的不确定性是现实与预期的偏离,由于不存在确定性,因此这个偏差将永远存在。数百年来,从最早的统计学到今天的大数据,无不就希望减少偏差而努力,但现实情况是,相比一百年前,技术确实出现了巨大的进步,但是不确定性依旧存在。比如没有人能预知 2020 年疫情的到来,也没有专家预测到俄乌冲突、巴以冲突的突然爆发。作为人类,不管世界如何进步,永远存在一个知识黑箱,这也是科学技术不断进步的原因。对于我们而言,一件力所能及的事情是从数据下手,将其进行结构上的重构,以达到更好反映真实情况的目标。我们相信,如果数据可以反映出更加真实、清晰的信息,那么一定将有利于减少偏差。

在经济理论的研究中,需要深入讨论不确定性在人类文明秩序尤其是在经济生活中所具有的意义。随着研究的深入,我们对数据、经济计量模型的逻辑与运用也有了新的思考,并得出了在不确定性认知框架下,现有数据分类与运用必须重构的结果。

## 第一节　不确定性与数据

### 一、不确定性框架下的数据分类和重构

人类的行为产生数据,人们的决策依赖于数据,因此数据的重要性

不言而喻。在实际经济生活中,运用数据观察现状、预测未来,是宏观经济、微观经济和各种交易活动中的常态。各种数据分析、数据样本的确定与经济模型中的变量和常量的选择和计算,都基于数据。

近年来数字经济蓬勃发展,数据应用的广度和深度在不断拓展,导致数据及其应用模型的风险已成为影响世界的重要风险现象。因此,数据的使用理应慎之又慎,且应建立在坚实的理论认知基础上。但是当前数据使用过程中,尤其在计量模型的运用上,拿来主义颇多,缺乏对数据根源和性质归属的底层思考,在实际经济计量中,造成了两类问题,一种是历史数据和边际数据混杂在一起,将许多对未来并无表达意义的数据拿来建立模型预测未来;另一种是将许多自然界产生的可重复数据应用到预测人类行为上,作为经济预测模型、金融风险模型和智能模型的样本,产生风马牛不相及的问题。这两类问题愈演愈烈,导致了大量的模型失真或算力浪费现象的产生。由于世界的本质是不确定性的,在不确定性的框架下,万事万物具有偶然性的特征,也有相对确定性的特征。在自然科学领域,由于相对稳定的自然环境,产生了自然科学的诸多定律和算法,所以自然科学产生的数据基本上是可重复的、可验证的,这类数据对未来具有指导性。而人文领域中的许多现象,都与人的行为有关,具有偶然性的特征,除了人类文明规则指导下的行为,其他的行为都具有偶然性,很难重复和验证。基于这样的不确定性判断,我们将人类全部可以采集到的数据划分为历史数据和边际数据(即终端数据、实时数据),这两类数据都混杂着可重复的数据和不可重复的数据,即必然性数据和偶然性数据。前者对观测未来无效,后者对观察现状有用。厘清从客观世界到数据采集的过程,并在此基础上按照不确定性的原理对数据进行重构是当务之急。

物质领域的规则相对稳定、时间较长,例如岩石风化、火山爆发,这就给牛顿定律这类规律留下了时间窗口。在这个时间窗口中,实验是可重复的,数据就是可重复的。而在人文科学领域则不然,很多行为是无法重复的,既然是不能重复的,那么凭什么拿这些不可重复的数据来建立模型预测未来? 因此,现有的数据要重新定义、分类,只有把那些在不确定性前提下具有重复空间的数据拿来使用,才能指导未来。

经济社会每个时期会有当时的文明秩序,而这个秩序在短期之内不会改变,在这种时期内的数据是可以重复、可以观测未来的。这种相对确定性的数据被我们视为必然性数据,是可以重复验证的。但是,将很多不可重复、不可实验的数据拿来建模、提炼因子、计算未来,是不合理的,这是目前风险管理、经济测算等领域迈不过瓶颈的一个重要原因。其本质在于数据没有按照不确定性的原理做好分类和重构。风险计量和测算是估计未来发生收益和损耗的可能性或者概率,而不是预测未来会发生什么具体的事件,其必须建立在可重复性数据的基础上。如需研究未来会发生什么具体的事件,按照不确定性原理,主要是研究因果关系,只能以实时数据为主要资源。所以需要重新审视各类数据的来源。

为此,我们提出了独特的数据重构思路:一是从时间维度出发,将数据分为历史数据和实时数据;二是从产生数据的源头出发,将数据分为自然数据和行为数据;三是从不确定性出发,将数据分为必然性数据(可重复)和偶然性数据(不可重复)。

沿着该思路,我们又有了以下四个最新发现:

第一,偶然性数据是预测的最大障碍。偶然性数据是指具有随机性、不可重复的数据,反之则是必然性数据。例如面对截面数据的处理,样本之间的差异性往往阻碍了结果的可重复性。这种差异可能源于偶然产生的异常值、客户群体的差异,或抽样方法的不完善导致的偶然性。为了增强数据的可靠性和研究的有效性,必须尽可能地剔除偶然性数据,例如对异常值进行识别和处理,确保抽样的代表性,并深入研究客群特征以避免样本偏差。

第二,历史数据不是越长越好。历史数据的主要功能是描述过去和现在,而对于未来,只能为我们掀开新篇章的一个小角。在处理时间序列数据时,历史数据存在不可重复的部分。随着时间推移,由于历史环境和条件的变化,数据的可重复性可能会降低。对较为久远的历史数据,这种问题尤为明显。因此,可以采取一些策略,如对历史数据进行加权处理等方法,以期减少这些数据的时间敏感性和不确定性,从而提升其在模型中的预测价值。

第三,指标间的关系存在不确定性。在指标分析层面,指标间的相关性常常充满不确定性,表面的统计相关性可能并不代表真正的因果关系。即使存在相关性,它也可能会随着时间的变迁而变化。因此,需要分辨这些关系的本质,在这方面目前已经存在很多手段,例如可以采用工具变量(IV)方法处理内生性问题等。但值得特别关注的是,区分自然数据指标与人类行为数据指标的关联性问题,对于揭示真实的影响因素至关重要。

第四,人与数据之间的复杂关系会导致偏差。在数据采集和反应的过程中,存在难以避免的偏差,特别是衍生数据。由于衍生数据通常经过多次加工,其偏差问题往往更加严重。在分析这样的数据时,我们需要高度警惕,并采用适当的方法来识别和纠正这些偏差,以确保分析结果的客观性和准确性。

## 二、逻辑与数据

人们认识世界、判断事物时,总是先要建立起某种逻辑思维的方式。逻辑规律既是对客观事物的规律性总结,亦是人的一种主观提炼、思维规律。但客观事物是变化的,人的主观认识是有弹性的,人们运用逻辑的能力也是有差异的。因此,逻辑判断常常同实际情况存在偏差,这不是逻辑的问题,更不是客观事物的偏差,而是在一般逻辑与具体客观事物之间缺乏一种认识媒介,使逻辑的运用与事物的真相之间能够高度相关地连接。这个媒介只能是数据。

数据是事物客观性的抽象表现。由于时间是一维的,所有的瞬间都成为过去而不复存在,除非进入时间隧道,否则人们了解过去的真相只能通过各种数据。但数据不是一本书,可以返回去重读,数据是碎片,是零落,是局部,是偶然,需要有逻辑的人去认知,才能找到方向,把碎片连接,把零落整理,把局部整合,使偶然呈现某种逻辑性。

但人是经验主义者,愿意凭主观认知判断事物,每个人在接受教育的过程中被注入一定的逻辑思维模式于头脑中,无形中下意识地运用既定的逻辑去认识和判断事物,这就会使人的认识与实际的真相之间、逻辑判断与客观事实之间存在偏差。有时候,我们会怀疑:到底该相信逻辑还是该相信数据?

数据是自然留给我们的最完整的过去,但人类采集数据的能力永远是有限的,所以人类不可能利用数据把整个昨天完整地记录并保存下来。某些事情一旦过去,便永不复见。人们只是把关系到今天和未来生存的相关数据记录和保留下来,用以了解昨天,观测明天。到目前为止,人类还没有找到比数据更能说明未来情景的依据。但在结构上哪些数据能表述未来,还需要仔细研究。

逻辑的说服力来自它所表达的因果关系。我们可以用逻辑的力量去征服未来、说明未来、辨识未来,但逻辑的前提有可能发生偏差。因此,我们有必要用数据去证明逻辑的正确,或者运用逻辑的认知去连接碎片化的、零落的数据,使这些数据变得有价值。风险管理正是这样一种对人类有效的社会管理技术。

运用风险管理的认知观念,能正确地运用数据将数学模型、概率计量、置信区间计算、风险成本计量等科学方法同心理学、经济学、社会学等社会科学知识兼容并蓄,从而在数据与真实世界和未来之间搭上一座通达的桥梁,使人们对未来的认识更趋于真实。因此,按照经济学的逻辑和经济数学的运用,人们能获得对未来经济状况的预判;按照风险管理的逻辑和风险数据的积累结果,人们能逼近未来发生风险的真实,对不确定性进行管理。以此可以类推,如果在逻辑与数据之间进行选择,倒宁愿把两者结合起来,运用逻辑,相信数据,获得真实。不过,相信什么样的数据却是一道难题。

### 三、过往、数据、未来

经验只能完善规则,不能指导未来。经验是对过往事件的主观感受,是现行规则的客观依据和主观来源。在不确定性理论框架下,经验只能用于完善规则,而不能直接用于指导未来。

所有的过往都已经确定,不可更改。经验只来源于过往。过往所产生的历史数据是判断现状的根据,尽管数据有很强的主观偏差,但除了个人的记忆(偏差更大)外,没有比历史数据更可靠的对过往的描述了。如果说这个世界存在确定性,那就是时间轴上的过往,已经发生了的不可更改的事物。所以,当我们讲不确定性的时候,是将其定义为时间轴上的未来。凡是未来皆不确定。过往的经验对于未来仍然是有意义的,那就是完善现有规则,使人类更好地面对未来。确定性的过往如何影响未来呢?按照异度均衡理论,当我们把过去、现在和未来看成一件事的整体时,就需要越过数据重构这条鸿沟。

在确定的过往产生的历史数据中,包含着自然数据和行为数据。自然数据中大部分是可以重复出现的数据,如物理化学现象的数据,都是可以重复并预示未来的。也有部分自然数据是不可重复的,如某次爆炸或某次地震。在行为数据中,包含着大量偶然性数据,一晃而过,消失在过往,不再重复。当然,部分依据行为规则和秩序而产生的数据是有很大重复概率的,如交通秩序下的行车数据。这些可重复的行为数据是可以用于预测未来的。

在对历史数据进行重构时,只有基于恰当使用可重复数据,过往对未来才有预测的意义和价值。在数据研究中,另一个重要的发现是历史数据对预测未来的影响也是有差别的。关于历史数据对未来的影响,则是数据距现在越近,其影响越大。

### 四、经济周期与规律再认识

从不确定性原理出发,把数据按照上文做出重构后,经济周期的存在性就需要重新考量。我们目前划分经济周期,通常是根据历史数据,观察波峰波谷,将两次波谷或两次波峰之间作为一个经济周期。但是正如上文所言,历史数据中并非全部都是可重复的数据。历史长河中,社会和经济的秩序一直在发生变化,在不同的秩序之下产生的数据,按照我们上文中的定义来看,是不可重复的。因此,基于历史不可重复数据得出的结论就是不可行的。

但是,在经济波动的背后,经济规律的研究是另外一个问题。经济周期的形成是必然性还是偶然性? 如果是偶然的,那么就不存在经济规律。如果是必然的,那就是有个经济规律在其背后发生作用,其规律该如何发现? 这就需要我们对数据做出划分之后,选取其中可重复的部分,对可重复的数据进行研究,才能发现其规律。

所以到目前为止,笔者很难确定有所谓经济周期的存在,但可以确定的是可以从事物的因果关系来预判即将发生的变化。

### 五、智能化与边际数据

数据重构的另一个重要应用场景是智能化。通常智能化需要机器学习的支持,而机器学习需要大量历史数据的训练,并应用到边际数据上做出智能化的建议、应对、动作等。我们看到工厂操作的智能化就相对容易,因为在这样一个相对独立的环境中,动作重复、秩序稳定,其数据都是可重复的,因此机器的训练基于这些可重复的数据就可以提高效率。但是在社会和经济范围内,环境复杂多变,机器学习所需的训练虽然看似庞大,但其中可重复部分可能极少,不可重复的部分可能还会对学习过程产生很多干扰,这就导致机器很难找出其中的规律。

另外在使用边际数据时,也要对其是否重复进行区分。尤其是现在每天产生的数据规模巨大,这些都属于边际数据。虽然在大数据技术突飞猛进的环境下,算力也在快速地进步,但如果可以甄选出其中可重复的数据,再利用大数据的技术对其进行处理,那就可以节约大量的算力并迅速得出更有针对性的动作。所以智能化的数据结构也需要升级优化。

## 六、经济模型与量化投资

还有一个数据重构的应用场景是经济模型与量化投资。在量化投资的实际操作中,经常会发现同样的策略使用不同的样本训练出的结果可能大相径庭,而且同样的策略在不同的时期做出的预测结果可能也存在很大的差异,甚至在各阶段预测时都表现很好的策略在实际操作中也可能表现得不尽如人意。同样,在计量模型、银行违约模型等类似领域都存在相同的问题。造成这些问题的根本原因在于金融市场也存在秩序的变化,其历史数据中存在不可重复的部分。

在数据科学中,有个数据"有效性"的概念,其实与上文所提类似。但是"有效性"这个说法只是个模糊且笼统的概念,"有效"一词也没有反映出其有效的本质在于可重复。用不可重复数据做出的模型、做出的预测,在未来应用中的实际使用效果堪忧,因此,如何对数据重构,如何剔除庞杂的历史数据中不可重复的部分,是非常重要的模型升级问题。

# 第二节 数据与人

## 一、生活在语言中的人类

语言是数据的一种。人类依靠语言交流事物状态,以及对事物的看法和观念,传播意识和知识。渐渐地,人类彻底相信了语言表达的就是语者的意思。后来有了文字，人类也越来越依赖文字进行交流，记载历史和知识，从而积累成现在的文明。

文字也是数据的一种。文字的传播和传承方面的功能比语言更加准确可靠和可留存。但是一切在时间轴上的事物都是变化的，一切在不同地理坐标的事物都是有差异的。古文与今文，中文与外文，要达成互相贯通还需要许多专业技术的辅助，如古文专家、翻译家。

从数据与人的关系来看，正如胡本立先生（世界银行原首席技术官）所说，客观事物映射到人的大脑里，不可能是全面准确的，就像人们看见的人，总是只能看到面对自己的一面，所以映射到人脑的数据是有缺失和偏差的。而经过人脑归纳推理并整理后输出的数据，已经带有很大的主观意识，与客观事物之间更是存在偏差。

生活在语言环境中的我们，如何突破这种局限性，真实地表达内心的情感与思考？从数据处理的角度看，就是要解决数据输入与输出之间的误差和失真问题。我们需要避免过度依赖语言文字的知识表述，更多地倾听内心的声音，寻找语言文字与数据运用之间的平衡点。然而，如何实现这一目标仍是一个待解的难题。

## 二、数据的主观性

人类文明是建立在数据积累及数据因果关系基础之上的，数据构建了事物之间的各种关系，产生了相关性、因果关系、逻辑关系，也构建了过去、现在和未来之间相对稳定的联系。数据是我们认识世界、理解人类社会、发现问题和解决问题的工具。正因为有了数据的积累和分类运用，我们才对未来有了信心。但也需要指出，数据是主观的产物，知识也是主观的归纳，总会同客观真实保持一定的偏差。

对数据的理解视角影响了我们对许多事物的判断，很容易丢失客观性。例如钱颖一教授讲述中国经济增长并无特殊性时指出，以十一届三中全会为起点，中国经济的确获得快速发展。但以第二次世界大战后为起点,韩国、日本、新加坡、中国台湾等都存在快速增长的事实。我们还知道,二战后的德国、建国后的以色列、改革后的伊朗等,其实都有过耀眼的发展。这背后起根本作用的是市场。但观察的数据被主观选择后就会得出不同的答案。

还有一个例子是投资银行的营销。当推销某一种衍生产品时,银行人员在路演时展现给客户的是某一段时间收益高、风险低的状况,但如果将时间维度拉长,这个产品的实际收益并不一定能覆盖风险。

人们得到的数据和感受都是带有某种主观视角和维度立场的,并不是事物的真相。语言也是一种数据,是产生于人、依赖于人的数据。语言是否能真正表达人的内心感受和情绪呢? 也是不可能的。

当我们用语言给一个物品取一个比喻性的名字时,我们常常会望文生义地把这个物品观念化,如电脑常常让人误以为电脑具有人脑的功能,但它其实只是一台信息处理的机器,是没有思维能力的。

鲁迅有一句哲言说,人类的悲欢并不相通,我只觉得他们吵闹。(《而已集·小杂感》)托尔斯泰也说,幸福的家庭都是相似的,不幸的家庭各有各的不幸。(《安娜·卡列尼娜》)可见人类之间的沟通有多难。所以语言作为一种数据,如何在不同视角不同主体之间有效地互相认同,达成共同的含义标准,是沟通的前提,但这几乎不可能做到。

事物通过人的感受形成人脑子里的数据,这中间总会存在偏差。因为人是不可能立体微观地了解事物的,当人通过语言主观地再表达出这一事物时,必然也存在信息转换中的丢失和偏差,而当人输出数据时,在统计和测量的过程中也会因为语言概念和计算而产生偏差。承认和接受这个偏差,并进行大致的调整,是唯一的出路。但这也不能解决问题,因为人们的所谓调整依然是主观折射的数据,同样存在偏差。如果生物科学有朝一日能准确地描述人脑对客观现象的信息转换过程和机理,或许能更准确地计算这种偏差。

数字化转型先要解决数据的真实性和有效性。信息化、智能化和数字化是整个数字化转型升级过程中的不同阶段,正确认识数据是转型的前提。

### 三、数据与客观真实的差距

人脑认知这个世界是数据产生的第一步,但这个世界的本质是不确定的。热力学第二定律告诉我们,一个孤立系统的总混乱度(即"熵")不会减小,即所有的事物都是在熵增的,熵增就是一个无序化的结果,无序带来不确定性。

人性的差异也是一个重要的数据差异的来源。人性是自负和自主的,这是由人类基因的进化决定的,但世界上没有两个相同的人,就像没有两片相同的树叶一样。人性的差异导致人的认知能力是有差异的,一千个人眼中有一千个哈姆雷特。同时,人性的差异导致了人的行为的差异,在同样的条件下,每个人的反应和行为可能大相径庭,由此带来了高度的数据差异,认知的缺陷加上行为的差异会导致由此产生的数据具有偶然性。

根据胡本立先生的说法,数据的产生经过了以下流程:人通过对外在世界观察感知而产生认知,并由此产生行为,行为继续产生数据,数据被人们认知、使用,如此循环(见图6-1)。

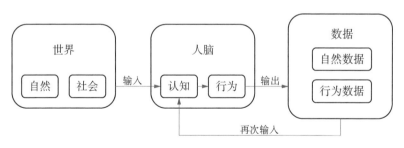

图6-1　数据的产生

由于世界的本质是不确定的,所以在人脑认知客观世界继而产生数据的过程中,会产生三种偏差:①人脑输入数据会产生偏差;②人脑输出数据会产生偏差;③在数据的应用过程中出现偏差。数据在发生了多次偏差后,其分析结果可能离初始和本源相差甚远。但在上述偏差中,①和②两种偏差是在人类观察、测量、调研等过程中产生的,其偏差程度随着科技的发展在不断地减少,例如对长度的测量,从最原始的以人体为工具"布指知寸",发展到使用测绳、直尺、游标卡尺等,再到现代的利用激光测距仪等工具,其测量精度在不断提升。但在数据应用时产生的偏差则不是靠科技手段的进步可以解决的,需要一套新的数据分类标准(见图 6-2)。

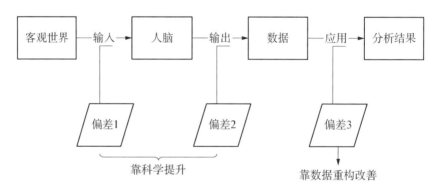

**图 6-2 数据产生过程中的三种偏差**

综上所述,由于世界和人性的不确定性,数据包含了不可重复和不可验证的部分,如果直接用于预测的话会导致大量的模型失真或算力浪费的现象,为了解决这一问题,需要对现有的数据进行重新架构、重新调整。

在社会科学领域,数据大多是对人类行为的记录,数据的使用也主要是针对某些人类行为进行预测(如欠债是否还钱),此时数据的不确定性表现在有些行为是不会重复发生的(如初次欠债还了钱,第二次欠债不一定会还钱;再如,张三欠债还了钱,不代表李四也会欠债还钱)。因此,此时数据的不确定性表现为行为的不确定性,进一步又表现为数据（行为）的不可重复性。

在实际操作中，传统的数据处理方式对于这种不确定性或不可重复性其实已经有了一些觉察，因此也诞生了一些调整和筛选数据的方法来降低不确定性的影响，但是这些方法多是基于操作人员的经验判断，存在不成体系、不够完善的问题。因此，笔者以不确定性为起点和理论依据，提出数据重构的理论框架，试图总结提炼出一个完整、全新的数据处理方法。

## 四、元数据"绕"的问题

笔者和胡本立先生谈到观察和理解数据的新维度时，胡先生提出了"绕"这个概念。客观信息从外界映入人脑形成概念，再由人脑加工产生语言和符号等数据形式，数据通过语言、文字等输出到外界，其他人观察、运用这些数据的过程相当于再次将数据输入人脑，如此反复循环之后，人们已经习惯于用数据解释数据，而越来越顾不上这个循环中产生的偏差。这就是"绕"，绕来绕去，概念越来越模糊。这是人类文明的难题。

"绕"就是人类以语言解释语言（即以数据解释数据），使交流陷于语言数据之间的循环往复，却又无法跳出语言的定义不清，从而构成了逻辑上的循环困境。

"绕"不是一个纯科学问题，它看起来是数据中的逻辑循环，但与我们常遇到的逻辑循环和重复定义不同。以数据解释数据，这是一个巨大的理论陷阱，也是一个巨大的实务难题。需要从数据治理源头上解决。

另一种"绕"是语言和数据常常被用来刻意掩饰某些真相，这不是运用数据的初衷。语言的精炼过程，也是尽量避免太"绕"的过程，因此语言不精炼也是一种"绕"。

此外，人类在沟通中经常运用语言、度量单位、数据标准等尽量达成共识：对各种数据给予更广泛的共识或定义。尽管如此，人与人之间、经济组织之间、地区经济体之间仍然广泛存在数据歧义。这也是一种"绕"。

数据来源于人的认知，以数据定义数据的确是兜圈子，但它源于人类认知能力的有限性。这是人类无法摆脱的困境，也不宜企图能改变这个困境。

所以"绕"的问题是一个伴随着人类文明进程的逐渐模糊和不断清晰的进程。

什么是元数据？核心是概念的产生，概念如何在脑内形成？如何分类认知问题？这可能需要生物物理学或生物化学来解释。但对于什么是元数据，可以从知识的概念去理解。实际上我们平时所说的知识，只是知识的数据表达，那么知识和知识的数据表达区别在哪里呢？胡本立先生认为存在三层结构：一是概念和知识本身的产生，二是产生之后它们在脑内的表示，三是产生了它们在脑外的语言和符号表达。即元数据、认知和数据三个层面。

如上所述，语言和符号的循环，会产生被人脑放大或缩小的变化，这个过程就是元数据使用的过程，也是产生各种偏差的过程。

人工智能从根本讲也是"绕"。所以人工智能可能就是元数据的放大或缩小，是数据"绕"的循环中的阶段性产物，人工智能越升级，偏差会越来越大，机器人会做出什么事，对人类有害无害也就很不确定了。这也是2024年诺贝尔物理学奖获奖者杰弗里·辛顿所担心的。他曾表示，新知识会以微妙的姿态融入人们现有的神经网络，有时它们是转瞬即逝的。例如，当你在聚会上遇到一个陌生人，他的名字可能只会在你的记忆网络中留下短暂的印象，但有时它们可能持续一生——要是这个陌生人成为你的配偶或朋友。由于新知识与旧知识相互交融，你所知的会影响你所学的。如果派对上有人跟你谈论了他的阿姆斯特丹之旅，那么第二天，当你逛博物馆时，你的神经网络可能会把你往约翰内斯·维米尔(17世纪荷兰画家)的作品那儿推一推。类似地,微小的变化可能会引起巨大的转变。

正因如此,他担心人工智能可能造成危害,并开始在接受采访时谈论这项技术可能对人类构成的"生存威胁"。他越是使用ChatGPT(一个由大量人类语料库训练出来的人工智能),就越是惴惴不安。笔者认为这种不安来源于当大语言模型达到某一规模时可能发生的涌现,涌现出某些人类不可控的结果。

自然科学研究中也存在元数据"绕"的问题,但自然科学通过反复的实验证明某些现象的可重复性,由此尽量减少了偏差,也减少了人的主观因素的干扰。所以自然科学的知识(如公式、常量)都是可重复使用的数据,可预测性强。但社会科学是基于人的生存环境及其心理与行为的学科,由于环境、人及心理都在变化中,它无法像自然科学那样寻找到可重复的数据。所以无论社会科学设计和运用如何"科学"的方法和工具,虽然也能尽量避免一些人的主观干扰,减少"绕"的程度,但都只能被称为改善,而不可能像自然科学那样无限接近自然真实。

即使是会计与统计数据,本质上还是概念的延伸,是某种程度的"绕"的结果。我们不能企图在过往的统计数据中找到永恒的规律或真理。所有过往的数据本质上是有前提的产物,也是某种主观立场指导下的分类和计算,并不是可靠的结果。例如统计学上的正态分布,也是主观框架下的数学结果,但当数据量级够多时,数据分布呈现出有规律的形状,可以用以预判未来事件的分布和概率,在这个意义上可以作为可重复数据使用。但当主观框架发生变化时,这种可重复也是无本之木。

除了元数据外,其他都是衍生的数据,即人脑产生的元数据又被人多次处理后的数据。机器对数据的处理更是人脑处理后的事情,包含了各种不确定性和偏差。解决元数据被定义、被曲解,发生偏差后被运用到预测模型,以及人与人之间交流时产生的误解等,即减少"绕"所带来的困扰,是重要的数据底层问题。解决元数据"绕"的问题也是不确定性数据重构的重要理论逻辑基础。

## 第三节　不确定性与数据重构

### 一、数据重构的思路

数据重构是指将原始数据按照不同的分类标准进行重新组织,以便更好地进行数据分析和挖掘。数据重构不是寻找确定性数据而是寻找对未来有影响的数据。根据不同的分类标准,数据可以被分为历史数据和边际数据、自然数据和行为数据、必然性数据和偶然性数据等。具体而言包括:

(1)历史数据和边际数据:历史数据是指已经发生的、可以从过去时间段收集到的数据。边际数据则是指与当前时间点相近的数据。在处理数据时,要谨慎利用历史数据的信息,同时关注边际数据的变化趋势,以便更好地捕捉到数据的动态特性。

(2)自然数据和行为数据:自然数据是指与自然现象相关的数据,如气候、地理等。行为数据则是指与人类行为相关的数据,如消费、投资等。在处理数据时,要分析自然数据和行为数据之间的区别和关联,自然数据不能简单地直接拿来预测行为,需要谨慎判断,同时注意它们的独立性。这有助于理解不确定性来源及它们对模型预测性能的影响。

(3)必然性数据和偶然性数据:必然性数据是指在特定条件下,具有确定性规律的数据。偶然性数据则是指具有随机性、不可预测的数据。在处理数据时,要区分必然性数据和偶然性数据,并合理处理它们之间的关系,这有助于降低模型在不确定数据上的失真风险。

在对数据重新分类的基础上,要明确哪些数据是不可重复的,即哪些数据是不可以直接拿来预测的。对这些数据进行合理重构，才能提升预测效果，这就需要总结出数据不可重复的几种类型：

自然数据存在不可重复的部分：自然数据不可直接用于预测行为。在进行预测时，应注意自然数据与目标行为之间的关联程度。若关联性较弱，则不能直接将自然数据用于预测行为。例如，通常不能直接用气温数据预测股票市场的涨跌。

偶然数据存在不可重复的部分：偶然数据不可用于预测常规行为。在预测过程中，应注意区分偶然数据与常规行为之间的关系。离群数据（异常值）不宜用于预测非离群行为。例如，不能用一次罕见的大型灾难事件去预测一般情况下的保险赔付行为。

历史数据存在不可重复的部分：历史数据不可直接用于预测边际行为。在预测边际行为时，不能直接依赖历史数据，应考虑到实时数据和当前趋势。例如，不能仅根据过去的房价数据预测未来房价走势，应同时关注政策变化、市场需求等因素。

在传统的行为预测中，一般认为历史数据时间越长，幅度越大，对未来预测越准确。但从不确定性原理出发，实际上不同历史阶段的数据和不同内容的数据对未来的影响大不相同。总的来说，离时间边际（现在）越近的数据和与预测事物相关性越高的数据，对未来影响越大，所以要赋予不同的历史数据以不同的权重才能达到预测目的。

信息价值低的数据存在不可重复的部分：这类数据的相关性弱、重复性高，对预测效果的贡献有限。在数据处理过程中，应通过特征选择、降维等方法剔除这类数据，以提高模型的预测效果。例如，在预测消费者购买行为时，消费者的一些无关信息（如生日、星座）可能对预测结果贡献有限，可以从模型中移除。

数据重构的原理就是在不确定性理论的基础上，先对数据分类，再对不可重复的数据进行特定的处理，以使数据价值含量提升，从而使模型效果提高。

## 二、TDRU

基于元数据"绕"的问题及不确定性的新的分类,本书提出了新的解决方案,就是 TDRU 数据重构工具的运用。

为了将数据重构的思想变成可以操作的工具,本书设计了基于不确定性的数据重构工具 TDRU(tools of data reconstruction based on uncertainty),即将数据按不同维度分为历史数据和边际数据、自然数据和行为数据,以及必然性数据和偶然性数据,在剔除偶然性数据的基础上,对不同的数据设置调整参数并赋予不同的权重。而后在数个实际场景中,我们实践并完善了上述方法,最终研发出了 TDRU 1.0 版。

具体而言,TDRU 通过六大核心流程、两套参数和七个工具协同工作,既可以解决由不确定性带来的问题,也可以对人与数据之间的偏差进行调整。TDRU 不仅是一套方法论,也具备工具的实用性。TDRU 以一套严密的流程设计逐步引领数据从混沌走向清晰。第一步是基础的数据准备;第二步根据数据特点进行精细分类;第三步是采取适宜的处理方法,处理不可重复的数据;第四步是根据数据的抽象度等情况进行参数设定;第五步是对数据进行建模分析,并根据不同应用场景选择模型;最后通过动态调整不断优化重构过程。六大步骤逐步推进,形成完整的数据处理链条(见图 6-3)。

图 6-3　TDRU 流程

TDRU 主要作用于数据分析的前期,即数据清洗和特征工程阶段,是首个基于对世界不确定性的深度认识而产生的方法和工具,是现有数据处理方法上的明显进步。同时,TDRU 突破了传统观念,强调边际数据的价值,颠覆了对历史数据"越多越好"的传统看法。由于具备底层工具的属性,其应用场景非常广泛,包括经济、金融、能源等众多需要使用大量数据进行建模分析来预测未来的领域。此外,由于不确定性与风险管理的高度相关性,TDRU 在风险管理方面也有它独到的价值。

## 三、智能化的数据重构软件

TDRU 作为一套复杂的工具,需要经过一定时间的培训才能熟练掌握,但如今是人工智能的时代,如果可以将这套工具教给人工智能,那么人类只要让人工智能帮我们使用 TDRU,就可以实现数据重构的目标,这无疑是一个很吸引人的想法。为此,我们研发推出了一系列智能平台,旨在通过先进的 AI 技术和创新的模型,帮助银行和金融机构在处理数据和管理风险方面取得突破性进展。目前已经研发了两款核心产品:TDRU-Agent 和 TDRU 智能风险计量平台。

TDRU-Agent 是一种基于本地化大型语言模型(LLM)的智能数据助手,专注于处理数据中的不确定性问题。该产品的设计目标是解决数据处理中的三大核心问题:忽视数据不确定性、缺乏有效的未来预测方法,以及忽视人类与数据关系导致的偏差。

1. TDRU-Agent 的主要功能和特性

(1)不确定性管理:TDRU-Agent 是首个专门用于应对数据不确定性问题的工具,提供了包含六个核心过程、两组参数和七个工具的实际解决方案。

(2)数据安全与本地化:该平台支持本地部署,确保数据安全,并能在没有互联网连接的情况下使用。

(3)多功能数据分析:支持各种数据分析工具,允许用自然语言进行数据分析和质量评估,同时提供数据清理、重构、可视化和报告生成等功能。

（4）知识库构建：支持构建本地知识库，可用于数据质量评估、数据治理、数据分析、数据建模和报告生成等多种场景。

TDRU-Agent 是一个能够全面提升数据处理效率和准确性的工具，使用户能够在复杂的数据环境中，做出更为明智的决策。

2. TDRU 智能风险计量平台：低代码的风险管理工具

TDRU 智能风险计量平台是基于 TDRU-Agent，为金融机构风控专门设计的创新性产品。这一平台以 TDRU 为核心思路，以低代码、可扩展和易于管理为特性，帮助银行处理和管理大规模数据和复杂分析模型，并自动化地生成真实可靠的风险评估结果。

TDRU 智能风险计量平台的优势，除了包含上述 TDRU-Agent 的功能和特性外，还包含了以下几点：

（1）低代码开发：平台允许用户快速开发和部署应用程序，而无须大量编写代码，大大降低了技术应用门槛。

（2）可扩展性：能够处理和管理大量数据和复杂的分析模型，以适应不同规模和复杂性的需求。

（3）便于管理：简易的管理界面和跨部门的模型管理，减少了手动处理数据的高成本，提高了工作效率。

（4）智能数据分析：自动化处理数据，减少人为操作的误差和工作量。

（5）报告生成与数据可视化：提供直观的图表和图形，帮助用户快速了解数据情况，并生成详细和定制化的数据报告。

（6）知识问答功能：基于知识库的问答功能，可以解决用户的各种数据查询需求。

TDRU 智能风险计量平台应用场景包括：零售客户评分——评估个人或群体的信用评分；内部评级——银行内部风险评级系统；经济资本分配——评估和分配银行的经济资本；风险度量模型——如 ES 模型；压力测试——模拟不同情景下的财务表现；宏观经济预测——根据大数

据分析进行宏观经济趋势预测等。

　　TDRU 的智能数据助手和风险计量平台，代表了数据处理和风险管理的前沿技术。这两款产品不仅提高了数据分析和风险管理的效率，还在应对不确定性方面提供了实用且创新的解决方案。通过这些工具，金融机构可以更好地理解和管理他们的数据与风险，在复杂且不断变化的环境中保持竞争力。

# 风险与风险管理的新视角

本书在不确定性与偶然性原理下，在现有风险理论的基础上进一步构建了新的风险观念与风险管理框架。

# 第一节　风险与风险管理的现状

## 一、风险认识的发展阶段

国内学界对于风险的认识分为三个阶段：

第一个阶段是早期的时候，大约是 20 世纪 30 年代到 80 年代，我们认为风险是消极的事情，是不确定性事件当中的损失，是基于对这种不好的结果的处理。

第二个阶段是 20 世纪 90 年代到 21 世纪初，我们开始考量收益和损失的可能性，并作为一个技术手段来认识它。风险的概率是可以计量的，这种不确定性也是可以管理的。这是一种认识上的进步。我们开始在认识上明白，风险并非单纯是一件不好的事件，而是一个关于收益和损失的可能性。

到了第三个阶段，也就是近 20 多年来，在认知层面，我们把风险看作一种资源，尽管有波动，但是开始把风险问题当作认识工具和思维方式。我们逐渐接受风险在日常生活中的无处不在，既不可回避也不能消灭，必须坦然面对，这种直面也是一次非常大的进步。当然这背后的根源是对不确定性的认识。

## 二、风险管理的三个阶段

第一个阶段是把风险作为管理工具、手段。在风险管理上更多的是对损失的评估和资产的定价，包括风险定价，由此而产生了规则和技术。比如巴塞尔协议、风险计量技术、对经济资本工具的运用、对风险成本的计量、银行拨备制度的建立等等。在这个阶段，我们基本上是把风险管理当作一个技术工具来运用。

第二个阶段是全面风险管理阶段。无论是企业还是银行在这一阶段都开始全面控制各种各样的风险，进行全面风险管理，关注系统性风险问题、治理结构的问题、风险体系是否独立的问题，并确定了三大风险支柱，设立首席风险官等等。

但是全面风险管理会面临一些市场风险控制与市场交易的投机企图和欲望，这给日常工作带来了一些矛盾。这背后实际是全面风险管理和出现各种问题之间的取舍和平衡。比如，从实际状态角度来讲，我们有时候就很容易陷入一种矛盾状态：既要制衡权力，设立独立的风险管理系统，又要促进交易。风险管理的最终目的和本质还是要促进交易，如果没有收益，那么风险管理也是没有意义的。风险管理过程中我们可以指出很多风险问题，但是不能因噎废食。

一个比较典型的场景是我们常说的"银行家悖论"。社会中需要资金的企业和个人大多是创业者或者初期阶段的企业，这些企业和个人的信用记录不符合我们对风险管理的一般原则，那么我们应该怎么办？不能要求银行家既成为一个为大众不计代价地提供资金的慈善家，还要对资本的回报、资产结构负责任，这样便形成了"银行家悖论"。部分社会人士错误地认为银行专门在企业、个人面临资金困境的时候收回资金，但实际上银行的工作并非如此，相反银行是在权衡收益和风险之间相互覆盖的关系，如果收益能够覆盖风险，那么银行可以调整风险偏好和资产结构。但是在这一过程中会产生一些矛盾，既要防范道德风险、逆向选择问题，又要防范防御性决策中责任推脱的问题；既要防范风险的产生，保证速度和规模，又要防范风险的无理由产生或者恶意转移，比如向未来转移风险，或者向左邻右舍"以邻为壑"式的特意转移风险，把收益全部计入当下。所以我们认为，这一阶段的全面风险管理是一个很大的进步。

第三个阶段是到目前为止，笔者认为全世界都认识到"风险社会"已经来临，都知道要立体地面对各种不确定性。对风险的认识已经成为人类通识的一部分。

在《风险与好的决策》这本书中，作者格尔德·吉仁泽讲到，缺乏风险认知就是把许多重要的东西置于风险之中。在风险社会，风险认知成为一种新的认知维度，也是思维方式的重要提升。比如理解可能性，收益要覆盖成本，要平衡好当前与未来的关系，要防止不合适的风险转移，还包括倡导的可持续发展理论等等。

笔者在研究异度均衡理论时，认为在市场运作的客观环境下未来和当下之间存在一种收益和损耗的均衡关系。如果大量地把风险转向未来，从可持续发展理论来看，一方面它是不符合该理论的，另一方面可持续发展理论同风险转移相关。可持续发展理论讲究代际公平，代际公平怎么实现？我们强调代际公平即不能损害未来的利益，但是如何实现还要通过我们新的均衡理论，通过测算来确定风险的转移是否合理，对未来是否构成侵害。同时，我们认为所有的经济学研究都要放在不确定性认识的基础上，我们现有的经济学研究其实缺乏一个不确定性的前提，并非仅有风险管理是直接来源于不确定性理论的。此外，经济学的研究特别是微观经济学是以假设一个确定的条件为前提的，这种方法的可行性如何值得深入讨论。

不同主体对风险的认识也不相同。有人认为风险是一种决策的产物，我们也认同这种观点。因为风险归根结底是一个主观产物，如果对人们有利的那就是收益,有不利则为风险。从时间维度来看,很多事物是动态变化和不确定的,比如房地产行业。在房地产市场低迷时,银行认为房地产是不良资产,但在泡沫化过程中,我们发现房地产变成了好资产。所以从这一例子来看,笔者也认同所谓风险问题是一个主观产物,需要以不确定性为前提。就人类这一群体而言,对于风险的一些共识也需要从人类社会出发来看待利弊与否。比如我们把森林中的树木砍掉用来种植粮食,这当然对人类是有利的,但是从全球环境的角度来看,这个决定是否正确需要做深度的考量。

### 三、奈特风险理论的溯源与局限性

奈特在他的成名作《风险、不确定性和利润》中对风险与不确定性作出了定义:主张风险是能被计算概率与期望值的不确定性,而不能被预先计算与评估的风险则是不确定性。可见,奈特虽然用不确定性与风险进行了相互定义,但在本质上,仍然是在不确定性的基础上定义风险,即可计量的不确定性是风险,不可计量的不确定性仍然是不确定性,这一理论为后续风险管理研究奠定了基础。另外,在奈特看来,不确定性似乎是不好的东西,虽然不确定性波动也可能带来利润。同时,他似乎默认了确定性的存在。

奈特的理论观点引发了人们对风险、不确定性与利润之间关系的深入思考。其贡献在于将风险与不确定性联系在一起,探讨了它们对决策和利润的影响,为后来风险管理和决策理论的发展提供了有力支持。同时,奈特的见解也促使人们更加深刻地认识到不确定性作为现实世界的一部分,可以在合理的风险管理框架下得以控制与应对。

但本书的观点是,不确定性本身不存在好与坏,就是世界客观存在,是世界运行的本质,是人类不得不接受并须予以深刻认识的客观事实。正确的立场应该是:拥抱好的结果,承担坏的结果,并努力趋利避害。经济学是研究资源配置的,而不确定性经济学应该告诉人们的是,在资源配置过程中好结果与坏结果发生的概率,以便人们建立接近真实的预期,从而安排好今后一段时期的生活。

根据奈特的观点,不确定性与风险是我们不喜欢的事情。但实际上,不确定性才是世界的本质。从这个本质出发,不确定性成为认识世界的基本工具,成为一种世界观,使得我们不得不重新认识社会秩序、经济波动和数据属性,不得不拥抱偶然性,并用偶然性的观念来重新认识世界,重新构建知识体系的某些部位。

奈特深刻论述了不确定性,但没有把不确定性当作世界的本质,这也是他的理论上的缺陷和局限。笔者认为只有在不确定性木质的框架下才能真正认识世界。

## 第二节　风险管理的认知更新

在不确定性视角下,我们引申出现代风险管理中更深刻的若干值得讨论的问题:

### 一、风险管理在管什么

我们以前老说风险是不可以消灭的客观存在,另一方面又说要减少风险损失,降低不确定性。这里有一个相关的问题:风险管理到底是在管什么? 其实现管理目标的机制又如何?

按照不确定性经济原理,不确定性波动可能带来收益,也可能带来损失。奈特把这种波动叫风险,所以说利润来源于风险。但大多数人还是把风险看作单纯的损失事件。这是一种误解。

不确定性是否可以通过风险管理措施和工具运用来缩小或者减少,的确还是一个问题。人们已经习惯于将不确定性与确定性当作一对相对应的概念,在这样的语境中,以为增加了确定性(其实是相对稳定性),不确定性就减少了。在风险管理中,人们也认为把坏事情(损失)

消除了,好事情(收益)就会增加。这些都是需要校正的陈旧观念。

不确定性的客观性是由其分布结构决定的。不确定性的相对性是由其形态结构决定的。例如技术创新构建了新的不确定性形态,形成了更加稳定的结构状况,其中发生损耗(风险)的概率降低,而得到收益的概率提升。所以科技创新行为的动力来源于不确定性,来源于人类对抗无序,对抗不确定性的需求。虽然不确定性是客观的、不可改变的,但不确定性的形态及其结构是能改变的。

风险管理的价值就在于改变不确定性形态的概率、边界和成因条件,从而改变不良事件的发生概率。所以严格来说,风险不可磨灭是指不确定性分布无法改变。而风险可以降低,是指通过改变不确定性形态结构,降低损耗的发生概率。

在不确定性的世界观中,风险管理处理的就是形态的问题,积极地应对,以使损失最小化,回报最大化。这种对风险的形态所采取的管理行为本身是主观的,是否采取主动管理及介入的深度也是主观的。因此,灵活应该是风险管理中重要的一个思想,想通过大一统的工具去管理所有的风险,显然是不明智的。这种强制的干预可能会有助于铸造一个强有力的损失底线,但同样损失的还有潜在的利润。站在不确定性原理下,自由市场中博弈出的价格,是对风险最好的定价,这种博弈在一定程度上将主观行为通过交易转化成了客观,形成了公允价格,对价值进行了量化。亨廷顿、福山和马丁·沃尔夫等学者都认为自由市场是民主资本主义下的一种形态,其中一个核心观念是平权(或公平)。这种平权要求政府有责任与义务保障市场主体的平稳有序,抢夺、诈骗、盗版、寡头这类不公平的获利手段必须被禁止。

## 二、风险承担的基础作用

宏观调控、凯恩斯主义和新结构经济学都有各自的弊端,我们常常以为用政策措施干预经济供求关系的效果明显。其实这些干预虽然看起来熨平了曲线,但是从不确定性原理出发,干预并不能消灭风险,熨平曲线的背后是不公平的风险承担,是逆市场的。经济活动中不好的交易很多,风险也很多,都是不能消除的。所有的经济结构调整和行政干预措施背后都有人以不公平的方式承担了风险。那些表面看起来不错的调控和干预效果,实际上是风险承担的扭曲掩盖了经济真相。

在有关不确定性的研究中,风险承担和风险决策是一个关键点。如果做决策,就要考虑或然性落在哪一个具体的人身上——谁来承担风险成本、谁来承担财务成本。不确定性的波动带来的或然性是需要有人承担的,总有人要在事物的收益性或损耗性的概率上进行考量和计算。所以,只有承担风险的人才会对后果负责任,才会慎重决策。从业务的角度来看,如果不承担风险,那么所做的决策一定是防御性的决策而不是最优的决策,一定是责任逃避的最优选择而不是交易的最优选择。谈到经济结构调整,这些年党中央采取了很多化解风险的措施,强调不要产生系统性风险等重大问题,我们认为是非常正确的。因为前期的快速发展一方面积累了大量财富,另外一方面也积累了大量的风险,那么就需要通过结构调整来消化掉这些风险。如何化解风险则是要从市场角度将这些风险分配给各个市场主体去承担,有人承担风险了,那么自然经济结构就能顺利调整,这是一个重要的经济原理。

一个好的经济学家同时也应该是一个好的风险专家,也就是要从风险承担的角度来看待问题。从风险专家的角度看,什么是剥削?在我们看来,剥削就是没有承担风险而得到了额外收益。这里可以留作一个经济学的讨论,但不论怎样,最终要归结到是否承担成本和风险上。一个个体既不承担风险又得到了额外的收益,还利用了行政权力和垄断市场,那么这就是剥削与腐败。

在风险承担原理下,可以清楚解释不同所有制下市场主体的效率差异。风险承担的最终承担者是自然人,企业法人只是风险承担的转载者。私营企业承担的风险直接与产权所有者挂钩。而国营企业承担的风险无法直接与所有者(政府机构)挂钩,因此所有的决策都会偏向于"防御性决策",很大程度上不会是根据交易自身特点做出的最优决策,通常是次优或更次决策,其效率相对私营企业,必然存在差距。

如果不承担损失就能获取利润,那这就是剥削,是典型的寻租行为。这种不承担风险但依旧可以获利的行为一旦出现,市场的价格就会出现失真,不管宏观经济处在多么好的位置,资产价格大概率会出现低估的现象。在一定程度上,自由市场平权的两层含义是相连的,如果寻租存在,有足够权力的交易方在市场中能直接获利,那么风险承担的观念就不会存在,市场也失去了其定价的作用。从历史上看,印度独立初期所使用的"准入证"、沙特初期使用的"批准制"都没有遵循市场经济的规律,最后在价格混乱的背景下出现了"黑市",而"黑市"一旦具备规模,不仅仅冲击了价格指数(CPI、PPI)等,同时还冲击了主权机构的权威,这种道德风险的扩散最终将造成主权机构不被信任,国家主权在币值混乱的背景下容易出现不稳定的现象。在市场中,特别是金融市场中的各类工具是协助定价的一种手段。

## 三、风险偏好的多元化

从不确定性的角度来看,金融机构的风险偏好越是多元化,越是可以更好地应对不确定性,这是一种分散风险的策略。同时,当经济大环境出现不确定性上升的时候,往往实体经济投资回报率会下行,但资本对投资回报率的要求会普遍提升,因为需要承担更大的风险损失。

为解决这些问题,一方面,促进金融机构风险偏好的多元化即为当务之急,这将有助于资金更高效地流入实体经济,有差异的风险偏好才能适应不确定性的市场,更好地为不同风险状态、不同管理水平、不同发展阶段的企业和个人提供有差异的金融服务。这也是金融的人民性的内涵。另一方面,与其大量补贴消费,不如对实体企业减税或补贴,甚至对创业公司给予适当的创业补贴,从而提高实体经济回报率,促进货币自发流入。

## 四、风险与效率

在不确定性理论中讨论效率问题或许是一个意外的理论收获。传统风险管理理论中强调了财务观念上的风险收益与损耗，以及对它们的计量。但许多收益与损耗并不是直接匹配或对应到财产和财务报表上的，而是与经济行为的效率相对应。对效率的追求既有收益，也有成本，在风险管理甚至经济学研究中仅仅将效率当作目标可能是不合适的，尤其是在引入不确定性以后，也应该将效率作为自变量纳入整个决策过程，也许才更有利于经济主体更加科学合理地进行决策。

1. 关于效率概念的初步梳理

效率是一个很常用的概念，一般来说，效率等于收益除以成本，也就是单位成本所能得到的收益就是效率。具体到某一笔业务、某一个产品、某一个机构，都是如此，无外乎这里获得收益和付出成本的主体有所变化而已。在这样一个基本界定下，效率成为现行经济学研究的最重要目标（甚至可以说是终极目标）。因为经济学是研究人类社会资源配置的学科，其主要目的就是利用有限的经济资源获得尽可能多的收益，或者是在收益不变的情况下尽量减少经济资源的使用，一言以蔽之，就是提高经济资源的使用（或配置）效率。

这里还有必要区分一下效率与效用的关系。效用也是经济学中最常用的概念之一。所谓效用，就是消费者拥有或消费商品或服务时所感受到的满足程度（曾有经济学家将幸福定义为效用除以欲望，强调控制个人的欲望才能获得更大的幸福）。一种商品或服务的效用大小取决于消费者的主观心理评价，是由消费者欲望的强度所决定的。经济学主要用它来解释有理性的消费者如何把他们有限的资源分配在能给他们带来最大满足的商品上，这也是边际学派最主要的分析工具（即将主观心理感受纳入经济学分析的开端）。从这里可以看出，效用是效率公式中的收益项，是消费者（经济主体）拥有或消费商品或服务时所得到的满足感；而成本项就是消费者拥有或消费商品或服务所需支付的成本（一般用金钱来衡量）；平均效用就是消费者花费单位成本所能获得的满足感，也就是这项消费行为的效率；边际效用就是消费者拥有或消费最后一单位商品或服务时所获得的满足感，即消费者愿意为之支付的价格（即成本）。

2. 效率的收益与成本

效率本身其实是一个度量指标，是对经济资源配置状态有效程度的一种度量。一般来说，对于度量指标而言，无所谓收益与成本的问题；但追求效率就有了收益和成本的问题。从前面对效率概念的初步梳理可以看出，追求效率的收益是显而易见的，即效率提升所带来的资源节约（当产出固定时）或产出增加（当资源投入固定时），这些都是追求效率所带来的收益；但追求效率的成本则需做进一步的分析（注意，这里的成本也就是放弃效率的收益，人类常常会以牺牲一定的效率为代价，获取总体收益上的优势与利益）。

1）效率的受益主体

要分析追求效率的成本有哪些，首先需要弄清楚效率提升的受益主体是谁。追求效率提升并不是一件容易的事情，尤其是在生产函数不发生变化时，而生产函数的变化主要体现为技术创新。另外，即使生产函数不发生变化，当投入要素的价格（或生产成本）下降时，效率也可以得到提升，只是投入要素的价格（或生产成本）的下降也最终依赖于技术创新带来的生产函数变化。从这里可以看出，产品的生产效率取决于产品的生产技术（生产函数）及所需投入要素的生产效率。注意这里有两个效率，产品端的效率和要素端的效率，这是从产品生产流程的角度划分的效率，所涉及的受益主体都不一样。其实前面也已经指出，效率可以是某一笔业务、某一个产品、某一个机构，以及前述主体的某个维度的组合的效率，关键看受益主体是谁。所以，效率的受益主体其实有多个不同的层次和维度,这也是对效率成本展开分析的一个重要方面,即从某个受益主体出发追求的效率会对其他受益主体带来的伤害是追求效率需要考虑的成本。

2) 追求效率的成本:从受益主体的角度

(1) 从有形成本到无形成本:受益主体不变。

前面已经提到,追求效率提升所付出的成本可能并不体现或对应到受益主体现有的资产和财务报表上。即相对于现在已经体现或对应到资产和财务报表上的有形成本,还存在一些无形成本,最常见的无形成本就是对现有受益主体造成的风险损失(风险累积)。例如对银行柜台员工来说,单位时间内完成的业务笔数就是一种效率,追求效率提升是银行孜孜以求的目标(也是很多精细化管理的最终目标)。但一个很显然的事实就是,当柜台员工的效率不断提高时,其办理业务的差错率极有可能也会提高;当然这种差错率提高具有什么样的分布特征,可能还需要根据具体的业务场景及柜台员工的素质与性格进行具体分析。所以,银行在追求这种效率提升时,不能忽视效率提升所带来的差错率提高的问题;甚至当这种差错率提高所带来的损害足够大时,就会将业务办理所带来的收益全部吞噬掉。当然,这样一种成本在有些业务中已经考虑到,最明显的就是资产的减值损失计提,但在一些业务流程效率提升中尚未被清晰明确地提出来。

除了风险损失外,追求效率提升还会有其他一些无形成本。例如人工智能的使用在提高业务办理效率的同时,也会使受益主体产生惰性和依赖,并逐步对原来应该掌握的知识技艺逐渐变得生疏起来,这其实也是受益主体付的成本或代价。

(2) 从个人成本到他人成本:受益主体变换。

这里想强调的是受益主体追求效率提升时可能会造成其他受益主体的损失,虽然原受益主体获得了效率提升的收益,但效率提升的成本却由其他受益主体来承担。如果仅仅从原受益主体来考虑,追求效率提升是无可厚非的;但换个角度看,例如从其他受益主体的角度,却是要付出成本和承担损失的。例如工业革命以后西方世界快速发展,物质财富快速累积,经济运行效率迅速提高,但这里的效率更多的是从西方世界的角度(受益主体)来观察的;与此相伴随的是东方世界(这里是泛指,与西方世界相对应)被奴役、被掠夺、被殖民的悲惨遭遇,正是因为有了东方世界的丰富资源、廉价劳动力和广阔市场,才使西方世界的经济运行效率大幅提高、财富迅速累积。对西方世界而言,追求经济运行效率提升是理性的行为,但给东方世界带来了巨大灾难和创伤。当然,这种此消彼长的关系从长远来看似乎并不是一无是处,甚至也并不一定完全是零和博弈,但从追求效率提升方面对其他受益主体的损害是无法回避的,也许还应有更加文明、更加公平的方式。

(3) 从局部成本到整体成本:受益主体聚合。

受益主体追求效率提升除了要考虑前面提到的两个问题外,最后一个问题其实就是"集合谬误",即局部效率的提升反而导致整体效率的下降(即整体上付出的成本更多)。例如,在没有红绿灯的十字路口,每个行进主体(包括行人和车辆)都作为独立的受益主体来追求效率提升,也就是以最快的速度通过十字路口,但如果没有一定的规则,其结果必然是十字路口的拥挤和混乱,每个行进主体的通行效率都大幅下降,甚至在极端情况下的通行效率下降为零。此时就需要交通秩序的设计,交通秩序的设计虽然不可避免会造成局部通行效率的降低,但全社会的整体通行效率大大提高。所以,局部效率的追求有时并不是与整体效率提升相一致的,甚至需要付出整体效率下降的成本。这也是在追求效率提升过程中不得不考虑的成本。

另外,这里的整体成本也不仅仅是完全与局部成本一样类型的成本。例如工艺流程的设计是用复杂的环节形成流水作业以达到高效率的生产,但工业机械化可能会带来系统性生产的污染和《摩登时代》所描绘的人与机器关系的异化,并引起社会问题(这就是整体成本)。

3）追求效率的成本：从未来的角度

效率是对经济资源配置状态有效程度的度量指标，前面已从受益主体的角度考察了追求效率提升需要付出的成本。其实根据异度均衡理论，一个经济事件的整体包括了过去、现在与未来，未来也是一个权利主体。未来虽然不是一个具象的主体，但抽象地看，未来也是指今后某些时期的人们和他们的生存环境，这里也是有法律意义上的权利存在的。所以，追求效率提升也必须兼顾未来的权利，说到底就是追求某种经济活动（或行为）的效率提升的同时也必须要确保经济的可持续发展。例如对自然资源的开采利用，按照前面对效率概念的梳理，追求效率提升就是追求技术创新及所需投入要素的生产效率提升，归根到底就是对自然资源的高效开采利用。如果不考虑未来，当然对自然资源开采利用的效率是越高越好，这就是"我生前当及时享乐，死后哪管他洪水滔天"的形象写照。从追求效率的角度来说，未来的"洪水滔天"就是追求当前效率提升所要付出的成本。

4）追求效率的适度性

既然追求效率既有收益又有成本，按照基本的经济学理论，对效率的追求应该至少停留在总收益大于总成本的范围内，如果这个收益和成本分别符合相应的边际规律（边际收益递减和边际成本增加），那么最有效率的效率应该出现在边际收益与边际成本相等的时候。当然，这是从纯理论上界定的追求效率适度性的"度"，至于这个"度"应该如何确定，多大范围算大（受益主体）、多长时间算长（未来），都是值得探讨和不断实践的问题。但这个方向是不会改变的。

3. 对风险管理的再思考

从风险管理的角度来看，效率损失也是一种风险损失，效率提升也是一种风险收益。传统的风险管理理论和实务模型都忽略了此点，而是将效率（及效率提升）作为风险管理的目标。这可能使得依据具体资产的风险状况所做的判断与选择和事实相去甚远。在通常情况下，效率低下并不可取,但也并不是效率越高越好,这就需要衡量某种效率水平的对价,即追求效率提升的收益及其需要付出的成本。当我们适当放弃效率(包括放松对效率提升的追求)时,可能会有其他收益(例如当我们付出效率时,可能收获的是安全性和低事故率,这并不是一个传统观念中的对称性风险评估问题);反过来说,这个收益也就是我们追求效率提升所需要付出的成本。

因此,效率问题不应该仅仅被当作风险管理的目标,而应该将效率作为自变量纳入整个风险管理的决策过程。想得到效率提升,就要付出相应的风险成本。无论是效率优先,还是公平优先、品质优先等,实际上是非对称的治理层面的选择和取舍,是重要的风险管理课题。这也是在引入不确定性(不确定性的普遍性)以后,风险管理理论对不确定性问题的进一步内化。另外,把效率问题纳入不确定性理论并建立非线性的逻辑函数和计量方法,将会是风险管理理论的重要突破。

## 五、第三方立场与垂直风险管理体系的价值

在现代经济活动中,无论是频繁的银行交易还是复杂的公共事务治理,一个共同的理念始终贯穿其中——确保行为的独立性和决策的专业性。正是这一理念塑造了第三方立场与垂直风险管理体系的基础价值。

在商业银行中,独立性和专业性是垂直风险管理体系的灵魂,就好比汽车的刹车必须与油门分开,风险管理者须握有独立之权力,履行稳健踩刹的职责。从信贷风险管理部的诞生到风险管理体系的垂直化改革,我国银行业从层级至单元,从混沌至秩序的跃迁历程充分反映出风险管理组织结构的不断进化与强化。而风险管理的专业性,则是其内在价值的最佳展现——业务与风险的紧密丝线不可割舍,而专业性正是让结构化风险得以转化为增值潜能的炼金术。

回望市场交易,信息对称性的缺失犹如暗流涌动,隐藏着道德风

险、逆向选择之类的深渊。然而,第三方立场犹如一座灯塔,照亮交易公平的原则。从实现交易内容的专业评估,到保障信息与数据的真实可靠,再到提供双方利益平衡的中介服务,第三方立场的介入,是在信息劣势和潜在交易风险中寻找平衡的关键所在。

不止于此,在法律领域中也可见第三方立场的价值所在。当公众舆论对野生动物园的管理质疑时,第三方立场的缺失让园方的自审自判变得无力。在模糊和争议的事件中,如果能够借助无利益冲突的第三方机构进行公正客观的调查与分析,那么分清事实、厘清责任、还原真相的愿景唾手可得。

第三方立场不仅体现为在经济交易中寻求透明和公正,还体现在追逐事实真相的道路上。在我国法律体系的庇佑下,第三方调查制度可以为法治社会注入一缕新鲜空气。而这种空气,不仅仅滋养了社会对公平正义的向往,也守护了每一份合法权益的圣洁。

总之,第三方立场和垂直风险管理体系共同组成了金融安全的经纬,它们是确保交易正当、管理有序、公共治理透明的重要纽带。如同穿越商业丛林的明灯,它们引领我们在变幻莫测的不确定性世界中迎接每一次挑战,把握每一次机遇。正是如此,它们在当今世界的法律与经济秩序中存有着无可替代的价值。

## 六、防御性决策、道德风险及逆向选择的法律考量

防御性决策是权力官员在激励不足时常常会采取的决策姿态。在方案选择时,由于方案的收益与决策者无关或相关性不均衡,决策者首先要考虑的是对后果所要承担的责任,为了使决策能够在尽量不承担责任的前提下获得收益,决策者通常会采取防御性策略,即所选择的方案可能不是收益与风险均衡的最优方案,而是对自己的责任状况最佳的方案。

与防御性决策类似的还有防御性管理、防御性行政、防御性作为

等,一些官员不作为属于防御性工作态度。还有些官员乱作为,如要求办理有关民政事务的公民先证明"你妈是你妈""你爹还活着"等,甚至出现民政部门要求公民去派出所办理身份证明或没有犯罪前科的证明,而身份证的身份证明作用却被搁置。这些现象的心理本质都源于防御性作为,只要自己不担责任,麻烦别人都与己无关且对己有利。

防御性作为和决策源于激励不足、体制受限和个人修养欠缺。激励不足会使行政管理人员缺乏主动作为和积极决策的动力。在考核与利益关联不大,而仅仅与惩罚关联较大时,决策者当然会选择防御性姿态。体制限制是指如果政府机构行政权力过多过大时,那么防御性决策和作为的总量就随着加大,这对社会效率和个人的伤害就会更大。行政官员个人修养的状况当然也会影响作为和决策质量,一个有教养、有信念、有情怀、敢担当的人的防御性的念头会少一些。解决官员的防御性作为模式的问题要在完善体制改革和官员素质上想办法,任何道德号召和法律手段都是南辕北辙。

防御性决策是管理方式和体制的缺陷造成的,这类行为处于法律上的盲区,受到损害者往往无法追究决策者行政或法律责任,这同道德风险不一样。道德风险是20世纪80年代西方经济学家提出的一个经济哲学范畴的概念,即"从事经济活动的人在最大限度地增进自身效用的同时做出不利于他人的行动"。或者说是,当签约一方不完全承担风险后果时所采取的使自身效用最大化的自私行为。道德风险是市场中的常见行为,通常由信息不对称引起。参与交易的一方常常会利用信息不对称同客户签署对己有利但损害他人的协议,如保险条款暗藏的理赔障碍等,或者是投保人因转移了风险而对保险标的物不尽职管理,公司管理层利用信息优势损害股东利益,金融机构人员利用信息优势挪用客户资金等。道德风险行为大多是签约后的执行问题,是一种事后投机行为,因此是受到法律约束的:一是道德风险带有欺诈性,弄不好会触及刑律。二是在信息不对称条件下签的合同,受损者可以申请法律救济的理由也较充分,因为当事人不充分了解信息而签约的合同内容可能并非自己真实的意思表达,所签合同可能最终不受法律保护而被要求恢复原状,使受损者挽回损失。三是若发生显失公平的合同关系,当事人可以请求法院撤销合同,恢复公平。但道德风险不是指某人道德败坏,而是指某种不公平的交易状况。

与防御性决策和道德风险相近的另一术语是逆向选择。逆向选择是指由于交易双方信息不对称和市场价格下降产生的劣质品驱逐优质品,进而出现市场交易产品平均质量下降的现象。

逆向选择现象源于交易合同签订前的信息不对称。例如在旧车市场上,高质量汽车被低质量汽车排挤到市场之外,留下的只有低质量汽车。也就是说,高质量的汽车在竞争中失败,市场选择了低质量的汽车。这违背了市场竞争中优胜劣汰的选择法则。平常人们说选择,都是选择好的,而这里选择的却是差的,所以把这种现象叫作逆向选择。以医疗保险市场为例,由于投保人比保险商更清楚地知道自己的身体状况,而且投保人不仅不愿意诚实地披露与自己的真实风险条件有关的信息,甚至有时还会制造虚假的或模糊的信息。这样,在订立契约时,如果保险公司无法鉴别隐瞒信息的投保人而采取"一刀切"的方式,即将风险程度设定为某一平均程度,那么,那些患病风险程度高的人就会倾向于投保,而那些身体状况较好的人则不会购买医疗保险。结果,保险公司就会面临着较大的赔付概率,甚至可能亏损。这是一种典型的事前机会主义行为,即逆向选择。此外,在金融市场上,逆向选择是指市场上违约风险很高的融资者,往往就是那些寻求资金最积极且最有可能得到资金的人,结果与市场规则逆向。

逆向选择是市场参与者隐藏了某些不利于自己的信息而造成的结果逆向。逆向选择是健康市场所要防范的行为,一般通过技术措施提高信息对称性来纠正。因此逆向选择是一个市场规则完善和风险管理技术问题,而不是道德或法律问题。

在市场环境下,厘清一些市场行为的法律责任状况,从而引申出有关立法与司法的新的认识和原则是现代法学及行为研究和司法实践的新课题。法治的本质是为人性与社会发展模式设定边界并提供保护,而不能仅仅是行政权力的坚硬外壳。

## 第三节　宏观治理层面的风险取舍与决策

### 一、市场是分配风险的最佳工具

风险管理不是干预经济过程而是选择交易对手和条件。市场中的"看不见的手"是降低风险概率、合理承担风险的最好工具。不要追求精确的风险计算,市场才是促进收益大于风险,合理承担和缓释、分散、消化风险损失的场景。

市场消化风险的要害是风险承担,有风险承担的后果都不是危机。市场是最适应不确定性特点的经济制度安排。而且市场本身就是在经济元素和商品不确定性运行碰撞中自发形成的,具有天然的承担风险的机制。其中市场及风险承担(不确定性方向)与风险管理控制交易(确定性方向)是两个不同方向的选择。

传统的风险管理观念企图通过限制不好的或者有问题的交易来减少风险损失。不好的或者有问题的交易都是主观划分,本质上是试图建立一个确定性的正确的交易框架,而不符合这个预设的框架的交易就是最好的交易,因为这种预设常常脱离实际。实际上即使是不良贷款的资产,大多也只是时空错配的结果,并没有"不良资产",只有不当的配置。

所谓经济危机或系统性风险只有在风险超级集中又缺乏风险损失承担的市场主体时才有可能出现,正常市场活动中的损失现象正是风险承担机制作用的结果。毕竟经济危机不过是人们主观上的有利无利标准下的认定，常常是心理上的问题。真正市场条件下的风险并不可怕，每一个市场参与者都会根据自身的风险承担能力选择合适的交易。而导致系统性风险或经济危机的风险超级集中，也只有在非市场能力（行政权力干预、垄断干预）作用下才能出现。

所以市场才是通过风险分散承担来合理分配收益、合理承担风险的神器。风险管理者需要做的不是干预交易，而是维护市场秩序和交易信息的透明与对称，从而促进交易的有效性、合规性。

在市场环境下，应该坚持谁承担风险谁决策的原则。不承担经营风险而能干预交易的权利者，无论是监管机构还是上级部门都会以"防御性决策"的姿态，从排除责任的目的出发，做出次优或更次的决定，而非市场竞争需要的最优决策。

要相信市场对风险定价的功能，其中的风险承担是自由市场的核心，定价的持续波动是来源于四维空间不断向三维空间的过渡，每当一件风险出清时，市场所显现出来的信息就更多，价格受其影响出现波动，在预期与现实的博弈中形成了收益与损失。要确保风险承担核心思想的成立，政府就必须制定相关的规则，用法律切实保护交易者的权利，让价格发挥出市场的红利。不过，应该提供什么，不应该提供什么，应该有一个清晰的界限。当风险承担出现倾斜时，例如所承担的风险远大于预期回报时，就会出现防御性决策，在金融行为上体现为最小负债化。

目前风险管理主要强调对风险的控制，尤其是对一些风险相对较大的交易进行限制。但风险本身就是一个主观概念，其实并没有什么好坏之分，关键看对谁而言。所谓好的交易或不好的交易，只是人的主观立场的判断，是风险的主观性表达。所以从不确定性原理出发，一方面要相信市场的能力，相信市场就是最完美的风险管理工具，通过市场可以做到有效的风险分配与承担，并在此基础上实现有效的资源配置；另一方面要防范主观立场的影响，避免基于风险判断对交易行为做出好或坏的区分,更要杜绝传统的以干预所谓的"不好"交易为主要取向的风险管理理念。不论是监管部门还是具体的风险管理部门,都要从不确定性原理出发,充分认识市场的风险管理作用,减少对市场交易的干预。

## 二、防范系统性风险

前不久,随着股市房价下跌和经济景气度不佳,大家对系统性风险表现出担忧。风险来源于不确定性,从不确定性角度来看,风险是不确定性的主观表达。所谓风险管理都着眼于防范损失或降低损失,但风险其实是有收益与损失的双重属性。所以管理风险不是单纯地避免损失,还是要回到高风险、高收益的观念上来,重点是完善风险承担机制。

从宏观来说,风险分散是经济运行的良性状态,很难形成系统性风险,系统性风险是风险集中的结果。通常系统性风险的爆发是由于无承担的风险敞口太大,而且常常集中于发展速度快、规模大、交易密集的行业领域。因此,从长远来看,要避免系统性风险的频繁发生,主要应该警惕的是行政力量自上而下通过产业政策推动某一行业发展,从而产生大起大伏的波动。因为自上而下的行政推动最容易产生集中且无承担的风险,而自下而上的市场自发通常是分散的,且是有明确风险承担的。另外需要注意的是,金融只是风险传播的放大器,不是真正的风险来源,解决系统性风险要透过金融看到行业产业的本质。

## 三、集中与分散的风险治理模式选择

当前中国应该从风险集中模式向风险分散模式转变。《南方金融》2018 年第 11 期发表了笔者的论文《中国金融系统性风险指数、拐点及控制研究》。笔者在文中提出了系统性风险防范模型。该文认为风险在正常情况下往往处于分散状态,尚未构成全局性影响,但是一旦风险开始出现逆向运动——由分散走向集中,系统性风险就开始有全局性影响,因此将风险出现逆向运动的状态定义为第一个拐点(A点)。为了能够观察到风险逆运行,需要寻找相关的观察指标。这些指标往往存在于"发展快、速度快、规模大和泡沫大"的行业中,当风险在这类行业中积聚,就出现了第二个拐点(B点)。在这个拐点状态中,我们能够观察到并清晰地判断出现风险集中的地带、规模和风险敞口。如果任其继续发展,那么系统性风险将进入第三个拐点(C点)。此时系统性风险已经进入极端状态,系统性危机将要爆发。因此,研究系统性风险的预警体系,如果只定义危机爆发的拐点(C点)就太晚了,也起不到任何防范系统性风险的实质性作用。事实上,当风险接近A点,即开始向集中运行时,就要及时提供相关的预警,从而实施具体的风险管控措施以阻断系统性风险的逆向运动。

中国四十多年的经济快速增长,实际上一方面表现为经济价值数据的增长,如GDP的增长,另一方面也表现为风险在一些行业的集中,如房地产的高杠杆。按照笔者对系统性风险的定义,就是随着经济的快速增长风险敞口从正常的分散状态,逐渐地集中在某些行业或区域中,达到一定的阈值,就可能会导致系统性风险的爆发。近几年若干行业的风险"爆雷"印证了这一风险理论的基础原理,也提示整个社会经济治理需要从规划引领、集中发展的模式调整为市场引领、分散发展的模式。不能再走集中快速发展,风险明显集中,突破各种拐点,而引发系统性风险的老路。要深刻理解,风险分散才是经济发展的常态。

在传统风险防控措施观念中,人们常常把收益与风险代价分开观察,而不是看成一件事的两个侧面。算收益账对应的是财务成本,算损失账对应的是当期损益。人们常常忽略了当风险收益快速实现时,风险损失也在快速集中,从而呈现出风险从分散到集中的逆运行,最终会导致系统性风险(损失)的集中爆发。

不仅仅是一般的经济活动,就算是成熟的工作流程或者工业产品生产工艺流程,在效率提升的背后,也隐藏着创新能力的限制、个性能力的约束、工艺革新的限制等可能的风险损失。其实所有看似科学的流程都会付出风险成本，只是人们更喜欢强调它们的好处并掩饰未来可能产生的痛苦。

如果要总结的话，前四十多年市场化改革取得了惊人的成效，但是受限于市场化程度，行政引导的力量仍是资源配置的主导力量，而行政力量介入经济与市场的本能就是发挥其调动资源的巨大能力，规划和策动超过市场常规能力的大型的、大规模的经济活动。为了促进这些宏图大业，人们常常会有意无意地强调风险收益（好处），掩饰或淡化风险损失（坏处）。

在这样的模式下，虽然可能会获得快速增长，但也会聚集巨大的风险敞口，尤其是在快速发展的行业领域，因为风险都隐藏在收益之后，常常不被轻易察觉。

在社会转型升级的过程中，这样的风险集中模式当然很难避免。但能否及时醒悟，及时调整到风险分散的发展模式，却能决定我们未来的高质量发展能否实现。

在不确定性原理框架下，并不存在一成不变的理论和经济治理制度。人类的智慧在于不断的理论创新和制度改进或治理模式的转换。就像凯恩斯主义在市场功能尚不健全的历史条件下，的确是应对经济衰退和危机的思想武器，但不能看作一成不变或放之四海的真理。在风险管理制度安排上，"巴塞尔协议"也像凯恩斯主义一样有点走偏了，尤其在计量工具的使用、借用行政力量监管和监管中对信贷行为的干预方面，都超越了行业自律的初衷，值得警醒。

如何看待社会经济治理中的风险模式，除了集中与分散的转型外，还有速度的快慢。经济速度同风险敞口规模成正比例关系，经济较长期快速增长之后，适时转型为慢型发展模式也是重要的风险治理观念。

美国安联首席经济顾问埃尔-埃利安曾批评美联储主席鲍威尔缺乏远见，"不了解前方路况是无法好好驾驶的，不能只盯着后视镜开车"。

他认为，美国经济过度紧缩的风险真实存在。不能只盯着通胀预期，还要兼顾发展，防范紧缩风险。这种分歧也反映了不同的时期采用不同的风险治理模式，是一个重大的经济社会发展战略问题，对此不可掉以轻心。

**从社会治理模式视角探讨风险管理架构的独立性**

一直以来，业界可能在讨论的一个问题是：金融机构或其他社会机构要不要设立一套独立的风险管理体系？直至今日，笔者认为这不应该成为一个问题。一类事物如果存在广泛的利益冲突，就应该纳入社会治理人框架当中。毫无疑问，就像我们会计事务的审计体系，由于涉及各种主体的利益上的公平处理，不仅涉及对前一期的评价等问题，也涉及当期和下一期，而这些都会产生广泛的利益冲突，所以必须纳入社会治理的大框架当中。因此，全社会都应该建立起具有或者相对具有第三方立场的、独立的风险评估与评价体系。没有第三方立场，就无法不带偏见地看待一件事物的本质。真实性是风险管理的一个最基本的前提要求。

正确评价风险状态，防范风险的转移，保证社会的公平，需要有第三方的立场。银行内部独立的风险管理体系要能够制衡银行行政管理的权力及对信贷决策的影响，这并不是说不需要行政管理，也不是说风险管理体系很了不起，而是说明了二者之间实际上是一个制衡的关系。风险管理系统如果能做到垂直管理的话，相对而言，就能够比较客观地脱离利益取舍，做到公正客观的独立判断。如果要让机构正常运转，建议还是要有约束，要有第三方立场，要有一个公正公平的机制。所以，第三方的、独立的风险管理体系是一个社会所必不可少的，就像审计、会计、价值评估、风险估值、风险评级都属于专业性、技术性、公平性很强的一些经济活动，既要相对独立地发挥功能，也需要第三方立场。最终，只有将公平法治纳入社会治理结构框架中，才能够确保社会经济活动的总体公平，才能均衡社会成员之间的利益关系，使其不受到侵害。

## 四、风险管理的价值发现功能

在传统的风险管理框架体系中,风险管理的作用更多是"最大限度地减少损失"。在不确定性的理论框架中,风险具有损失和收益的两面性。因此,风险管理不仅仅指的是对未来可能出现的损失进行管理,更具有发现远期价值的功能。而传统的风险管理,都是以发现问题为结论,完全忽视了价值发现的一面。

以不确定性为起点,异度均衡的理论提出了有限理性的假设,通过计算经济活动的均衡区间,为宏观经济和微观经济活动提供了均衡计量模型。现行的评估模型大多建立在当前经济的现金流基础上,而忽略了未来成本的影响,其中还存在主观的评价机制,所有的财务预算、预测都是按照财务年(一年)为周期的,但在实际生活中,亏损和盈利的事情并不会因为财务年的周期而发生改变。异度均衡所纳入的完全成本观及总收益与总损耗更符合经济本义的评价方式,其中的收益及损耗分为显性部分和隐性部分,显性收益或损耗主要指与某项经济活动相关的直接收入或支出,隐性收益和损耗主要指由该经济活动带来的外部收益和消耗。由于经济活动的影响是长期的,因此将隐性收益分为当期隐性收益和未来隐性收益,同样将隐性损耗分为当期隐性损耗和未来隐性损耗。在考虑到了时间、空间、机会与公平四个维度之后,异度均衡的风险管理站在了更广泛的角度上,透视了未来宏观成本与收益的可能性,能够更好地支持投资决策。

### 利润的本质

在奈特的理论中,他强调企业的利润源于不确定性。在一个完全自由的市场环境中,企业的利润主要来源于交易。购买行为是供需双方之间的契约,它证明了卖方商品对买方具有价值。这种简单的供需关系构成了当前的市场环境,同时也为企业提供了供给侧输出的机会。

不确定性是自然存在的,而文明的进步源于人类不断尝试改变这种风险形态。这种对抗不确定性的行为表现为技术创新和制度进步。通过技术创新,我们不断克服生存挑战,如医学进步显著延长了人类平均寿命,水利和农业发展满足了人口增长的需求。然而,技术进步需要巨大成本,这就产生了对利润的基本需求,只有持续盈利的企业才能实现技术突破。此外,高效的管理制度(或秩序)也至关重要。在高效的管理制度下,资源配置达到最优,产出效率达到潜在增长水平。虽然管理模式不直接与利润挂钩,但它可以影响最终利润波动,并决定技术进步的速度。最后,风险管理旨在减少损失,合理规避可预见范围内的损失将对最终利润起到关键作用。例如,针对自然灾害、经济波动等都是可以提前制订避险计划的。一个著名的案例是,当麦当劳公司开始减少采购、削减工作岗位时,经济通常会在三个月内出现较大波动。

所以,企业利润的真正来源,表面上是奈特所讲的风险收益覆盖风险损失的结余,但本质上是企业技术运用和组织先进性对各种不确定性形态的改变所带来的收益概率的提升。我们在"风险管理在管什么"一节中对此有明确的阐述。

从宏观角度看,利润的本质与人类努力改变不确定性的形态存在着直接联系。在此背景下,金融市场作为技术突破的一部分工具而为其服务。此外,建立健全高效的管理制度及实施及时有效的风险管理将有助于提升边际总产出并减少损失,从而增加企业的利润。

## 五、零风险与零容忍

损失与收益,是风险的两面,如果不能容忍风险的存在,或是认为可以通过形态的调整将未来的四维空间中的损失抹除,那么这一想法绝对是不理智的。风险承担意味着同时承担了损失和收益的可能性,经济的增长一定来源于持续的正收益,这同时意味着持续的风险承担。如果人类担心损失,对不确定性抱有零容忍的态度,那么不仅仅是不可能实现技术进步,更加不会走出丛林,文明也就不会延续。

从不确定性原理出发,不确定性分布决定了风险是不能消灭的,所以当年金融监管部门对商业银行提出的"零风险"要求是荒唐的。一定的资产规模必定存在相应的风险敞口,一定的风险敞口也会带来相应的风险损失。除非消灭信贷,否则无法实现零风险。更进一步地讨论,如果是零风险,那么利率作为流动性价格的锚就失去存在的意义,投资也是没有意义的,这样倒退来看,银行的价值就微乎其微了。最后,货币就失去了其派生的能力,那么我们是不是可以回到以物易物的时代去?

货币是一定要派生的,这是经济增长中的货币理论的基本原则。这个派生的过程就存在风险,当我们讨论风险的时候并不是说风险一定会出现在哪里,强加到谁的头上。一个自由交易的市场可以为风险定价,这个定价的背后是看多与看空者的博弈。剔除信息、行为金融学等问题,市场本身对风险的定价就是公平公正的,风险承担者承担着远期盈亏的风险。在这样的市场竞争环境下,任何交易下的风险只要有承担者,就不会积累成社会风险。只要市场能有效地通过风险承担机制将风险分散,就不会出现风险聚集的系统性风险。真正引起系统性风险的,常常是行政力量引领下集中力量快速发展的红火一时的行业部门。这种对远期的硬性规划,无法包容地看待出现的损失的行为是脱离市场的,最终会带来市场的扭曲,体现为风险价格的错误估值,迫使资产价格脱离,最终导致空转现象。

在社会行为的差错概率上呈现同样的不确定性原理。我们通常借用墨菲定律来说明社会运行中不可能存在无差错、无差别的理想化情态。只有停滞的社会才无过错。尽管所谓过错亦不过是部分人的主观意愿。拿一部分人主观臆断的所谓过错规范其他社会成员的行为本身就带有高度的不确定性。对于创新型社会来说,科技进步都是以失败和过错为成本的。发明创造都是偶然性产物。在不确定性经济原理中,我们尝试用沉没成本来衡量一个社会的创新能力,沉没成本太高,说明社会创新能力强但管理能力差，沉没成本太低，说明社会创新能力弱，或者包容性差。

当下的躺平现象，尤其是行政人员躺平，很大程度上源于对不规则行为和差错、风险损失的容忍度不够。在各种行政责任和政治压力下，不科学的"零容忍"导致许多人选择防御性姿态，即少干事，不干事，则责任最少。这虽对个人来说，可能是最优选择，却会将社会整体引向衰朽。

经济生活中的"躺平"是经济预期和环境约束的综合产物。从不确定性原理看，良好经济预期来源于稳定的经济规则和市场秩序。市场监管者如果对市场行为持有所谓"零容忍"的态度，那也只能倒逼市场参与者选择"躺平"，以求止损。

一个正常与生动活泼的社会应该具有适当的容错机制。承担风险意味着接受了未来的收益和损失，这个代价是系统必须要允许的，除非直接选择了停止。提升容错率以承担更多的风险是获取更多机会的唯一方法。总的来说，对于一个系统、一个团队、一个生产流程、一件工程设计等而言，客观上都会存在一定的犯错现象，不同的体系或系统会根据对犯错的容忍度不同而实施不同的犯错管理。

几乎所有的创新都需要经历思维与方法论层面的犯错才会找到正确的方向。几乎所有的新产品都需要有反求机制来寻找弱点，几乎所有的科学技术进步都需要有犯错的试验才会成功。一个提倡全民创新的社会，首先要做的是建立容错的社会机制和观念。容忍过错和失误是一个正常社会的正确观念，不能容忍错误的社会绝不是创新社会。容错观念不仅是一种社会文化和道德理念，而且是建立在具体的行政与法律制度、风险识别与防范措施基础上的。

在法律方面，容错表现为对各种创新行为的过错追究方面的宽容。在经济、民生、创造等领域的新方法、新产品、新思想等，造成他人或机构损失的，一般不应该产生刑事责任，而只承担民事责任，在民事责任中也应有充分的免责条款,即除了不可抗力外,应有试错的免责条款。在崇尚严刑峻法的国度,法律制度的宽容精神才是社会文明程度的体现,才是社会创新能力的动力和保障。

风险管理原理认为,风险是客观存在且无法消灭的。所以过去曾经有过的对风险事件的零容忍态度其实是很无理的。在经济生活中,一定的速度和规模总是会带来一定的风险敞口。收益越高,风险越大。越是创新,越要承受风险。再聪明的管理者也不可能终生保证每项决策都永远正确,除非他能掌控事物的未来,排除一切不确定性。再厉害的天才也无法确保所有的创造都会永远盈利。世界是不确定性的,任何未来都存在收益与损耗两种可能。

正确地看待风险是社会经济进步的先行条件。在整体上,应该以包容的世界观对待风险,包容差异,包容创新,包容过错,包容调侃,包容个性,包容冒犯。动辄对过错给予道德批判,不承认过错的客观性,迷信惩罚的绝对作用,不理解过错是成功的必要成本,这是某种文化缺失。尽管许多过错有道德原因,有犯错故意,也应受到惩戒,但许多过错源于心理规律和客观事物因果关系,我们要做的是顺应规则,减少过错,而不是简单地以惩罚应对。在整个经济体中,接受沉没成本的存在,允许错误,特别是要允许创新道路上的错误至关重要。

## 六、风险偏好与不确定性取舍

不确定性总是在未来呈现出不同的结果。我们尽管可以通过构建相对稳定的预期预判未来,但最后仍不得不面对选择:不确定性收益和损耗这两种可能性,你更偏向于哪个?或者说你愿不愿意为了等待收益而准备承担损耗?这个取舍的标准和程度就是风险偏好。社会治理层面和个人投资决策都需要明确风险偏好作为取舍依据。

风险偏好是指个人对于风险的承受能力和偏好程度,大致分为厌恶型、激进型和中立型三种。其实许多社会治理问题,追根查源也是一个风险取舍问题。效率与公平、集中与分散、企业垄断与竞争、安全与经济增长等,其本质也是在风险偏好基础上对风险收益与损耗的考量与取舍。

社会制度的构建及其完善与发展也可以作不确定性分析和收益与损耗的考量。熊彼特的《经济发展理论》对资本主义社会和社会主义制度作了很多分析。熊彼特认为,尽管资本主义在推动经济发展方面表现出色,但它最终会因为自身的成功走向衰落。他的核心观点是,资本主义的成功会导致社会结构和文化价值的变化,从而引发大家对资本主义制度的质疑和抵制,特别是来自知识分子和社会大众对不平等和垄断的反感。

在熊彼特的理论中,企业发展是一个产生并克服官僚化的过程。企业家是创新的主要推动者。他们通过创造性破坏引导经济发展。然而,随着企业规模的扩大,资本主义经济中的创新动力会被大型官僚组织所抑制。熊彼特认为,这种官僚化趋势将削弱企业家的创新精神,使得经济变得僵化和缺乏活力。

熊彼特提出的精英民主理论与传统的直接民主概念不同。他认为,民主制度的实际运作是由一小部分政治精英通过竞争性选举来掌控的,而不是由全体公民直接参与政治决策。熊彼特强调,民众的角色主要是在选举时选择精英,而不是在日常政策制定中直接参与。

熊彼特分析研究了社会主义的可行性和可能性,指出在理论上,社会主义可以通过集中的经济计划来解决资本主义中的不平等和资源分配问题。然而,他也指出社会主义面临巨大的挑战,特别是在保持经济效率和个人自由之间的平衡方面。

比较典型的例子有如下几个:

一是电子支付工具的广泛应用,逐渐使得每个人都付出了隐私权或者被动地付出隐私透明的代价。在许多国家,现金支付几乎消失,每个人、每个家庭的资金状态及其划转支付的时间、方式、对象、交易内容等几乎都已透明化,且不论支付传统对人们生活方式和文化观念产生的深刻影响如何消化,光是这种透明化程度就已经使人们付出了巨大的隐私权代价。当然技术进步可以改变人们的生活方式,但隐私权是人类社会存在的基本价值,如果没有个人的独立性,人类的社会性终将不复存在。如果技术进步是以个人付出隐私权为代价,显然这种局部和环节上的效率不仅毫无意义,反而会毁灭整个社会的底层构造。

二是汽车电子配置技术录像录音装置,为了能为某些概率下发生的事故或司机与客户之间的纠葛还原事实真相,现在的电动车大多数自带了从客人上车到下车全过程的录音录像功能,许多互联网租车平台装置的软件,也具有这样的能力。在技术至上的扭曲观念下,这些数据获取安排似乎完全没有顾及乘客的权利,尤其是隐私边界。

三是经济安全与经济增长。二者是相互对冲的零和关系,强调安全就会增加运行成本。不仅如此,由于不确定性的原因,这里还存在一个制度效果的合理取舍问题:强调安全就有可能限制市场,丢失交易,从而会舍弃一部分经济增长。反过来也一样。

四是大数据运用。当数据收集能力达到海量时,数据运用便更加广泛,会带来新的经济机遇和效率。但广泛运用需要广泛的数据收集能力,如布满天地的摄影、录音、感知器材等,广泛的运用更需要强大的算力支撑,算力则需要超过我们经验想象的电力和其他能量支持。如果用于生产,则存在对收益与损耗之间有利无利关系的风险权衡问题;如果用于社会安全监控,则是社会治理成本耗费,需要衡量治理成本作为公共服务产品的得失即收益与损耗的关系。一个正常社会应该将这类治理成本尽量降低。

所有的事物都可以总结为好的一面(即符合预期的一面)与不好的一面(即不符合预期的一面)二者的取舍。这是不确定性带来的现实问题,无法回避。

### 七、风险转移与公平

把风险原理提升为经济学可以运用的理论和分析工具，主要是把时间、空间、机会与公平四个因素中的收益变量和损耗变量都纳入经济学分析框架中。

从风险原理出发，经济行为中需要防范四个问题：

一是风险在时间维度上后移，即把风险成本留给未来，而把这些成本作为当前的收益计算后获得企业利润或个人薪酬。在时间维度上未来可能发生的损耗应当成为当期经济分析的重要变量。

二是在空间区域上转移风险。如果甲地的发展是以乙地的损耗为代价，则是一种风险的异地平移，会产生不公平的发展结果，这是以相应的机会成本为代价的。所以甲地周围地区的机会损耗和风险增长也应该成为异度均衡的重要数学变量。

三是风险隐藏和承担者转移的手法导致了当前经济的不公平后果。经济主体用各种不道德的方法隐瞒了未来的可能损耗，这也是一种严重的信息不对称，会使得当前的发展侵占未来的成效与收益。例如造成严重污染的投资或过度开发、超速发展都会导致对代际公平的侵害。所以各种非道义手法的发生概率及损失率也是重要的异度均衡变量。

四是机会成本和沉没成本被忽略。完整的投资成本应当包括财务成本、机会成本、沉没成本和风险成本，但长期以来，机会成本没有得到计算上的承认。在现代管理会计中，机会成本是重要的方案比较参照，但没有真实地被计入当期成本。因此，机会投资所带来的收益和损失应当是异度均衡的重要变量。沉没成本则被掩盖在财务成本（冲销）中成为隐性成本。

# 第四节　风险管理技术重构

## 一、关于风险的客观性与主观性的认识

现代工业文明和科技文明给人类带来快捷、效率、透明化、信息对称、舒适等体验的同时，其带来的负面影响、风险敞口也越来越侵入人们的生活，比如工业安全事故、自然灾害、环境污染、核事故等，当现代社会不确定的总和达到一定程度时，便会不同程度地进入风险社会。我们必须面对现实，具有面对风险的态度，积累消化风险的方法，建造缓释风险的工具。同时，也要抓住风险带来的机遇，在风险丛生的文明环境中生存与发展。所以在现代社会，人类所面临的主要风险大多来自人类自身的活动。

不确定性的客观性是由物理世界的运行本质决定的。不确定性给人类带来了各种失败的烦恼和成功的快感。面对烦恼时，人们产生了追寻确定性的梦想；面对快感时，人们产生了如何获得快感的智慧也就是应对不确定性的智慧。例如人类对公平与效率的追求，绝对的公平是一种确定性构想，如果真的实现了，那么就会付出效率低下的代价，因为效率是基于不确定性和差异才能获得的价值。公平是主观意识的产物，而效率是不确定性的客观性表达。人类已经学会了在公平与效率之间取得平衡。这其实就是在主观愿望与客观可能之间寻找平衡点。

如果说不确定性是客观存在，那么不确定性导致的风险判别就是一种主观立场。

正如陈忠阳教授所说，现代风险管理发展的软肋在于过于偏向强调基于风险客观性认知的风险计量、定价、转移、配置和组合管理，而忽略了对风险主观性，即人对风险认知、偏好、立场态度和利益诉求等主观

因素的认知,进而对风险治理、战略和文化等更高层次的风险管理机制的建设发展不够。这种认知偏颇也是多少年来全球范围内"重大金融风险"发生的重要原因。

1. 风险的主观性:五级分类和不良资产问题

风险是一种主观设定的结果划分。所谓事物的好坏与价值几何,都是在主观立场下设计的规则基础上形成的结果判断。银行不良资产的五级分类及更细的十二级分类,客观上与这些数据所指向的物理资产并无直接关联,而只与资产经营者的认知和行为方式有关。笔者强调这一点是要表明:划分资产只是间接归类,而划分负债人的行为和认知能力的归类才是直接反映事物本质的管理。

之所以出现这样的情况,是由财务制度决定的。财务,当然也是一种抽象的主观概念。就像年度的划分并不改变日月星辰的运行一样,财务年度时段的确定并不直接改变资产的运行状况,但人们会为了这个划分而有意无意地改变某些经营行为或设计出相适应的行为模式。银行的资产五级分类就是这种逻辑的产物。

银行的五级分类是对贷款资产进行风险评估的一种方式,旨在有效规范银行的贷款业务,提高资产质量和风险控制水平。具体来说,银行会将贷款资产分为五个等级,分别是:

(1)正常:指借款人能够正常偿还贷款的情况,这是银行最希望看到的贷款类型。

(2)关注:表明借款人存在一些问题,但偿还贷款的能力仍然较强。

(3)次级:指借款人已经出现一些还款困难,但仍有可能偿还贷款。

(4)可疑:表示借款人已经无法偿还贷款,或者贷款已经逾期很长时间。

(5)损失:意味着借款人的贷款已经无法收回,或者收回的可能性很小。

不良资产是某些扭曲的管理行为的表现,许多看起来愚蠢的事件背后都有一个灰色的故事。有人说,如果不是有那么多不良资产核销,就不会有那么多的富豪。的确,银行认为的不良资产,主要是银行年度财务报告的需要,资产就是资产,只遵循它自身的因果变化,称之为不良资产其实是错位的主观划分,反映了风险偏好的主观性。

所以,不良资产只是银行或企业业务经营水平的反映,只有被错配的资产,没有什么不良资产。

不良资产既是反腐的线索,也是提升管理水平的依据。从根本上讲,银行的账面损失一定会表现为相关企业或个人的账面收益。

不良资产是一种风险现象,体现了风险的主观性,是不可能消失的,错配总是存在,因此不良资产处置是一个常态产业。

由于不良资产是企业和银行报表中的一部分,需要法律责任的约束,以防止防御性决策导致的资产错配。

法律规范和风险控制最终都要促进交易行为的有效、公正和可追索救济,而不是只盯着防止交易出错。因为对与错仍然是某种主观划分标准的执行结果。真正减少交易出错而造成资产错配的方法,是市场机制和市场主体的风险承担。有人承担的风险都是人们对资产收益可期待的风险,大多数情况下,这一风险下的收益能够覆盖损失。市场"无形的手"止是基于对风险承担者判断后的交易选择。

## 2. 风险损失就是不如人意的额度

风险的主观性决定了风险只是一种主观判断,是事物发生的可能性,是发生概率与主观设想的偏差。一艘远洋货轮倾覆,是损失,而事先估计的概率或预拨的备付金就是风险准备,预估结果与实际发生情况的概率差和损失差就是风险损失。换句话说,不如人意的部分才是风险损失。

所以风险损失就是主观计量的结果与实际发生的结果之间的差额。超出预期的损失需要重新分配其相应的承担对象才会成为管理中的问题;已经明确承担者且没有超过预先损失准备的,才是风险管理的对象。

在不确定性理论中,不确定性分布属于无法主动改变和管理的或然性,类似于不可抗力的自然灾害或社会原因带来的无法预计的或然性,如战争的发生和进程,人类主要靠经验和常规准备(应急预案)来应对。企图战胜自然的力量是愚蠢的,也是不经济的。而不确定性形态的变化却是可以观察、积累数据、寻找逻辑因果,以及建模计算其概率和可能损失的。因为可以计算,便决定了其可以管理。人类一般通过科技进步改变不确定性形态带来的收益或损失的概率,如人总是会死亡,但人类医疗卫生科技的进步可以增加每个成员的生命长度,这就是风险管理。

笔者有一位四川的陈姓老朋友,5·12 汶川地震后,沉迷在预警地震的研究中。最早是想用大数据的思路来收集震前各种环境反应数据,从而及时预警。他认为哪怕是提前一分钟报警也能减少很大数额的人财物损失。他将原来做生意赚的一点钱全都投入其中。后来又开发了需要广泛分布或置于手机之中的软件,设想千万台手机在任何位置都能够收集到震前磁场变化的信号,从而触发报警。但正因为地震目前的发生概率无法计量,所以就不属于可管理的风险事件。地震损失属于不确定性损失,地震预警研究属于国家公共管理,需要调配的资源广泛而巨额,绝不是靠个人或企业的情怀可以支撑的。政府和大众真正要做的是做好应急准备和培训。

## 二、风险计量的作用

就像市场配置资源不是计算(计划)问题,要在竞争博弈中接近或实现最优一样,风险损失作为一种市场现象,即市场交易带来收益的反面,也不是通过简单计算就可以解决的。

长期以来,受传统风险理论的影响,风险研究的背景越来越脱离市场原理,成为一个技术问题,似乎计量出来的损失就是真实的损失,并据此提取拨备和各种相关的风险准备。于是市场交易的问题在计量工具的加持下,变成了一个计算技术问题。时至今日,我们应该仔细推敲一下了:整个风险管理框架尤其是巴塞尔协议框架,是不是偏离了轨道。

这似乎就是技术加持以后人类不由自主地变得理性自负,即相信技术就是铁律,相信人类最终还是可以找到确定性的未来。可见人类需要时时刻刻防备理性自负的泛滥。人类从丛林中带来的对不确定性的恐惧和对确定性的不懈追求,已经深深地刻在了人类的骨子里和灵魂里,稍不留意就会自然而然地通过技术运用流露出来。

风险计量似乎是应对不确定性的一种努力,但在不确定性背景下的市场交易中,这种努力显得很渺小。

如果再考虑外部环境的巨大不确定性,这种计量的可靠度就更低了,计量到底起什么作用,值得细研。显然现在据此配置资源,如以经济资本分配信贷规模和依据不良率提拨备等,有点计划化了,但在构筑边界和概率判断上应该有其独特价值。

在强调行政配置的环境下,计量技术运用可以对计划性指标作出校正或调整,但在市场化程度较高时,计量技术运用则可能成为借以变相计划的手段,这取决于观念。当我们迷信技术和大数据的力量,并赋予其计算结果以提升行政效能时,计划经济的变种就可能出现。

## 三、巴塞尔协议达成的风险管理框架是否有需要调整

不确定性是一种可能性,表示事情发生某些情况的概率。从不确定性原理出发,风险本身就具有"测不准"的客观特点,所以不要神化那些风险预测预警工具。此外,在这一原理下,传统数据结构上所预测的风险成本是否准确可靠也是存疑的。因为统计数据中含有大量不可重复数据和大量被用于预测行为的自然数据。按照笔者在《不确定性与数据重构》一文中的论述,各种历史数据如果不按照不确定性分布原理进

行重构,那由此得到的取样数据、函数逻辑、数学模型、预测预警及经济周期的划分,甚至某些规律现象的认定等,都是不太可靠、需要存疑的。

在全球化大背景下,各国金融账户逐步开放,金融风险快速上升,由此诞生了巴塞尔协议。到今天,巴塞尔协议已经迭代到了第四版。相较于前面的版本,该版本通过计量模型对各类风险的统计与计量更加细致。同时,伴随计量模型的出现,模型结果开始替代价格,对资产的好与坏进行评定。还有对巴塞尔协议的观念调整,也是很重要的内容。巴塞尔协议的出发点是保护存款人利益,但逐渐演变成准确估算风险的计量工具,而保卫存款人利益演变成维护监督管理威严。依靠这些高级法、中级法的计量模型并没有阻挡住风险风暴的来临,问题就是过度依赖技术而忽略了市场,过度依赖对所谓好的交易的支持和坏的交易的干预,反而使得市场不能正常承担风险、分配风险。而不确定性原理倡导的是承认风险的主观性,把风险交给市场。

这种风险管理框架模式,虽然还不完全是凯恩斯主义下的政府下场管理,但是给前期市场自由定价带来了一定的冲击。虽然这种主观的干预也是一种积极调整不确定性形态的一种方式,但是过度压缩空间会造成定价的失真,在金融市场会有以下几个问题出现:金融资产定价失真、道德风险、黑市、金融脱实向虚。类似于巴塞尔协议的以非直接主权领导但介入市场的案例还有很多,它们都给市场带来不同的影响,但是这个影响具体有多大是个值得思考的问题。一个需要看清的现实是,它们的出发点都是为了保护市场的秩序,但是不断的深入对市场交易结构带来了冲击。总的来说,风险的匹配与配置应该是个主观意愿的过程,强行配置是导致不平等的一个重要因素,这不仅仅会破坏市场的秩序,还会引发长期道德风险。

回头看,以巴塞尔协议为代表的风险控制工具派的思路是通过对数据的足够长度与覆盖范围的收集,希望利用协议所描述的风险和计量方法来预测未来某个时期的风险成本,并计入金融机构当期的财务成本,从而防范经营者向未来转移风险,获得虚假盈利。这个思路当然是正确的,但是使用乱麻一般的历史数据显然是无法达到预测目的的。所以这些风险管理工具的使用,都需要经过本书所提出的数据重构的关口。在很大程度上,目前琳琅满目的工具,并没有起到真正的作用。

在不确定性原理中,人类社会是偶然性社会,企图寻找规律、周期而一劳永逸地获得确定性是一种幻想。但是在偶然性条件下,事物的风险承担、因果变化、关联变化、趋势变化仍然是我们观察市场发展可能性的重要渠道,从这方面或许能发掘出更新、更直接的风险管理和概率逻辑及其计量工具。

### 巴塞尔协议值得反思的几个问题

#### 1. 巴塞尔协议的宗旨和效能

巴塞尔协议的宗旨是保护银行存款人的权益,这需要对银行的资本充足、风险管理和风险预测工具的使用等提出清晰的监管目标,以此来保护银行的安全,从而保护存款人的资金安全。1988 年以来,巴塞尔协议委员会不断扩大风险计提的范围,不断推出更高标准的计量工具。三十多年以来,商业银行尤其是大型商业银行(先进性银行或系统重要性银行)更是投入重金建立了全面覆盖各种业务范围的风险管理体制和数据运用标准,企图尽量准确地预测未来的风险成本,从而判断当前银行经营状态的安全性。

那么巴塞尔协议的目的达到了吗?我们设想一下,如果不考虑巴塞尔协议的存在,我们的银行业会如何?

比较著名的影响全球的较大规模的金融危机有六次,分别是:

(1) 1929—1939 年:大萧条。

(2) 1973—1975 年:石油危机引发的经济危机。

(3) 20 世纪 80 年代:拉丁美洲债务危机。

(4) 20 世纪 90 年代:日本泡沫经济崩溃。

(5) 1997—1998 年:亚洲金融危机。

（6）2007—2011年：美国次贷危机及全球金融危机。

巴塞尔协议似乎并没有起到明显的阻断金融危机发生的作用。

在中国，近些年来，除了房地产泡沫危机外，2015年的互联网金融危机、地方债务危机、全球性的供应链金融泡沫及海航、恒大等一系列经济金融危机事件，都导致了银行业的重大损失。

那么巴塞尔协议所确定的监管方向是否正确有效呢？这的确也难以证明。

2. 巴塞尔协议的演进和功能扩展

1988年7月巴塞尔委员会通过了第一版巴塞尔资本协议，第一次在国际上明确了资本充足率监管的三个要素，即监管资本定义、风险加权资产计算和资本充足率监管要求。

（1）统一监管资本定义，即提出了两个层次的资本——核心资本和附属资本。

（2）建立资产风险的衡量体系。早期巴塞尔资本协议主要关注信用风险，根据银行资产风险水平的大小分别赋予不同的风险权重，共分为0％、10％，20％、50％、100％五个档次。

（3）确定资本充足率的监管标准。资本充足率是资本与风险加权资产的比值。第一版巴塞尔资本协议规定，商业银行资本充足率不得低于8％，核心资本充足率不得低于4％。

2004年6月，巴塞尔委员会发布了第二版巴塞尔资本协议，也称巴塞尔新资本协议。巴塞尔新资本协议在第一版巴塞尔资本协议的基础上构建了"三大支柱"的监管框架，扩大了资本覆盖风险的种类，改革了风险加权资产的计算方法。

第一支柱：最低资本要求明确商业银行总资本充足率不得低于8％，核心资本充足率不得低于4％，资本要全面覆盖信用风险、市场风险和操作风险。允许商业银行采用比较粗略的方法计量资本要求，同时鼓励银行采用更加精细、更加敏感的计量方法，并要求将计量结果充分应用于业务管理之中。

第二支柱:监督检查监管当局应建立相应的监督检查程序,采取现场和非现场检查等方式,检查和评价银行内部资本充足率的评估情况和战略,以及银行监管资本达标的能力;对资本不足的银行,监管当局应采取适当的监管措施。

第三支柱:市场纪律。第三支柱又称市场约束、信息披露,是对第一支柱和第二支柱的补充。第三支柱要求银行建立一套披露机制,以便股东、存款人、债权人等市场参与者了解和评价银行有关资本、风险、风险评估程序及资本充足率等重要信息,通过市场力量来约束银行行为,驱动银行不断强化自身管理。

2010 年 12 月,巴塞尔委员会发布了第三版巴塞尔资本协议(也称"巴塞尔协议Ⅲ")。强化了资本充足率监管标准的三个要素:①提升资本工具损失吸收能力。②增强风险加权资产计量的审慎性。③提高资本充足率监管标准。

协议文本明确了三个层次的最低资本要求:核心一级资本充足率为4.5%,一级资本充足率为6%,总资本充足率为8%,并规定商业银行资本充足率不得低于最低资本要求。第三版巴塞尔资本协议引入杠杆率监管标准。监管指标基于规模计算(该指标采用普通股或核心资本作为分子,所有表内外风险暴露作为分母),与具体资产风险无关,以此控制商业银行资产规模的过度扩张,并作为资本充足率的补充指标。杠杆率不能低于3%,则要求银行自 2015 年开始披露杠杆率信息,2018 年杠杆率被正式纳入第一支柱框架。第三版巴塞尔资本协议建立了流动性风险量化监管标准,提出两个流动性量化监管指标即流动性覆盖率(LCR)——用于衡量在短期压力情景下(30 日内)单个银行的流动状况,以及净稳定融资比率(NSFR)——用于度量中长期内银行可供使用的稳定资金来源能否支持其资产业务的发展。在正常情况下,商业银行的流动性覆盖率和净稳定融资比率都不得低于 100%。

2017年12月8日巴塞尔委员会发布《巴塞尔Ⅲ：后危机改革的最终方案》，并于2022年1月1日起逐步实施。

从文本一到文本三，巴塞尔协议不断强化资本与风险的关系，不断扩展各种风险敞口对资本的占用，以此形成全面风险管理的观念方法工具，但实际效果不尽如人意。

以资本杠杆率为主要内容的银行风险管理体系并没有起到避免银行出现灾难性后果的效果，现在看来，需要反思这个方向是否正确无疑。

在巴塞尔协议不断演进和扩展的过程中，全球金融界人士就像在一场古典音乐会上听到流行音乐，大家都努力地倾听和回应，不想指出问题，怕自己真的没听懂真谛。

总之，从不确定性基本原理出发，需要重检传统的风险管理观念和方法，也需要对巴塞尔协议的监管方向进行校正。因为在整个社会经济治理中，风险治理是核心地带，而金融机构是风险治理的关键区域和代表性标志，巴塞尔协议的方向决定了金融尤其是银行的风险管理框架，深刻地影响着整个经济社会的治理模式，在建设中国式现代经济治理框架中，不能不重视和反思巴塞尔协议的得失。

**3. 值得反思的几个具体问题**

综合来看，经过三十多年的实践，巴塞尔协议也的确留下了一些值得反思的问题：

第一是对资本杠杆率的防范风险功能的认识比较泛化，人们潜意识上会认为管住资本杠杆就锁定了风险承担，银行就不会出现颠覆性的系统性风险。但实际上金融机构的危机主要来自流动性风险，十多年来，国内外金融机构因为流动性困难而爆雷的危机事件很多。因为资本充足率低或杠杆率高而爆发系统性风险的例子并不多见。互联网金融杠杆率过高带来的一地鸡毛，一方面是因为其资本承受风险能力不足，另一方面也是因为风险承担关系不清，非专业的操作导致巨大风险敞口。所以资本充足只是一个阶段性的主观标准，不能解决风险的所有问题，不能神化资本监管的作用。

第二是对流动性风险的防范能力不足。虽然巴塞尔协议也设置了流动性覆盖率的要求，但几乎难以实施。流动性覆盖率旨在确保商业银行具有充足的合格优质流动性资产，能够在规定的流动性压力情景下，通过变现这些资产满足未来至少 30 天的流动性需求。巴塞尔协议把流动性风险置于市场风险框架内，这显然不够。因为已经发生过的银行流动性风险事件，如 2013 年 6 月和 2023 年 10 月底的钱荒，说明在总体流动性充裕的条件下，某种局部阻塞可能会导致"海葵"式的全面收缩。事实上，我国几乎每两年发生一次流动性危机，2011 年、2013 年、2015 年分别发生于中小企业、银行间市场和股市中。流动性危机如鬼魅一般，挥之不去，似乎与巴塞尔协议相关性不高。

第三是过度依赖风险预测的计量模型和工具。本来计量的目的是防止银行经营风险的后移，把可能的风险损失在当期的财务核算中作为风险拨备计入当期成本，以更客观地衡量经营成果。但现在的风险管理模型和系统越来越复杂，工具越来越多，却无法证明某些经验可以预判。

这些工具有效吗？从不确定性原理出发，这些预测工具和模型在数据没有重构的情况下，所做的任何测量都只能提供某种概率，其存在两个致命问题：一是现有历史数据中存在大量不能指向未来的偶然性数据，所有的未来都不是今天的简单延伸。二是对历史数据的使用秉承着越久远越有效的观念，而不确定性的研究表明，越接近未来的数据才越会对未来产生影响。所以，在数据进行不确定性重构之前，这些预测的准确率是很低的，反而浪费算力。尤其在大数据技术广泛运用的年代，数据如果缺乏清晰的管理，那么数据导向的决策很可能导致错误的结果。

第四是风控和监管干预银行市场交易的指导思想是否对商业银行总体风险控制真实有效，这值得研究。从不确定性原理出发，其实市场是最有效的风险配置工具。传统商业银行风控系统最核心的技术是对信贷投放的审批和干预。这种审批和干预存在两个逻辑性问题：一是从风险承担的原理看，上级或监管部门的干预并无市场风险承担的基础，大多是责任防御的立场，与经济活动本身的价值立场存在差异。二是从风险的主观性来看，干预就是阻止管理部门认为不好的交易。而所谓好或坏都是主观判断，并非客观真实。而且好或坏的标准也是动态的，今天拒绝的企业可能是三年后营销的目标。

第五是宏观风险与微观风险的区别。资金和信贷交易是微观经济活动，都处于一定的宏观环境中。巴塞尔协议所要求的风险观察和管理基本是以微观经济行为作为对象的，但是宏观上的变化更经典地体现了不确定性波动的特点，其风险表现更加具有方向性和基础性，时间跨度长，影响幅度广，例如明斯基拐点的出现、"黑天鹅"事件的发生等。微观经济风险常常被大的风险格局所覆盖，事后观察发现，那些微观层面的计量、评估都意义不大。

第六是全面风险管理体系可能陷入了"乌托邦"式的幻觉。其实人类所有的行为都存在不同概率的误差和时空关系上的错配，这是常识。墨菲定律表明，只要有犯错的可能就一定会有人犯错。不确定性原理决定了风险是不可消灭的，但本书也阐明了不确定性形态变化的概率是可以计量并进行风险管理的。巴塞尔协议所倡导的全面风险管理本来只能算是一种财务安排，即尽可能广泛地计算出未来各种风险损失，合理摊入当期成本。但是这种全面风险管理的倡议让人们误解为所有的大大小小的风险损失的可能性都需要进行管理，这才是现代银行和先进性银行的标志。这一误解主要来自两个方面：一是所有的未来都是不确定的，人类不可能穷尽所有的事物纳入计量和管理，这既有数据上的困难，也有算力与能耗的边界。二是对于低概率事件或当损失额很小时，风险正是人类所需要承担也有能力承担的风险损耗，没必要花费成本去管理，否则还可能带来新的风险损失。

4. 建立以流动性监管为主的新体系、新方向

银行流动性困难不仅会造成经营上的安全困扰,稍有不慎,可能会引发挤兑,造成金融危机。相比之下,资本约束虽然对银行规模扩张和风险承担有明显的正向激励,但流动性风险更直接地威胁到银行的生存和存款人的利益。巴塞尔协议文本有必要把流动风险的监管和防范提升到与资本并列的一级科目,提出严格的预警标准和预测模型,作为金融监管的理论与实务依据。

市场是最完善的风险分配机制安排。截至目前可以看到,最大的风险源还是在于市场不健全,巴塞尔协议的市场纪律支柱主要是提出银行信息披露义务,但在市场风险承担方面没有建树,而市场机制的基础如契约,主要是为了明确风险承担关系。

资本主导了银行的治理结构和战略方向,所以资本对银行未来的影响并不是杠杆率,而是资本结构。

银行高级管理层一旦被道德风险击穿底线,银行内部的其他风险警示防范措施就等于零,尤其在行政权力影响力度大的国家,道德风险和逆向选择应该是巴塞尔协议重点约束的方向,应该提升到比操作性风险更加重要的程度。

由于各国发达程度不同,文化差异很大,巴塞尔协议委员会有责任对不同国家、不同地区、不同规模的银行分类提出差别化的监管标准,而完全适用发达国家的经验有可能会适得其反,造成刻舟求剑的尴尬。

## 四、建立风险预测的数据重构规则

目前风险管理主要是基于收集和观测到的数据对风险收益与损耗的波动构建模型进行分析预测。不确定性是普遍存在的,数据中也存在不确定性。前面已经提到,理论上测算未来事物不确定性形态的变化概率是可行的(这也是风险管理的主要内容),关键是要能掌握各种指向相对确定的可重复的必然性数据,即剔除不可重复的偶然性数据

之后剩下的数据。这个剔除的过程就是不确定性原理下的数据重构。通过数据重构我们发现，在风险管理过程中，预测风险收益和损耗的模型数据需要剔除不可重复的偶然性数据，并针对数据产出过程中人的主观偏差、历史数据对未来行为的影响衰减等现象调整参数和赋予历史数据不同的权重，例如距离未来越近的数据对未来的影响越大，越需要提升这些数据在预测模型中的权重。这一新发现提示我们需要对现有的风险管理方法（例如巴塞尔协议确定的各种模型和计量方法）进行重新审视，一方面要在现有数据基础上结合数据重构的思路做进一步的清洗，尽量剔除偶然性数据，夯实数据基础；另一方面针对现有使用的各种模型要结合数据重构与不确定性原理进行修正和完善，不断提升对未来的解释力。

在不确定性原理下，数据分为历史数据和边际数据。历史数据是已经发生的事件，包括物质性的数据，也包括人文性的、以人的行为为线索的数据。有的是可重复的，有的是不可重复的，我们需要对数据进行重新甄别。边际数据是终端数据，一部分是人的数据，一部分是事物发生变化的各种数据，其中也有高度的不确定性，既有偶然性的不可重复性数据，也有可重复的、规律性的数据，这些要进行甄别处理。

从不确定性原理出发，需将数据进行分类，我们认为这里面就有一些问题要考虑了。比如，经济周期、经济规律到底是怎么回事，到底是必然性大于偶然性，还是偶然性大于必然性？从这个角度看待数据就会有不同的感受。我们在做智能化应用创新的时候，是从历史数据里面提取一些样本，然后让机器针对这些样本建立一个逻辑，让机器不断学习这些样本中的新元素，最后使这个机器能够智能化地处理一些问题。我们会发现工厂操作的智能化非常容易，但是在人文范围内，要创造出高度智能化的机器人，类似无人驾驶这样的技术，就要更多地用到边际数据，要选取有用的历史数据来建模，然后要用强大的算力对边际数据进行处理，才能够得到好的效果。

# 不确定性经济原理与经济分析

经济领域的不确定性研究具有深远的影响，因为它对金融市场、企业决策及宏观经济成果产生广泛的影响。本章将概括与经济不确定性相关的关键研究成果和主题，重点评述其衡量手段、来源及对经济各个方面的影响。其中包括七个方向，下面简要梳理了几个分支：

一是经济不确定性的测量。研究人员开发了一些指数来量化经济不确定性，如经济政策不确定性指数（Baker，Bloom，Davis，2016）和全球经济不确定性指数（IMF）。这些指数通常使用诸如讨论不确定性的报纸文章的频率、专业经济学家预测分散程度及其他相关数据来源等因素。

二是经济不确定性的来源。经济不确定性可能来自政治不稳定、政府政策变化、地缘政治事件、自然灾害和大流行等各种因素（Azzimonti，2018）。研究表明，选举周期、意外的政治事件和政策变化等因素可能导致经济不确定性加剧（Handley，Limāo，2017）。

三是经济不确定性对金融市场的影响。研究表明，较高的经济不确定性与金融市场波动性增加有关，这会影响股市波动、债券收益率变动和汇率波动（Reinhart，Rogoff，2009）。在经济不确定性加剧的时期，投资者通常会表现出更高的风险厌恶，导致股票价格下跌和债券收益率上升（Blanchard，Quah，1989）。

四是经济不确定性对企业投资的影响。由于不确定的经济环境，企业可能会推迟或取消投资，从而阻碍经济增长（Dixit & Pindyck，1994）。

实证研究发现,经济不确定性与企业投资呈负相关,尤其是长期和不可逆转的项目(Bloom, Bond, Van Reenen, 2007)。

五是经济不确定性与经济增长。许多研究已经探讨了经济不确定性对整体经济绩效(如 GDP 增长和失业率)的影响。一般来说,较高的经济不确定性与较低的经济增长和较高的失业率相关,因为它会抑制企业投资和消费支出(Baker, Bloom, Davis, 2016)。

六是经济不确定性与货币政策。为应对经济不确定性的增加,央行可能会采取更宽松的货币政策,如降低利率或实施量化宽松措施,以刺激经济活动并降低不确定性(Gürkaynak, Sack & Swanson, 2005)。

七是经济不确定性的行为方面。行为经济学领域的研究人员研究个人和企业在不确定性下如何做出决策,关注影响决策的认知偏见、启发式方法和其他心理因素(Daniel, Hirshleifer, Subrahmanyam, 1998)。

经济不确定性是一个多方面且重要的研究主题,对金融市场、企业投资和整体经济绩效具有重大影响。继续在这一领域开展研究可以提供关于不确定性的原因和后果的有价值见解,并帮助相关组织、机构制定减轻不确定性对经济影响的策略。

从初步的文献梳理来看,目前西方经济学界基本是以不确定性为出发点在研究经济社会问题,包括博弈论、信息经济学、预期理论等,但以不确定性为出发点这一点,并未有明确的表述和讨论,甚至有部分学者(包括奈特)的论述中,还同时存在着确定性的事项。国内经济学界由于受计划经济思想与我国经济改革发展实践的影响,长期以来都将"追求确定性预期和过程"作为目标,甚至理所当然地认为确定性才是经济研究的目标所在。

综上,从国内外经济学研究情况来看,都有必要进一步厘清不确定性的本质,并以此为出发点提出基本的原则与分析框架(即为不确定性经济原理的主要内容),下文将对此进行详细表述。

# 第一节　不确定性经济原理的三个基本假设

以下为以不确定性经济原理为背景的经济分析框架,基于三个不确定性理论假设条件展开:

**假设之一:**一个经济事件的整体包括了过去、现在与未来。在时间维度上,任何一种经济现象都会深受过去已经形成的事实的影响,也会深刻地影响到未来的事实状态。传统的经济分析框架虽然也对波动周期有所描述,但并没有把时间维度上的过去、现在和未来看作一个整体来进行计量和评价。而这一假设首先强调了这种整体观,并以这种整体观为前提来观察和分析当前对未来的影响,旨在站在未来的立场,约束当下的行为。这在敬畏自然的基础上,直接突出强调了要敬畏未来,把未来纳入整个经济分析评价框架,并将未来的事实状态作为重要的评价内容和评价标准。

**假设之二:**经济活动的收益和损耗具有不确定性波动的特征,而且具有显性和隐性两面。基于这一假设,传统的收益和损耗评价观念需要更新。除了当前通过会计核算和统计数据所能采集到的显性财务成本、财务收益之外,事实上由于不确定性的存在,还存在许多隐性收益和成本并没有得到准确常规的计量和核算。从损耗(或成本)的角度来看,评价当前的经济行为,还应该考量机会成本、沉没成本、风险成本等隐性损耗因素。在这个前提下,才能完整准确地考察当前经济行为对未来的影响。其实从收益角度来看也是一样,也会存在隐性收益。这一假设,其实是前述第一个假设"整体观"的延续,只是这里侧重于从显性和隐性的角度,对收益和成本进行全面考量和估算。其中,不论是隐性收益还是隐性成本,其关注的重点仍然是对未来的影响分析。拿成本来说,既有过去的成本(沉没成本),也有当期所忽视的成本(机会成本),更要考虑未来可能的成本(风险成本),这样才能对未来所需要承担的成本及其影响进行全面准确的估算。所以,这个假设也充分体现了"从敬畏自然到敬畏未来"这一基本逻辑。

**假设之三**:当代人的理性是有限的,需要防范和约束。理性假设是整个经济理论研究最主要的起点和基础,尤其是随着科学技术的发展和人类各种知识经验的积累,人类理性达到了前所未有的高度,由此也产生了"理性的自负"和可能的理性滥用。站在未来的角度,当代人的所谓"理性",都是有限理性,无限扩张或滥用都是不可取的。而且个人层面的理性,在集体层面就不一定是理性的,当下的理性也可能给未来带来损害。不确定性理论认为当代人的所谓的"理性"具有侵害其他空间和透支未来的本能冲动,在今天看来是理性的决定和思考,在未来可能是荒谬的,不能让其无边界扩张。所以从不确定性角度看,有限理性需要观念上的边界约束,需要防范当代人向未来转移风险或掠夺未来收益。

基于上述假设,不确定性经济分析的核心价值是预判未来。下面对部分话题做深入讨论。

## 一、预判未来是不确定性分析框架的核心

在传统的经济学框架中,计量统计的模型不断突破,这一类传统的方式已经可以完全满足现状分析的几乎所有需求。近年来,不少学术作品出现了失衡的情况,即在经济学直觉与完全计量统计方法之间完全靠近了后者,这使得因果关系被强制关联,失去了经济学的底层逻辑。此外,在对未来预判的环节中,传统的计量模型更加倾向于通过历史数据寻找一个可重复的逻辑以预判未来的走势。站在不确定的基础认识观上,我们并不反对这一传统模式的能力,相反,我们更进一步强调经济学直觉及不确定性的客观存在,也更加强调因果、关联分析及经济学直觉的立场。在数据方面,我们相信所使用的数据应当在权重上有所改变,例如给予超长历史数据更小的权重,而将更大的权重用于近

期的数据,并排除掉某些不可重复的偶然性数据。因此,不确定性分析框架的核心依然是在预判未来,但在理论基础和数据模型的使用上均有突破。

站在当下,人类不具备精确预知未来四维空间的技术。在不确定性经济分析框架下,我们同样认为精确地预判未来是不现实、不可能的,但是不断逼近真实值应该是人类文明进步的一面旗帜。在本书对不确定性定义的部分中,我们将不确定性定义为带有时间向量的四维空间,而确定性(历史)是三维空间。时间将过去、当下及未来无缝衔接在了一起。

事物不是切片分离存在的,一滴水上一秒在自由落体,可能在下一秒继续这个过程或是落地,但是不会凭空消失。这一基本的自然秩序说明了即使在触碰不到的四维空间中,即将要发生的事物也与三维空间有关联。在这样的客观条件下,我们可以通过因果、关联的两种方式找到时间序列上的可能性,这也是大量学者追求历史数据验证的原因。大数据、人工智能等一系列工具通常是在尝试从海量数据中找到一个规律,以追求下一次预测的准确性。在数学中,从最基本的移动平均到泰勒级数、傅里叶级数展开,再到今天的大模型算法,人们通常忽略了最基本的问题。傅里叶级数展开的基本结构是通过分切寻找三角函数上的可重复性,以寻求下一期结果。这一分类方式的明显短板为在短期且不稳定环境下的预测。在高度不稳定的时代下,使用长远的历史数据并不能提高预测的能力,相反,更加贴近当下的历史高频数据则明显更有优势。在长期历史数据与短期数据之间需要以权重来把握,这一数据重构的观点在本书中的 TDRU 章节中已详细阐述,这里不再赘述。在不确定性的环境下,通过高频数据更容易观察到细枝末节的因果与关联关系。除此之外,长期经济增长中的动态均衡也至关重要,经济拐点是一个典型的应用。当拐点出现时,我们就必须观察经济是否会进入下一阶段,这对趋势预判至关重要。

从整体上看,不确定性的宏观经济分析框架对预测所使用到的数据结构进行了重构,以符合因果与关联的方法。此外,沉没成本与经济拐点作为经济长期发展与趋势判断的重要工具的加入,也使得该分析框架较为完整。

## 二、理性假设:本能与理性

理性假设是大部分经济理论展开的前提,不论是经济人假设,还是社会人假设,甚至是后来的理性预期,其根本都是一种理性假设。如果从不确定性出发,由于人性自负的客观性和人类理性的有限性,所谓理性假设应该被修正,真正切合不确定性本质的应该是英国经济学家弗里德里希·哈耶克一再强调的"在本能与理性之间"的某些状况,这些状况可能是许多经济理论展开的前提。

所谓在本能与理性之间,其实是强调一种中间道路,即不再是完全的生物本能,也不再是完全的理性计划,而是在两者之间的一种混合体,或是多种模式共同作用下的产物。从人类社会发展史来看,有很多知识(包括习惯、道德、法律等)的产生与形成,不是完全基于本能,更不是基于理性的预先设计,而是经过各种有意的或无意的摸索和试错,经过漫长的时间才逐步形成和定型的。哈耶克特别强调这种处在"本能和理性之间"的能力,乃是因为他认为对文明的发展至关重要的"扩展秩序",就是这种能力和进化选择过程相互作用的产物。人们在不断交往中养成某些共同遵守的行为模式,而这些模式又为一个群体带来了范围不断扩大的有益影响,它可以使素不相识的人为了各自的目标而相互合作。可见,强调"在本能与理性之间",并以此作为经济理论展开的前提,既是对世界不确定性本质的回应,也是对在世界不确定性本质下人类社会发展演进过程的回应,更是对人类自身复杂性、多面性的清醒认识和回应。

从不确定性角度考虑,完全理性假设不复存在,但并不表明要一味地反对理性。应该说，"在本能与理性之间"强调的是"有限理性"，或者说是有适用范围的理性。正如哈耶克所指出的所谓"正确运用理性"是指承认自我局限性的理性，进行自我教育的理性，它要求正视经济学和生物学所揭示的令人惊奇的事实所包含的意义，即在未经设计的情况下生成的秩序，能够大大超越人民自觉追求的计划。英国著名物理学家詹姆斯·麦克斯韦在 1873 年就猜想，有些量的"物理尺度太小，以致无法被有局限性的人类注意"，这其实也是对人类有限理性的直接回答。哈耶克所说的"致命的自负"，就是无视世界的不确定性本质并进而狂妄自大的表现。

　　另外，还可以从微观理性与宏观理性，或个体理性与整体理性的角度来看"在本能与理性之间"的现实意义。经济理论中的理性假设一般假定每个个体都是自利的，都是追求自身利益最大化的。而复杂经济学经常研究的对象——蚁群，以工蚁为例，它并没有完全从个体利益出发，而是为了整个蚁群的最大利益，忠诚于自己的职责定位和分内工作，任劳任怨，不辞辛苦。可以发现，工蚁的个体不理性体现的恰恰是蚁群的整体理性（或者说是微观的不理性和宏观的理性并存），而这正是在蚁群发展进化过程中逐步形成的。这就是典型的"在本能与理性之间"来应对不确定性的表现。其实对人类而言，在情怀支配下超越趋利本能的经济行为也大量存在，人类整体利益趋向也在很大程度上左右着人们的经济行为。

　　既然传统经济学研究方法的假设本身就是一种不确定状态，人们只能在经济现象的研究和数据分析过程中寻找和发现经济现象所依据的"在本能与理性之间"的某种人性特征和行为特征，那么从不确定性原理出发，所谓经济理论必不可少的"假设"前提可能是一种本末倒置的错觉。经济学研究的正确方法，可能是先从现象出发归纳和提炼出某类经济行为的共同前提，形成这类经济学理论研究的假设。这种假设条件常常处于本能与有限理性之间的某个区位，而且是动态变化的。

### 三、不确定性经济理论同现代经济学的关系：两个不同的研究方向

本书所研究的不确定性经济原理及风险理论试图对一般经济现象作出经济解释，并把不确定性分析纳入经济分析的范畴框架。那么不确定性经济原理与传统经济学的共同底层逻辑在哪里重合呢？笔者认为从两个角度可以看出它们共同融合的学术逻辑，并由此归纳出不确定性经济学与现代经济学呈现出相同理论逻辑基础上的两个不同方向。当这两个方向的经济学研究拼放在一起时，才能完整地展现出经济学的全部原理。

首先，两者都是人的行为特征研究，如果说经典经济学研究经济资源最优配置模式是在追求价值最大化的话，那么不确定性经济原理则主要是研究不同的经济配置方案的选择，研究经济行为过程中的损耗最小化。

经典经济学是研究人类社会在各个发展阶段上的各种经济活动和各种相应的经济关系的科学。经济学的核心问题是宏观上如何实现公平与效率的平衡，微观上在物质稀缺性和有效利用资源的前提下如何选择运用经济资源。英国经济学家莱昂内尔·罗宾斯将经济学定义为"一门研究如何应对资源稀缺性的人类行为科学"。

我们知道，经典经济学是研究经济行为现象的科学，包罗万象，内容浩瀚，其底层逻辑仍然是人类行为的根源：人性。经济学事无巨细地解释了人类在创造价值获得收益或亏损方面的人性特征和行为特征，提出了相应的市场制度安排和行政组织方式，对投资、消费、流通及生产和福利、货币制度等进行解释和预计。

很明显，从经典经济学到现代经济学，主要是企图指导人类在既有条件下在获取价值、效率、经济效用和合理交易方面实现最优化、最大化的学问。而在相应的波动环境下关于损耗的产生、分配、承担、缓释、

转移等方面的原理着实不多。除了奈特的风险理论之外，并没有其他有力的展现。

不确定性经济理论是面对未来的收益与损耗的可能性做出行为模式选择的原理。同传统经济学、政治学等社会科学一样，其学理的底层逻辑也基于人类行为的心理、行为特征，即基于对人性的哲学认知。我们可以把不确定性原理归属于经济学的另一个侧面，即为了实现收益而需要付出代价的一面及其相应的人性与行为的基本原理。

风险来源于不确定性，风险管理的本质也是人性的约束。风险管理的技术是人性欲望的对冲制度安排和技术运用。同经济行为学的研究一样，不确定性研究的出发点也基于人性。

其次，现代经济学主要解决价值创造，而不确定性经济原理主要解决损耗配置。如凯恩斯主义，着眼于解决当前问题，但把由此而产生的损耗扔给未来而不加处理是不确定性经济原理所不接受的。

与约束权力要面对人性对权力的扩张本能一样，不确定性管理更重要的是约束人们追求收益最大和损耗最小的扩张欲望。概率计量技术运用就是通过对未来收益性事件发生概率和损耗性事件发生概率的计算，找到能承担的可能损耗范围（阈值），并进而找到这个最小化欲望的可容忍边界，而不是力图计算出收益与损耗的具体数额。计算多少是经济学的问题，依据概率可能性划出边界是不确定性原理问题。传统经济学解释了这种人性扩张的原理，不确定性理论解释了对冲这种欲望扩张的必要性。在某种意义上，不确定性经济原理和风险原理与传统经济学的关系是互为修正和补充的关系。

现代经济学系统化的分析工具主要用于研究社会经济现象和行为。它旨在揭示市场经济体系的内在运作机制，以及如何优化资源配置和提高生产效率。现代经济学的研究范围广泛，包括微观经济学、宏观经济学、国际经济学、劳动经济学、环境经济学等多个分支。严格来说，所谓宏观经济学是以某个区域范围内的经济现状描述为主要目的的，是为政府产业政策、货币政策等影响广泛的经济政策提供依据的学问,不论政策以什么方式产生影响,都是基于历史数据和经验的确定性判断。从不确定性逻辑出发,这很难说是一种可验证的科学。

现代经济学在社会中具有多方面的功能作用。它提供了理解市场经济运作的基础框架,能帮助人们更好地理解市场价格、供求关系、市场竞争等经济现象。而不确定性经济原理则着眼于市场在未来可能发生的损耗变化,对损耗的产生、分配、承担、缓释、转移等方面的现状和未来变化进行预判,并指导人们制定应对未来变化和损耗的策略。

不确定性理论以风险理论原理为基础构建了经济学的另一个侧面:各种损耗即完全成本(包括财务成本、风险成本、机会成本、沉没成本)的形成、配置和计量。其与现代经济学一起,构成了经济学研究的全貌。

这是至关重要的认识,使得经济学在两个方向上展开,完善了观察人类经济行为的维度。

## 四、经济学直觉

当谈论经济学直觉时,一个重要而引人深思的领域就是在不确定性条件下的经济学。不确定性是指我们对未来经济情况缺乏确切的认知,这在现实世界中是普遍存在的。在这种情况下,经济学的直觉和分析能力发挥着关键作用,帮助我们更好地理解和应对经济中的不确定性。同时,经济学直觉还告诉我们,在不确定性条件下,适应和创新是关键。经济体系和个体在面对变化时,需要能够适应新的情况,并寻求创新的方式来应对不确定性带来的挑战。在我们的框架中,适应与创新的概念是分布与形态,即应该适应并接纳不确定性的分布,但是必须努力通过创新来尝试改变不确定性的形态。这种直觉在解释企业的创新活动、市场的竞争和经济体制的演变时显得尤为重要。

还有一个问题是,不确定性是否可以缩小或者减少。不确定性的客观性是由其分布结构决定的,技术创新构建了新的不确定性分布和形态,形成了更加稳定的结构状况,其中发生损耗(风险)的概率降低,而得到收益的概率提升。所以创新行为的动力来源于不确定性。但不确定性是客观的、不可改变的,能改变的是分布和形态的结构。

不论数据、理论如何变化,宏观经济都无法脱离直觉。数据、理论不断创新的关键在于缩小宏观分析与实际居民感受之间的鸿沟,不断以更新、更先进的方式解释这个世界。

不确定性的创新之处在于其跳出了传统的依靠固定经验的分析模式。在不确定性分析这个全新的框架下,每一种经济现象的解释、拐点的分析、未来经济的波动都由全新的要素动态组合。而数据的创造和宏观经济分析的初衷是帮助人类更好地观察这个世界,用量化的方式表达切身感受,因此,数据、分析结果要与经济体中的实际感受切合。

## 五、不确定性与预期研究

预期在宏观经济中扮演着至关重要的角色,它不仅影响着个体和企业的决策,还在政策制定、市场行为和经济波动中产生深远的影响。预期是人们对未来经济变量和事件的看法、预测和期望,它们构成了宏观经济运行的基础之一。

首先,预期在经济决策中具有重要意义。个体和企业的决策往往取决于他们对未来的预期。消费者在做购买决策时会考虑未来物价的预期变动,而企业在做投资决策时会评估未来经济增长的预期。如果人们预期未来经济状况良好,他们可能更愿意消费和投资,促进经济增长。

其次,预期对货币政策产生显著影响。中央银行的政策决策受到市场参与者对未来通货膨胀、利率和经济增长的预期影响。如果市场预期通货膨胀上升,中央银行可能会采取紧缩性货币政策以抑制通胀。因此,市场对未来货币政策的预期可以影响通货膨胀预期和市场利率。

同样地,市场行为也受到预期的影响。金融市场价格反映了投资者对未来的预期。股票、债券、外汇等市场价格受到市场参与者对未来利润、收益和汇率的预期影响。市场的波动和走势往往受到预期变化的引导,投资者会根据预期进行交易和投资。

预期是有弹性的,由于人性具有不确定性弹性,所以当原来的预期目标受到挫折时会自动降低期望值。人性总是在博弈中变化,既深不可测又有迹可循。

在宏观经济中,预期可能会导致市场出现过度乐观或过度悲观的情绪,从而影响消费和投资决策。当人们预期经济放缓时,可能会减少消费和投资,导致经济下行。相反,积极的预期可能会促使人们增加支出,推动经济增长。

在不确定性理论指导下,人类思想方式的一个重要调整将是不再努力寻找确定性,而是利用不确定性等待或者或然性获得希望的结果,即不是努力地创造确定性,建立稳定不变的可实现的预期,而是通过市场,通过自然世界运行的方式,在不确定性、不必然的条件下,偶然地达到目的。

## 六、经济预期与相对稳定性的关系

讲到不确定性原理下的经济预期,也需要明白另一个道理:并不是预期越稳定,越能实现。如果预期太稳定,长期形成某种结构性稳定就可能会导致失去不确定性的自然之力的动能,社会和个人会丧失创造力和想象力,事物的发展就走向停滞和消沉。这是由不确定性本质决定的重要原理。稳定性本就是人类对抗适应不确定性的文明构建,在稳定性与不确定性之间存在着微妙的平衡或均衡关系,在数值上存在一个最优的区域。如何确定这个区域呢?当然可以借助数据和建模逻辑及计量工具。

世界上没有注定的事情(命运),只有不同的选择和对应的不确定性的概率。不是建立起某种社会稳定性就能获得某种确定性。所有经济预期的实现都是努力奋斗基础上的偶然性机遇。不努力就没有机遇，努力了也可能错过机遇。

没有主观的想象就无法触及客观世界的真实，而主观太强烈就会导致认知上的缺陷与偏差偏见。在不确定性与相对稳定性之间，大概也是这种状态。

## 第二节　不确定性经济观

### 一、不确定性：经济行为的根源

经济是充分利用生活的艺术——这是经常被经济学者引用的萧伯纳的名言。但这不过是艺术家的夸大其词，其实经济就是经济，不是艺术。经济是功利目的的行为，艺术是表达情感和审美的行为。

经济总有一个动力根源。人类为什么会产生经济行为？其实所有的经济学理论都在回答这个问题。

长期以来，人们认为经济行为的背后是利益。利益的背后是生存，生存的背后是人性，那么人性的背后呢？在经济领域，对行为的研究有很多，例如亚当·斯密从政治经济学的角度发扬了功利主义的精神，他认为人类经济行为的目的应当是个人自由自主的幸福生活及其必要条件——国民财富的增长或社会财富最大化。亚当·斯密的功利主义精神表现在用经济学的语言，即国民财富最大化解释了大多数人的最大幸福。杰里米·边沁认为经济学应该成为用数学形式表达幸福的一门科学，即用功利或效用表示幸福，用效用计算幸福，用效用原理来表述功利主义原则。当然，经济学上还有很多角度不同的表述。

从根源上讲，不确定性才是人类经济活动的动力根源，正是为了适应不确定性，人类才拉开了经济行为的帷幕。这一幕从人类的初始财富积累开始。人们从事经济活动的动机可能很多，但它的意义总是在于满足需求。经济行为即是以获取物品为目的行为。也有人认为快乐是人类经济行为的终极目标,但自人类从丛林中走出来那一刻开始,其满足需求的行为便脱离了丛林中个体觅食的本能,而成为有组织的群体活动,从而实现了依靠群体的力量在变幻莫测的环境中繁衍和发展的生存目的。

丛林中无法对抗的不确定性给人类留下了深深的心理烙印,成为一切经济行为的基本动因。不论是聚集食物还是聚集财富,都是为了应对不确定性冲击的过程。应对不确定性是经济活动的初心,由于这样的原因,经济的本质就是满足群体的需求,并且为此建立储备与保障。脱离了这个初心,经济就出现了扭曲。

## 二、欺骗均衡与风险承担均衡

乔治·阿克洛夫和罗伯特·席勒的《钓愚》一书的开篇讲到一个"欺骗均衡"的概念,很有意思。在经济学中,收银台前的排队是一个典型的场景,人们会视队伍长短加以选择,最终在均衡状态下,每个收银台前的队伍长度几乎相同。这个原理同样适用于欺骗行为。

欺骗均衡说的就是,在一个有利可图的市场中,总会有人挖掘利润空间。而当通过合理合法的"欺骗"可以获得利润时,欺骗就会不可避免地发生。

因此,在均衡经济原理中,实际上也存在人为的漏洞和假象,表现为某种均衡的状态,却会产生不公平或不尽如人意的后果。当下股市中扭曲的"割韭菜商业模式"就是典型例题。从规则制定者到股票发行人、保荐人、各种中介机构、创始投资人,通过合法流程,利用高估价值、高企定价、业绩造假、财务造假等手段,瞒天过海,吸引信息与技术都居弱方的二级市场投资者入市,构建整个资本市场环境的均衡假象,实现前述所有欺骗构造者的价值贴现,即"割韭菜"。

联想到现在盛行的直播带货和明星代言等商业营销行为都是利用

信息不对称和人们的心理弱点进行推销，从而获得超额利润。非专业的大众处于信息弱势，过多地承担了风险。但是整个经济社会津津乐道，沉溺其中，不仅听不得传统经济学家的劝告，也嘲笑非传统经济学家对不正常经济现象的尖锐批评，我行我素，追逐利益。

这引出了很重要的不确定性经济原理：市场交易经济关系中的信息对称（均衡）和风险承担均衡。只有市场参与者处于信息对称（均衡）状态并由此在风险承担上达成均衡，欺骗均衡才能被排除出市场。道德风险和逆向选择是市场规则需要努力排除和防范的障碍因素，过去以为努力达到信息对称就可以实现净化市场的效果，但不确定性经济原理并不止于此，而是进一步在信息对称的基础上建立起风险承担均衡的逻辑，指出只有在市场范围内实现了风险承担的自觉均衡，才能从根本上改善道德风险（即指在交易过程中，一方行为的不当或不诚信行为所导致的潜在损失。当市场的信息不完全、监管不力或是道德意识缺失时，道德风险就可能会通过各种途径被放大，给市场带来极严重的后果）发生的概率，排除利用信息不对称做出的逆向选择或者决策者的防御性决策行为。交易各方的风险承担的对称均衡是健康市场行为和公平交易的基础条件。所以信息不对称并不直接导致市场道德风险或逆向选择等问题，风险承担失去均衡的环境和风险承担不对称的交易才会产生这些麻烦。

这世界上并非到处都是奸商，绝大多数人只是在遵守社会规则的前提下努力改善自己的生活。而市场竞争会迫使他们努力获得公平的环境，但如果市场本身不完善，存在着市场信息不对称的可能，从而导致风险承担不均衡、不对称，那每一个市场参与者都可能成为奸商，利用风险承担的不均衡环境和交易中的风险承担不对称获得额外收益。

奸商是环境的产物，除了完善市场规则外，激烈的道德批判毫无用处。基于不确定性的市场自然会利用合理的规则实现风险承担的均衡。

### 三、经济预期与信用的根源

从不确定性角度看,社会信用体系是建立在良好且乐观的经济预期基础上的。判断哪些区域、哪些领域具备社会信用的条件,都需要进行不确定性分布和实际波动状态的分析与计量。

经济社会缺失预期,就无法建立诚信。社会诚信本质上是对稳定的预期计算后的可预支额度。如果预期不稳定,社会信用制度就缺乏人性和利益期望的基础。那么社会经济预期的来源和根据何在呢?这同不确定性及其分布状态有关。预期不是通过人为构建而能产生的,而是由客观世界的不确定性所能给予人类发展空间的客观性所决定的。在传统意识上,预期是人们对未来经济变量作出的一种估计,预期的乐观或悲观会对人们的经济行为产生重要的影响,如通货膨胀预期、经济景气预期,会导致当前消费行为的多空变化。但究其根源,只有在不确定性波动预留收益空间或损耗可能的前提下,所有的经济预期才能有根有据地预判,才能有建立相应信用体系的客观可能。因此,预期的经济学研究有必要从不确定性角度进一步深入。

**不确定性与预期管理——经济信心来源于何处?**

在经济复苏过程中,经济学家们强调提振经济信心,政府也会释放各种信号,给企业和居民以信心。这些信号都是给市场提供一个未来有更多商业机会和良好的营商环境的保障,以构建起投资与消费的信心,从而促进经济复苏。

这里有一个问题需要研究:市场的经济信心到底来源于对未来的勾画,还是来源于过去的经验?

从不确定性经济原理出发,所有的未来都是不确定性的,未来并未来临,经济的信心不足当然不是未来造成的,而是过去的经验影响了对未来的预判,未来是经济信心的对象而不是信心的组成部分。如果确认提供未来的美好蓝图并不能从根本上提振经济信心,而过去的经验又无法再改变,那么真正能够提振市场信心的,是改变市场参与者的当下体验。那就是总结经验,解决痛点,改变现状,从而改变人们的当下体验。经济信心会随着新的体验而不断提振。唯有深化改革,推动市场化进程,才能有此效果。

从这样的原理出发,任何经济复苏的过程和经济信心的提振都不是靠对未来的勾画所能实现的。不确定性的未来不可能提供确定性的信心。只有当下体验的改变才能让市场克服过去的信心不足。整体上看,经济信心是主观体验,而经济预期是客观计量,二者应当区分开。

**预期管理与风险管理谁更重要?**

在偶然性观念中,过去的事情就过去了,不可更改也无法借鉴,因为下一件事尽管看起来与以前的事有相似之处,但就像河流一样,时间轴上没有同一条河流。从历史数据中寻找规律,其实只是一些主观臆想,或者是寻找某些偶然性关联,即偶然性聚集产生的貌似必然的结果。

风险管理主要是通过分析以往的数据以找到引起风险损失的因果模式,从而控制和管理风险成因元素,减少和避免风险损失,以更好地管理未来。

防范风险的主要措施还在于预期管理。稳定的经济预期包含了对未来财富增长波动的收益与损耗的基本估量。这些预期决定了人们当下的行为。预期是所有信用的基础,是人们经济行为的出发点,是未来状态的勾画,会深刻地影响当下,更深刻地影响未来。预期良好时,人们的消费和投资就会活跃,社会流动性扩张,信用等级就会提升,信贷资金也会相应增长,储蓄率降低,间接融资增加,风险拨备也会稳定。预期不良时,消费和投资都会收敛,社会流动性收缩,风险偏好转向保守,储蓄率上升,直接融资下降,风险拨备也会提高。预期是社会信用体系的基础。但预期管理不是粉饰太平,望梅止渴,而是描述事实,指出真相,便于人们面对偶发因素,调整自己的经济行为,避开风险因素,抓住收益机会。

在面对未来时，社会治理者利用预期管理提供相对准确的预判，增强收益元素的作用，从而为大众提供稳定良好的预期，这才是促进发展、稳定社会、防范风险的大道。

预期管理面向未来，风险管理处理过去，是硬币的两面。当然，笔者认为预期管理更值得重视。

## 四、免于贫困：经济文明的终极答案

不确定性环境下的人类通过不断的努力积累自己应对不确定性带来的损耗的能力，构建适应不确定性的相对稳定的生存环境。综合来看，这些活动就是所谓的经济行为。

经济的目的是创造财富并使之用于人类社会生活。于是产生了两个最基本的经济目标：相对较高的效率和公平可信的财富分配。从根本上讲，经济学就是研究经济活动如何有效地获得财富和如何公平地分配财富的观念、方法、工具，并形成了一整套分门别类的理论。

经济学长期以来在效率与公平的关系和实现路径上不断努力，成果硕博，学派林立。尤其在经济资源配置上，究竟是走市场之路，还是政府引导，理论和实务不断博弈、争论，较量了数百年，至今也各有各的结论，不同的历史时期各国学界和政府会作不同的选择。为什么难以定论呢？这恐怕也同传统经济学的假设与现实经济操作的风险呈现有关。前者难以绝对证实，后者难以真正证伪。就前者而言，如果理论解释不了现实，可以推给前提条件的变化。就后者而言，当下的任何经济行为的风险后果，都可以用未来的可能性推脱。

传统上，经济是价值的创造、转化与实现。人类经济活动就是创造、转化、实现价值，满足人类物质文化生活需要的活动。

保罗·萨缪尔森在其著作《经济学》中提出，经济学研究的是一个社会如何利用稀缺的资源生产有价值的商品，并将它们在不同的个体之间进行分配。马歇尔在《经济学原理》中谈到,经济学是一门研究财富的学问,同时也是一门研究人的学问。

然而,目前的经济学并没有触及人类社会文明运行的最底层逻辑:世界的不确定性本质。在不确定性的大前提下,人们如何更有效地创造财富? 如何更公平地分配资源? 人类仍然无法摆脱面对不确定性现实和追求确定性结果的终极困惑。许多人学会了适应不确定性,而另一部分人则坚持不懈地追求确定性(实际上只能是相对确定性)。

当我们从认知上理解了这个世界的不确定性是普遍存在的客观现象,放弃对确定性的不懈追求,并意识到人类的所有文明都是应对不确定性的主观构建时,有些问题就变得比较简单直观,也有了终极答案。

例如,从不确定性角度看,市场经济才是人类发展的必由之路。为什么在市场经济与计划经济或产业政策主导的选择上人类总是存在争议和犹豫不决呢? 根本上还是人们对确定性的追求,市场经济的不确定性不符合一部分人追求确定性的乌托邦理想。所以这种争论和犹豫仍然会继续下去,尽管人类对不确定性的认识达到了新的高度,但人性深处的黑暗区域仍然会不时放射出确定性理想的光芒。每个个体的选择背后是人性使然,如果是非发达地区,财富分配又不平衡,认知水平有限,假设要在计划经济与市场经济之间作出选择,那多数人会选择计划经济,因为这符合厌恶不确定性和向往确定性的心理偏好。

事实上,无论实行什么样的社会制度、社会治理模式,无论拥有多么不同的历史文化、人文特色和自然环境,在目前的人类文明环境条件下,市场经济是获得最佳效率的经济制度和实现公平的底层载体。

从不确定性理论的核心原理出发,经济文明的终极答案就是人人都有免于贫困的权利。

马克思在《德意志意识形态》中指出,人们为了能够"创造历史",必须能够生活。但是为了生活,首先就需要吃喝住穿以及其他一些东西。因此第一个历史活动就是生产满足这些需要的资料,即生产物质生活本身,而且正是这样的历史活动,一切历史的一种基本条件,人们单是为了能够生活就必须每日每时去完成它,现在和几千年前都是这样。可见,满足人的生存需要是全部历史的起点,也是所有价值观念等事物的起点。

罗斯福提出的四大自由,只是一种政治宣言。而马克思揭示了所谓的自由背后的自然原理。从不确定性原理来看,人类社会的根本价值在于免于匮乏,也就是免于不确定性恐惧,从而获得生存与发展的空间。这是应对不确定性的必然要求,也是经济文明的终极答案。

这个答案的现实意义就是,任何个人和组织机构所从事的追求财富的经济活动都是天赋之权,都应该受到保护和鼓励。

## 五、"看不见的手"与风险定价

亚当·斯密最著名的论断是提出"看不见的手",即指每个市场参与者都根据自身利益考量参与市场交易,最终在无形中提高了资源配置效率并增进了社会整体福利。由于其中的运行机制难以明确地表述出来,所以被称为"看不见的手"。

亚当·斯密指出,在完全竞争市场环境下,当每一个个体都竭尽全力地寻找资本的最优使用方式时,这些社会中个体努力的总和,将使整个社会朝着有效利用资本的方向前进。个人就是他自己利益的最佳判断者,因此不需要超然于个体之上的中央计划的指导。但这并不意味着作为个体他们就清楚地知道,对自己最好的结果对于社会而言,也是最好的结果。

亚当·斯密解释了为什么每个个体都会竭尽全力地寻找资本的最优使用方式,因为市场中的每个人都是利己的。这种利己的深层原因在于风险承担。每个人都在追求财富中进入市场,承担各自的风险。也只有在市场竞争中通过各种制度安排使每个人的市场收益得到保障,风险承担才能落到实处。

风险承担才是"看不见的手"背后的深层逻辑,也是"看不见的手"能够发挥作用的真正原因。如果市场上到处是不承担风险的"交易者",那"看不见的手"也会失灵。市场的监管和企业的风险防范,并不是去干预所谓"不好的交易",而是确保交易的信息透明、公平、被侵权的可追溯,使市场的那只"无形的手"能够发挥作用。

"看不见的手"作为现代经济学的起点,强调通过市场价格让市场自发地形成均衡状态,而不是通过行政手段设置价格。计划经济的弊端从根本上讲就在于它是以确定性为前提而设计的经济运行规则,对市场的调控冲击了市场本身定价的机制。

亚当·斯密明白,人的知识是分散的。像市场这种收集信息的制度,使每个市场参与者可以有效利用分散且难以全面了解的知识,由此形成了一种超越个人的模式。在以这种模式为基础的制度和传统产生之后,人们再没有必要在统一的目标上求得一致,因为广泛分散的知识和技能,现在可以随时被用于各不相同的目标。这就是"看不见的手"的最主要的运行机制。

现在再来看"看不见的手",有如下两个方面的新体会:一是"看不见的手"体现了市场个体对不确定性的应对,即每个个体都有自己的应对方式或应对策略,或理性,或不理性,这些既是自由的保障,又是效率的必需。二是"看不见的手"体现了市场整体(或人类社会)对不确定性的应对,即市场经济在运行过程中,不断进化出各种制度、法规、道德、习惯等,这也是制度经济学研究的主要对象。

从不确定性出发,"看不见的手"与市场规则、秩序及相关道德和习惯是一个从无序到有秩序的互动的过程,也是连接微观经济活动与宏观经济活动之间的桥梁。严格来说,在不确定性原理下,划分宏观与微观经济的必要性是存疑的。如果需要这种划分的话,那它的意义也主要局限于对宏观(总量)状况和微观(单项交易)状况的描述,据此判断不确定性的未来或许得另寻他途。

### 风险定价与概率

在不确定性原理中,风险定价是由风险承担机制决定的。由于风险表现的不确定性波动,即某些事件的发生概率不同,带来收益和损失的概率不一样,所以风险定价就是对经济活动的风险成本考量。一件商品或服务的价格,实际上已经完全考量了损失概率,所以需要承担这种概率下实际发生的各种损失。例如商品卖出后有损坏或发生质量缺陷,或产品功能有偏差,买者是可以无条件退货并要求退款的。卖者在商品定价时,必须考虑这些因素,并注明这些相关风险的承担状态。如果与产品相关的大量风险商家并不打算承担,那么首先商品的宣传要有风险提示,其次商品的定价要减掉相应风险成本。由此,消费者在商品或服务的选择上便有机会避开自己不愿意承担的风险,选择合适的产品。这是市场信息对称的重要机理。

一个比较典型的例子是旅游公司的旅游服务产品。因为许多产品是观赏特定的自然景观,与气候、季节等不确定性程度高的环境相关性高,如:天气晴朗时,可以在长白山看到很美丽的天池;神农架偶遇野生猕猴;等等。游客能否见到完美的天池或偶遇猕猴,有一定的概率。在风险定价原理上需要明确这些概率事件带来的结果由谁承担。这里有两种类型的定价模式:一是旅游公司卖出产品时承担了长白山天池因天气浓雾而不可得见,或者神农架下雨猕猴并未出现的损失概率,并将这一风险成本计入价格。虽然价格可能高一点,但游客的选择范围更广泛。二是旅游公司只承担运载乘客的责任,把天气变化的概率归结为不可抗力因素,免除自身的民事责任。这就需要在营销方面谨慎用词,在旅游合同中有明确的条款表述。这样游客就可以在信息透明对称的条件下选择是否愿意自行承担这样的风险。而旅游公司的定价则应剔除这部分风险成本。

风险定价的另一个基本原理是不能利用风险转移获得低价倾销和垄断经营的机会,如通过价格战取得定价权,破坏和扰乱了市场规则,掩饰了经济事物的真实损失概率。长此以往,会形成一个不公平的市场,造成劣币驱逐良币的恶性循环。例如地方政府对国有企业产品的补贴,就会助长国企在决策者并不真正承担风险(代理责任)的条件下不惜代价占领市场,获得市场份额,但整体效率和服务质量在各种转包分包中降低,而被低价所掩盖的风险并不能消除,只会逐渐积累,留给未来。

风险定价基于收益概率和损失概率。承担损失概率的实际能力和心理界限存在深刻的逻辑关系。对经济活动预期收益和损失概率的差异所持的基本态度决定了风险定价的逻辑。传统意义上,风险定价是指确定金融产品或投资项目的价格时,考虑到相关风险因素对预期回报的影响。在金融领域,风险定价是一种通过衡量风险与回报之间的关系来决定资产或投资的合理价格的方法。

高风险的资产或投资项目应该具有更高的预期回报,而低风险的资产或投资项目则应该具有较低的预期回报。这是由于投资者普遍倾向于追求更高的回报,对承担更高风险的资产或项目要求更高的回报。常用的定价方法包括资本资产定价模型和期权定价模型,它们都是基于市场各种因素的波动概率来确定其价格。

## 六、市场观与秩序观的平衡

在不确定性的视角下,市场观与秩序观同样重要。从市场观出发,需要无序的环境和不确定性的交易后果,才能使市场的"无形之手"的作用发挥到极致,才能获得最符合自然属性的效率。但显然如果市场完全沿着无序的方向发展,最终还会回到无效。

那么市场就需要建立秩序来促进交易的有效性,即通过建立信息对称、法律救济、交易公平、风险承担等规则来保障各种交易的公平、透明、侵权可追溯、收益受保护、损失须承担等。这些规则背后的原理就是对无序进行约束和适应不确定性的特点。需要澄清的是,市场并不需要人们的校正。无论商品市场、劳务市场、金融市场或能源市场，本身也不存在什么不妥的交易，它与市场秩序并不是相互对抗的关系，而是相互叠加，共同促进交易、完善环境的关系。我们可以把这个生态环境称为"市场文明"。

传统上对市场的认知是认为市场有其天然的缺陷，如市场有其自身不能调节的公共产品，通常指国防、治安、消防等。其实这些公共服务都是指政府的公共责任，实现这些责任当然需要从市场获得某些商品和服务，但这些公共职能不能由市场调节的问题，并不能成为把相关的产品从市场上排除的理由，并不是说与政府职责相关的产品都不能接受市场规则，这样认识市场是极其荒唐的。

传统经济理论认为市场自身存在运行上的缺陷，如自发性、盲目性、滞后性，并指责市场会因为这些特性而造成资源浪费。其理直气壮的结论是市场经济的正常发展，要求发挥市场的作用，但也需要国家的宏观调控。只有把"有形的手"与"无形的手"结合起来，才能克服市场的缺陷，保证市场经济健康、有序地发展。这种基础认知近年来以"有效市场与有为政府"相结合的说法出现，本质上都是认为市场有缺陷，需要行政力量的介入干预。问题是逻辑上如何证明市场的确存在天然的缺陷及行政力量刚好具有市场所缺乏的治理元素呢？这是一个荒唐的假设。因为市场"看不见的手"就是以所谓自发性、盲目性（也就是不确定性）为机制运行的，市场根本不需要任何外界力量介入干预，否则会适得其反。当市场运行的结果不符合人们的主观预期时，有些"理论家"便认为是市场失灵，需要理性权力的介入并纠正这种失灵。这是个彻底的伪命题。

市场就是市场，所有的交易从开始到结束及相关支付和服务的终止，都是对风险的计量与承担的过程。当产品或服务对客户提供了对价的或超过对价或低于对价的效用时，定价与成本之间一定存在差异，或者收益大于成本而获得利润，或者相反。任何市场的交易行为和结果都是客观存在的,不受主观意志支配或影响。正因为每笔交易都有合适的风险承担,就在整体上避免了社会风险敞口的积累。除非行政权力的介入使得不承担风险的主体进入市场,它们在交易中并不真正承担风险,或者只是代理所有者进行交易,而产生了大量的非市场行为和垄断的、强制性的交易,才会出现市场"失灵",但这不是市场失灵,而是市场失效。需要纠正的不是市场,而是行政权力的介入。

以主观观念上的所谓标准来判断市场发生失灵,或者认为市场存在所谓盲目性,只能说明一些理论家对市场的认知尚在盲目中。

相信不确定性主导下的市场"看不见的手",本质是相信强大的自然之力。摆脱人类的主观偏见和自诩的理性,所有的困难都会迎刃而解。

完全无序的市场会走向无效,而整齐划一的规则却会破坏市场的不确定性结果,从而使市场失去动力、活力,最终死亡。因此,在不确定性的市场观与市场秩序观之间存在着某种微妙的平衡:市场交易与交易规则之间总是互动的,总是在收益和损耗之间调整相互关系。风险大于收益时,规则会更利于稳健保守的市场主体,交易趋于稳定。收益大于风险时,规则会更利于风险偏好激进的市场主体,交易趋于扩张。所以市场交易与秩序是适应不确定性的市场文明生态,根本不需要行政力量的介入。

## 七、经济周期与规律到底存不存在

从不确定性逻辑出发,在偶然性社会里,所谓周期现象都是某个维度的主观划分,而不是客观自然现象。在自然世界里,由于不确定性分布的原因,呈现出不同形态、不同时间长度、不同空间区域的不确定性现象,其中也呈现出具有相对确定性的客观现象,如物理、化学、生物学揭示的可重复现象,从数据角度可以看出这些现象具有重复出现的规律性。人们发现了这些规律性现象,便产生了各种各样的知识,并借以改变生存环境。

而人类社会却是由偶然性主导的社会,根本不存在规律性的东西,即使是在人类文明秩序引导下的人们的行为也只是有规则的行为。规则是主观产物,一旦改变,行为便改变。所以在人类社会的行为范围内,所有的现象,包括历史进程和现实变化,都是偶然的,找不到任何必然的证据。所谓经济周期,也是根本不存在的。周期理论不过是伪理论。

那么人们经常挂在嘴边的所谓历史规律和经济周期观念从何而来呢? 显然,长期以来,人们把自然存在的客观规律即相对确定性现象,与人类行为的主观偶然混为一谈,把统计数据里的数据相关性当作是规律性,把偶然重复的因果现象错认为是某种周期,并借以预测未来,从而树立某种政治的、经济的预期威信。

那些喜欢靠预测偶然猜中某个未来结果的经济学家,乐此不疲,互相吹捧,并从相信他们的其他社会成员那里收割智商税。

## 八、奥弗顿之窗

奥弗顿之窗指的是政治光谱中大众可以接受的范围,由约瑟夫·奥弗顿发现。任何处于奥弗顿之窗以外的观点都会被认为是极端的,可能会遭到主流意见的摈弃。大多数中间派都位于奥弗顿之窗内,但也有一些例外,例如激进中间派。

政治评论家约书亚·特雷维诺认为公众对某一政策的接受程度大概分为六种:①无法想象的(unthinkable);②激进的(radical);③可接受的(acceptable);④有道理的(sensible);⑤流行的(popular);⑥政策级的(policy)。

在这六种范围内的政策意见可行性比较大。所以奥弗顿之窗是一种识别政府政策可行程度的方法。

奥弗顿之窗也是动态的、可移动的,政治与商业政策和策略制定者一方面会尽量在奥弗顿窗口范围内确定可行方案,另一方面也会运用各种方法改变或移动窗口的范围,让大众适应新的观念和政策。如果想要让奥弗顿之窗移动,则需要在大众中形成对应的、新的共识。

奥弗顿之窗的范围是不确定的、变化的,常常成为当下决策的依据,也可能会成为确定未来方向的干扰之力与反面教材,造成政治与商业决策的时空错位。

不确定性决定了这个窗口的相对稳定和移动,当下窗口范围内的热门热点,很可能在几年后移出窗口范围。那么我们如何在商业领域运用这个奥弗顿之窗原理呢?

其一,要研究确定当前消费者的共识范围。有效的商业模式只能在这个共识的范围之内。例如,经济下行时,奢侈品消费就会萎缩,这是不用求证的共识。

其二,在经济上行期,这个窗口范围会扩大,反之则会缩小。投资的范围应该跟从这个窗口范围的变化趋势,顺趋势则收益概率大,逆趋势则风险概率大。

其三,社会智库和企业都应该研究和锚定社会与自身发展的窗口范围,据以确定风险偏好和投资方向。应该建立窗口范围的调查模型和计量模型,作为锚定窗口范围的技术支撑。

其四,当下激进的可能会发展为合理的,而合理的将会走向商业化。所以任何窗口范围内的经济意向和共识都具有潜在的经济价值,也含有隐藏在收益背后的风险。奥弗顿之窗问题本质上是风险管理问题。

当然还有其他的需要厘清和研究的问题。总之,奥弗顿之窗的经济理论意义非常重要且有趣。它符合不确定性原理的底层逻辑,值得借鉴和运用。

## 九、凯恩斯主义为什么大行于世:风险后移

在经济学家中,凯恩斯虽然饱受争议,但也广受欢迎。其中的道理何在呢?

约翰·梅纳德·凯恩斯,英国经济学家,被誉为现代宏观经济学之父,凯恩斯主义经济学强调政府应积极干预经济,尤其在经济衰退时期,通过增加支出以刺激需求。这一理论是建立在凯恩斯著作《就业、利息和货币通论》的思想基础上的。它旨在通过政府对经济社会活动的必要干预,来消除生产过剩与失业危机,实现充分就业,以管理总需求和稳定经济。它主张国家采用扩张性经济政策,通过增加需求促进经济增长,即扩大政府开支,增加政府负债,实行财政赤字,刺激经济,维持繁荣。凯恩斯主张政府干预以解决高失业问题。这与 20 世纪 30 年代的罗斯福新政不谋而合。

后来人们也总结出凯恩斯主义的一些主要弊端:

一是政府债务和赤字风险:高额的政府债务和赤字可能带来财政风险,如利息负担加重、通胀压力增加等,影响经济的长期可持续性。

二是依赖于政府决策:政府的决策和干预可能受到政治和官僚机构的影响,导致决策制定的不确定性和滥用的风险。

三是资源配置效率问题:政府通过财政支出来扩大需求,可能会导致资源流向政府选择的领域,而非市场自由决定的高效领域。

四是通货膨胀风险:过度的货币供应可能引发通货膨胀风险,导致物价上涨和购买力下降。

五是忽视供给面问题:解释经济衰退和失业问题时较少关注供给面的问题。这可能导致忽视结构性失业和生产率增长等供给面因素对经济的影响。

但这些批评并没有从理论层面说清楚凯恩斯主义之所以很快被人接受,也的确会有短期危机处理效果的原理。任何理论都在它给定的

前提条件下有效,条件一变也会无效,但其有效运行的机制到底何在?

**关于凯恩斯主义与新古典主义的一点认识**

1. 二者的基本观点及主要异同点

(1) 凯恩斯主义重点强调政府干预经济的必要性,并总结了造成有效需求不足的三大心理规律,进一步强调不能等待市场自己发挥作用回到均衡,而需要政府的干预,在具体的政策操作中则强调"相机抉择",即根据具体情况随机应变。

(2) 新古典主义包括货币学派,都强调市场本身具有自动修复功能,即在市场机制的作用下自动实现市场出清,外在的干预(政府干预)只会增加市场的波动,或者扰乱市场修复的进程而延长修复时间。其理论基础就是哈耶克主义,即所有规则的形成都不是人为主观或预先设计好的,都是在漫长的市场实践(或人类进化过程)中不断试错、不断总结而形成的,因为人类的理性是有限的(对应的就是,世界是复杂的,世界运行是不确定的)。

(3) 二者都不否认市场机制的均衡功能(或自动修复功能)。但在应对措施上有所差异,凯恩斯主义坚持面对当前现实,积极应对,而不是消极等待;新古典主义主要则坚持认为政府干预只会更糟,而应坚持发挥市场机制的作用。

2. 从不确定性的角度继续探讨二者之间的异同点

从上面的简单分析可以看出,凯恩斯主义与新古典主义应该都对不确定性有深刻的认识,都是从不确定性出发在研究经济现象。

(1) 凯恩斯主义认为,经济社会运行非常复杂(或者说经济社会运行的本质是不确定性),市场机制是一种有效的机制,但不是及时的,有时也需要人为的外在干预予以修正。而这一点正是新古典主义所反对的地方,新古典主义不认可这种修正,哈耶克不认为政府(或人类)有这样的理性,所以干预是无效的,相反只会使情况更糟。

(2) 新古典主义对经济社会运行复杂性的认识更加深刻、更加根本

（也是对不确定性的认识），进而对市场机制的认识也更加深刻、更加根本，市场机制更像是一种没有目标导向的试错过程，这个过程就是目标（似乎正是这个过程维护了我们心中的理想信念，包括公平正义）。所以，新古典主义反对任何外在的主观干预（法律规则除外，例如私产权利），既不相信干预者的理性，也不相信干预者的道德。

（3）从不确定性的角度而言，新古典主义是完全的不确定性主义，而凯恩斯主义是不完全的不确定性主义（至少还相信干预的合理性及其必要性）。二者在不确定性的认识上是一致的，但新古典主义像是接受者，而凯恩斯主义更像是不服输地追求确定性、相信人的理性的追逐者。

### 凯恩斯主义与未来风险

市场本身是符合不确定性原理的，市场能创造价值，也会附带风险，由于人们对收益的期望会忽略风险消化，所以市场会积累大量的风险并形成一定区域和时段的危机。市场也能自主解决经济运行和增长中的问题，但不确定性原理同时也强调损耗与风险是不可消灭的。危机来临时，市场风险的承担与消化需要一个过程，而这个过程是痛苦的（即所谓软着陆），但人性的本能是希望危机早点结束，凯恩斯主义正是迎合了这一人性期待，而获得许多政府的青睐。不论有意无意，凯恩斯利用人性的弱点，抛出了一剂让人痛快的药方：把风险往后转移。

凯恩斯主义的作用原理就是通过行政权力快速集中经济资源，把货币政策、财政政策刺激经济增加消费的能力快速拉升（即所谓硬着陆），表面上看，危机得以化解，但是债务和赤字把经济风险后移了。这样一来，短期会呈现增长。市场本身固然能解决这些问题，但时间长，速度慢，而人性的本能是寻求快，凯恩斯主义迎合了人性，也迎合了行政管理者对权力扩张的心理倾向，所以大行于世。

凯恩斯有一句直观、生动的名言："从长远来看，我们都已死去。"他本人对未来并不关怀，也没有信心，对他来说，向未来转移风险是理所当然的。

**不确定性角度的反思**

不确定性原理戳破了传统经济理论的光环,因为向未来转移风险不过是人性的本能,凯恩斯主义不过是以理论的外衣赋予了这种反道德操作的正义性与合理性。

真正反思起来,凯恩斯主义还有几点需要澄清的问题:

一是所谓的宏观经济都是一定范围的经济总量结构问题。所以宏观经济并不是某种经济形态,而是学者们的经济观察和总结及其方法的理论化。这当然也是很有价值的理论,但经济行为和市场交易的运行与宏观经济的判断(如周期、规律、政策等)没有直接关系。货币发行和流通本质上是微观经济问题。凯恩斯的宏观经济体系是为政府干预经济推导出的思想工具,放大和拔高宏观经济学的价值,可能会带来对市场的认识误区。

二是市场经济运行本身就会积累风险,当风险增长到一定程度时,风险损耗就会呈现,所谓经济危机就是指这种呈现,在什么时候、什么地区以什么形式呈现并无所谓的宏观规律。消化、缓释、分散、承担这些风险都是市场正常现象,将这种呈现定义为危机是社会治理的主观判断。

三是风险积累过大时可能会出现就业、消费、投资等萎缩的危机,是危机当然需要危机处理。但行政权力干预市场需要设计合理的理论和实务边界,不能允许和承认无边界地向未来转移风险。

四是政府处理经济危机和提供公共服务产品的时空需要有实证意义上的经济行为约束边界,至少不宜跨越太长的时间期限。

五是经济危机的处理有两个基本目的,即在危机动荡中实现风险的缓释分散和有效承担,以行政和司法效率让市场快速发挥风险配置和承担的作用;用空间换时间,通过政府加大负债与开支来延长或缓解风险的破坏力,以换取今后一段时期内某些新技术、新材料、新产品出现带来新的价值，从而熨平以前的风险损失。这带有或然性，非主观意志所能左右。

六是凯恩斯主义相信政府干预这只"看得见的手"，实质是相信人的理性。而人的理性是有限的。实践中委内瑞拉、阿根廷、伊朗、朝鲜、柬埔寨、苏联等国家都有过通过彻底的国有化促进经济快速发展的做法，从经济上看都以失败告终。

## 十、长期主义与短期主义

由于不确定性的大环境，人类文明需要通过不断的技术创新与进步来适应变幻莫测的未来。在人类内部竞争的过程中，谁能占据技术制高点，谁就具有了战略优势。怎么才能保持技术领先呢？主要靠科技创新能力，如何才能获得这种创新能力呢？这需要靠长期主义的文化构建。而长期主义的本质，则是对待不确定性的态度选择。追求未来收益并承担未来风险损耗的风险态度即为风险偏好。不同的偏好态度决定了不同的发展路径的选择。

从不确定性原理来看，离当下越近的未来是人们最能预判的未来，而离当下越远的未来，其中各种事物的发生概率便越来越不易预测。所以心理上人们更偏好眼前的利益，也更防范眼前的损耗。人们更愿意为当前的收益付出代价，而不愿意为不可预期的未来付出代价。未来可预期的丰厚的收益正是社会创新能力提升的重要动力。

如果有人敢于或愿意承担长期的风险，以期望获得更多的收益，那么就是所谓的长期主义者。长期主义者需要比关注当下的人有更高的智力，更复杂的知识结构，更好的心理素质，更强的风险承担能力，有坚定的信心和对未来的预期目标。这样的人、企业、地区和国家，都是难能可贵的。

因为长期主义是提升创新能力的动力基础。

只有长期主义者才能支撑科技创新所不可或缺的包容、容错，并愿意付出机会成本、沉没成本等代价。

长期主义者并不是盲目的,而是将战略构建在可预期的时间跨度基础上。现代经济学、现代风险管理技术、现代心理学、现代行为学、各种数学模型等,是人类预估未来的能力的支撑。人类预估未来的能力越强,目标越是清晰,人类的创新能力便越强。

人类需要打破自己构建的主观环境,挣脱内卷一样的主观循环。小心长期主义的功能在内卷式主观循环中衰退。

与长期主义相对应的词是短期主义。那么是不是真的存在短期主义的思想观念和倾向呢?

前文讨论了长期主义观念与不确定性的关系。短期主义也是应对不确定性的一种态度。

长期主义总体上是一个褒义词,但我们谈论长期主义时是不是针对短期主义而言的呢? 这还是一个模糊的问题。因为从长期来看,人会死,企业会关闭,宇宙最终会走向热寂。所以长期主义也是一个陷阱,我们容易掉入其中,然后放大其意义,弄不好会摒弃掉当前的"短期值得,但长期不值得"的事情。因此短期主义是面对不确定性的另一种风险偏好,而不是某种视野或道德上的缺陷。

尽管短期主义一直被定义为忽视长期利益,而专注短期收益。但是从风险控制角度看,当前收益和长远收益都是同等重要的。从某种意义上考虑,对于普通人来说,当下收益更为重要。

短期主义是非常需要决策技术和智慧支撑的高级策略,因为普通人根本前瞻不到时代变化及风险变化,在信息不对称的条件下,做短期投资比长期投资更难。能看到长期趋势的人极少,他们一般都有技术专长和信息优势。

其实长期主义和短期主义都各有价值侧重。企业和个人在经济活动中所持的风险偏好不同,追求当前利益和追求长远利益都是合理的选择,就像商业银行注重现金流,投资银行注重贴现时效,风险投资注重未来趋势一样,各有各的战略。长期主义和短期主义不是两个对立的概念。

在股票市场,短期主义指过分强调公司的近期业绩,对长期业绩的关注打折扣。市场过分关注短期会积累大量当前风险,容易产生危机。但市场过度依赖长期也容易产生把风险后移、占用未来资源的问题。

实际上,摆脱短期陷阱的方式,是需要跳出你正在埋头做的事,然后站在更高处,站在更长的时间尺度上,考量利弊,厘清风险偏好,平衡好短期价值与长期价值的资源配置。

# 第三节　计划经济与不确定性思想

关于计划经济与市场经济的争论由来已久,其本质就是对政府与市场在经济运行中各自应发挥什么作用的看法不同。我国著名经济学者林毅夫教授与张维迎教授关于产业政策的论辩,其实也是这一争论的延续和具体表现。目前,关于这一问题的争论已经更加理性,而且从不同的角度进行观察或讨论,也使大家对这个问题的认识更加全面和深入。在对这一争论进行历史回顾的基础上,我们从不确定性、有限理性和均衡的角度,对计划经济存在的主要问题进行分析,并结合异度均衡理论试图寻找到经济运行的第三条道路。另外,为什么要对计划经济思想进行学术性批判,这是因为异度均衡理论来源于世界不确定性原理,而计划经济理论则是以追求确定性为目标的,可谓南辕北辙,必须做一些理论澄清。

在讨论计划经济与不确定性思想前,我们需要先回顾一下近一百年来的经济发展情况。自第一次世界大战结束后,凯恩斯主义大行其道,其主旨在于危机下的经济发展应当由政府引导。在第二次世界大战结束后,凯恩斯主义继续维持了二三十年。随后,在弗里德曼等自由主义学者思潮的带领下,新自由主义替代了凯恩斯主义的位置。在自由主义的影响下,全球贸易往来升温、金融账户快速开放、以关税为主的保护壁垒逐渐消失,一个全球红利共享的新时代诞生了。然而2008年的全球金融危机彻底击垮了这一美好的时代。金融账户的自由化叠加监管的缺失使得金融体系中的问题向整体宏观经济与社会中传导,《房债》《扫地出门:美国城市的贫穷与暴利》《信仰危机》《叙事经济学》等一系列经典著作分别探讨了债务风险、不平等、信用危机及行为经济学等问题。自2010年欧债危机结束以来,保护主义再次抬头,同时带动了民粹主义倾向。从倒序的时间线看,首先是美国贸易政策的调整,特朗普政府所实施的高额关税导致了全球贸易快速收紧。其次是英国脱欧、印度穆迪政府的"自力更生"倡议及欧盟对外国投资审查的收紧。马丁·沃尔夫在新书《民主资本主义的危机》中将这一现象称为威权资本主义,即政府对于资源及财富分配的方式进行一定的控制。不仅仅是马丁·沃尔夫,自2015年以来,许多学者提出了政府应当加强监管,特别是要求政府对财富分配方式进行改革,这也是民粹主义、保护主义抬头的一个重要因素。不过,不论是威权资本主义还是国家资本主义的提法,都保留了资本主义自由市场的核心。福山在2022年出版的著作《自由主义及其不满》中写道:自由市场是社会的一种基本组成形态,资本主义的核心是自由市场,其中自由市场的目的不仅仅是达到资源分配的最优化,同时是个体平权的组织模式。

　　计划经济是与市场经济相对应的概念和体制,顾名思义,是指整个社会的经济过程都是按"计划"运行的,包括对生产、流通、分配、消费等全部过程都进行事先计划。由于计划的执行依赖于"指令",所以计划经济有时被称为指令型经济,因此也与集体主义、社团主义、权力等密切相关。但从对不确定性、有限理性与均衡的认识来看,计划经济存在不可避免的逻辑缺陷。

## 一、计划经济对不确定性的认识

不论是什么样的经济体，都必须寻求政府与市场之间的平衡关系。一味依靠计划经济追求远期确定性的做法及缺失监管的做法都被历史否认了。一个长期需要研究并回答的问题是：市场和管理者的边界在哪里，以及什么情况下才能达到阶段性的最优解？

与自由市场相类似的是计划经济也是一种社会的组织形态，不同的是计划经济强调协调统一，通过自上而下的统一管理来提高效率，在很大程度上利用统治阶级的认知代替了市场的功能。经济体内进行的资源调配、使用、跨期、定价都来源于行政指令。站在一个更高的位置看，如果计划经济可以让资源配置的结果与市场经济达到同样的优化水平，经济持续维持在潜在增速水平，居民福利水平维持合理增速，那么就不会出现制度之争。但历史告诉我们的是，完全的计划经济最后几乎都走向了灭亡，更深一步，计划经济出现的背景都是在较为混乱的时代，从政者期望通过统一的方式度过不稳定时期的想法并不违反直觉，不过违反直觉的是长期计划经济的实施，这完全忽视了市场对资源配置、风险承担的作用。从我国的实践来看，1992 年党的十四大报告中才明确提出市场经济体制的改革目标，表明我们正式向市场经济转轨。这一点体现在经济学研究上就是自由市场理念开始大行其道，2013 年韦森在《良序社会运行的基本原理》一文中写道，随着哈耶克和以弗里德曼为代表的芝加哥学派所宣扬的自由市场经济的理念在世界各国广泛传播，在 20 世纪和 21 世纪之交，全世界经济学界中又似乎人人都成了自由市场经济的信奉者。关于计划经济失败的原因分析已经有很多，但很少有专门从不确定性、有限理性与均衡的角度进行的探讨。

计划经济以追求确定性为条件，通过预先的设计和计划来指导整个经济过程的运行，从而达到预设的结果和目标。计划经济将经济运行过程看作是确定的过程。

但现实是,世界是不确定的,自然是不确定的,未来会发生什么,谁都无法确定。承认世界是不确定的,才能真正把握住世界的本质,也才能提出合理有效的经济运行模式,以契合不确定性的现实世界。

在确定条件下的最优化理性决策很容易解释,但要回答在不确定条件下的经济决策原理却不容易。这也是计划经济的最大缺陷所在。脱离不确定性去研究问题、设计经济运行模式,是难以契合实际的,也难以对现实世界经济运行提出有效的解释和指导。具体到微观主体,根据产业组织理论与博弈论研究,在存在策略性进入壁垒或市场性进入壁垒的条件下,不确定性上升可能会促使企业过度投资。也就是说,不确定性会影响到经济行为主体的决策,所以在不确定性的影响无处不在的情况下,绝不能脱离不确定性去设计经济运行模式。如果以确定性为前提,则会陷入哈耶克所称的"建构论理性主义"的"陈旧而反科学的方法论"中。

## 二、计划经济对有限理性的认识

理性对人类社会发展的作用不可估量,正是有了理性,人类才能逐步走出蒙昧和黑暗,才能创造出巨大的物质财富并不断提高人类生活质量。理性最重要的代表和最突出的表现就是科学技术的发展与运用,应该如何对待理性(包括如何对待科学技术发展)是一个非常值得重视的问题。哈耶克自由经济思想的出发点其实就是基于这点。冯克利在《致命的自负》的编者前言中指出"哈耶克从这种(科学技术)进步中却看到了一个巨大的潜在危险,即每个科学领域所取得的成就,都在对人类的自由不断形成一种威胁,这是因为它加强了人类在判断自己理性控制能力上的一种幻觉",也即哈耶克所说的"致命的自负"。哈耶克认为,一切打算对整个社会实行计划的企图,不管他们是出于何种高尚的动机,都是建立在这种危险的知识自负(也就是理性自负)上的。所以,哈耶克一再强调,他与计划经济者的分歧并不是出于意识形态或价值选择上的对立,而是对实现路径的不同理解与选择,其实也就是对人类理性的不同认识。

从个体与集体的关系来看,集体更多地表现为有限理性。在这里我们不考虑个体的理性程度问题,假定个体都是理性的。那么问题就是,在个体理性的基础上,集体就是理性的吗?其实这牵涉两个问题。一是集体的理性标准到底是什么?从集体的整体利益来说,只要集体中的大多数个体的利益(包括物质财富、生命生存等)得到保障或增益,就可以认为这个集体具有理性。但这个理性显然是有限理性,因为在复杂的世界运行过程中,集体不可能或很难兼顾到每个个体的利益。二是集体的理性到底应该从哪里来?这其实是计划与市场之争的根源所在。计划认为集体理性可以从学习知识、有序规划、精密设计及崇高的道德理想中来,而市场认为集体理性只能从个体理性中来。也就是说,计划认为存在一个万能的中央计划者,或者至少可能存在一个中央计划者;而市场认为不可能存在一个万能的中央计划者,因为它无法掌握所有的纷繁复杂的个体信息。正是对有限理性的不同认识,导致了计划和市场分别给出了不同的经济运行方案。

计划经济没有认识到有限理性的普遍性,坚持"理性的自负"对经济运行进行预先的设计和计划,而在经济运行的具体过程中,又极大地依赖于"过多掌握资源控制权和集中决策权的政府部门和官员的特殊偏好、特殊目标,这些偏好和目标往往不取决于经济效率目标,而取决于掌握权力的部门和官员的特殊利益及其他诸多因素",由此导致的结果必然是经济运行的低效率。

需要指出的是,有限理性并不是不承认理性,而是不可高估理性,尤其是相对于未来而言的当代人的理性。但从计划经济的运行模式来看,它在本质上沿袭了科学理性主义传统,认为可以有足够的理性来对经济运行过程进行分析、度量,并在此基础上进行预先计划。但人类的理性显然是有限的,相对于茫茫无际的宇宙而言,相对于尚未到来的未来而言，人类现有的理性认知不论如何发展，都不可能达到完全理性，也不可能脱离"有限理性"的边界。这一点与前述对不确定性的分析密切相关。

## 三、计划经济对均衡的认识

均衡是经济学分析研究的核心概念，包括一般均衡、纳什均衡，以及由此衍生出来的局部均衡、短期均衡、长期均衡等，在一定程度上指引着经济学分析研究的方向。

但计划经济相对僵化地理解了这种经济学上的均衡，或者可以说在计划经济中并不存在"均衡"的概念，更多的是收支相抵的"平衡"。从二者的关系来看，平衡其实是一种静止的均衡，或者是一种仅仅关注结果的均衡。计划经济将追求平衡的结果作为所有安排的最终目的，并认为只要这种结果存在就可以计算，只要结果可以计算则所有的行为都可以预先计划。这其实是计划经济的本质逻辑。由于将追求这种结果作为最终目的，计划经济其实达到的是一种人为制造的静态的、机械的均衡。正如许多经济学家所说：均衡就是死亡。所以计划经济是人们抱着美好的愿望，选择了一条没有前途的道路。也许有人会说，市场经济也是在追求这种"美妙"的均衡。这点不可否认，但二者追求均衡的方式并不一样，市场经济是给予每个市场参与主体自由选择的权利，让市场参与主体在复杂的交易行为中自发产生这样的均衡，而不是像计划经济一样，根据这种均衡的结果，去对市场参与主体的相关行为进行预先计划。所以，与计划经济相反，市场经济的均衡是客观存在的、动态的、不确定的、有生命力的均衡。从这一点来看，计划经济实际上陷入了人为制造经济运行框架而不是遵循客观规律的死胡同。

另外，还可以从结果均衡与过程均衡的角度进一步讨论这个问题。从上述分析可以看出，计划经济追求的是结果均衡，即从均衡的结果出发，对市场参与主体行为进行预先计划；市场经济追求的是过程均衡，即从追求均衡的过程出发,让市场参与主体去充分发挥自身的主观能动性,自由进行选择,并自发产生均衡的结果。从前面的分析可以看到,追求结果均衡可能需要很多的前提条件,这些条件在当前环境下很难满足,相对而言,追求过程均衡可能更加切实可行。

## 四、新结构经济学未脱窠臼

新结构经济学是林毅夫教授及其合作者提出并倡导的研究经济发展、转型和运行的经济学理论,它主张以历史唯物主义为指导,采用新古典经济学的方法,以一个经济体在每一个时点给定但又随时间可变的要素禀赋及其结构为切入点,来研究经济结构及其变迁的决定因素和影响。其核心主张是发展中国家应从自身要素禀赋结构出发,在"有效市场"和"有为政府"的共同作用下,发展具有比较优势的产业,推动经济结构的转型升级和经济社会的发展。

应该说,新结构经济学是中国学者以中国经济增长为样本,利用新古典经济学分析方法,将发展经济学、制度经济学、历史经济学及结构经济学进行综合后提出的一套完整的经济分析框架,对指导发展中国家如何推动经济发展进行了非常有益的探索。在经济运行方案建议上已不再是简单的所谓计划经济与自由市场经济的区分,而是强调"有效市场"和"有为政府"的有效结合,显然这是对传统计划经济和传统自由市场经济的融合发展与超越。虽然新结构经济学不再主张传统的计划经济,也不再主张传统的自由市场经济,但不可否认的是,其"有为政府"的本质与计划经济具有相同的来源,只是在程度上或覆盖面上有所差别。但前面已经讨论到,计划经济没有认识到经济运行的不确定性、有限理性,对均衡的认识也偏于僵化,所以导致了计划经济的各种缺陷。新结构经济学虽然已有所超越,但在某些领域上仍然存在类似的问题。新结构经济学的最大问题是夸张了政府产业政策在配置经济资源方面的作用而忽略了其与计划经济类似的缺陷。

　　规划或政策是政府功能的外延,它们的主观性和理想化非常明显。经济上的理想化常常是因为不理解不确定性,所以与建立在不确定性基础上的市场在根本上是相互排斥的。新结构经济学企图利用市场的功能解决政策和计划的低效率问题,而同时利用强势政府的强大信息优势来弥补市场的"盲目性"。从一般意义上看,中国整体上已经迈过了短缺经济阶段。就短缺经济和它的弊端而言,著名匈牙利经济学家科尔奈在《短缺经济学》一书中有鞭辟入里的分析。父爱主义和预算软约束等著名的理论已经说透了短缺经济产生的原因和归宿。如果说新结构经济学尚存某种意义的话,那也只适用于短缺社会。

　　另外,林毅夫教授也专门讨论"研究和开发"的问题。他认为企业对开发有积极性,因为开发出来的新产品和新技术可以申请专利;而基础研究投入大、周期长、风险高,其成果是公共知识,所以如果政府不支持,则企业不愿意做。但如果没有基础研究,新产品、新技术开发就成了无源之水,为了经济的发展,基础科研只能靠政府来支持。可是政府能用来支持基础科研的经费有限,而能做的基础科研却太多,因此,政府只能有选择地支持,这时就需要"有为政府",而不是"有限政府"。根据前面讨论的逻辑,这里存在两个问题,一是是否存在符合国家经济长远发展的基础研究方向,二是政府是否具有足够的理性来选择真正符合国家经济长远发展的基础研究方向。前者是不确定性问题,后者是有限理性问题。当然,新结构经济学对此做了非常有益的探索,并初步划定了政府应该发挥作用的领域,林毅夫教授尖锐地指出"'有限政府'论者并没有讨论什么是市场不能做的,除了公共服务之外,政府该做什么"的问题,这也就是政府(或计划)与市场的边界及具体作用领域的问题。而这是一个必须要努力探索和解决的问题,否则就难以进行具体操作。

　　关于新结构经济学提出的要素禀赋与产业政策倾向的关系问题,也需要作一些讨论。林毅夫教授提出各地区的产业政策可以推动建立在资源禀赋各异即自然条件相异情况下的不同发展道路，这听起来似乎颇有道理，但所有的自然资源都是客观存在的，与人无关。我们知道，一个区域的要素禀赋虽然有异，但这些天赋资源都不是靠某届政府或某项政策推动才成为经济要素的。须知，不在市场中流转的资源，永远不会成为经济资源，例如土地资源遍及各地，但土地作为经济要素并不是政策催生的产物而是市场化的产物，其他要素资源也一样。因此，新结构经济学的这种说法，不过是对经济实际发展过程的事后总结，根本谈不上新的客观认知或理论化结论。

## 五、异度均衡与经济运行的第三条道路

异度均衡是一种应对不确定性的约束理论，是面向未来的高度关注理性自负的约束理论，对市场配置资源的偏差和计划配置资源的偏差，都给予理性自负假设下的约束。一般均衡和纳什均衡都是在市场参与主体之间经济行为中客观存在的平衡状态，而异度均衡则是经济活动结果的状态揭示。对于不好的结果是否需要行政介入干预呢？这值得思考。其中的关键是各种均衡关系和拐点如何成为社会共识，从而具备社会共同意志的条件。

计划经济不可取，效率低下；市场经济不确定，难以预期。所谓新结构经济学寄希望于政策治理的科学性，不过是计划经济的变形表达，是不能自圆其说的。那么有没有第三条道路可循呢？异度均衡理论提供了这样一种可能性：在市场经济运行的框架下，出于社会治理需要而依据异度均衡偏差状态，划定某些需要由行政力量配置资源的领域，确定好边界后，由政府主导这些领域的经济活动。例如，当贫富差距明显过大时，社会福利投入就应该由政府实施。我们姑且把这样的经济运行模式称为均衡约束下的市场经济秩序。

依据均衡制度化实现均衡治理有没有可能？既然异度均衡表现为某些客观存在的最优阈值或拐点变化，那么可不可以将这些计量出来

的结果不仅用于分析经济,而且用于对经济实际行为的制度化、刚性化呢? 事实上,在任何国家治理结构下,政府都会扮演非常重要的经济角色,区别在于作用、地位的差异。要解决政府与市场的关系问题,除了纠正均衡偏差、制定行为边界、提供公共产品外,其他经济因素和活动都应该交由自由市场,这就是所谓的第三条道路。第三条道路是以市场自主为基础,由政府将资源投入市场或通过政府自营、专营经营来修补市场运行中的偏差、不足或不充分、不及时,即在市场与政府动态边界曲线的基础上,形成经济驱动的合力。

另外,还可以从集中与分散两种模式的关系来具体分析经济运行第三条道路的可能性。在人类社会活动的组织模式中,集中和分散是两个不同的方向,孰优孰劣? 站在未来的立场应该如何选择? 这其实也是一个异度均衡问题。集中和分散的效用方向是不一样的,作用机制不同,价值观念不一样,但又是人类处理各种事务的基本方法。集中常常依赖于行政权力,分散需要以主体的自由自主为条件。例如在计划经济和市场经济的优劣比较中,这种区别十分明显。集中的功能是有限的,在经济活动中,作为独立利益主体的个人所独有的直觉、灵感、想象力、决断力和冒险精神,是不可能被行政机构的权力和大数据技术替代的。分散的效率和决策能力明显高于集中,但需要各种共识下规则的统一。当分散的规则导致交易成本过高时,分散的效率就会越来越低,这也非逻辑地旁证了集中的优势,使得人们以为集中模式可以更多地用在经济活动中。

## 第四节　基于不确定性的宏观经济分析框架

不确定性是宏观经济的一种性质。想要完全观察清楚是不现实的,经济学家能做的,只是尽力揭开神秘面纱的一角。

对于宏观经济而言,最主要的论题是长期经济增长。那么不确定性与长期经济增长之间的联系究竟是怎样的？

自 20 世纪 80 年代以来，全球贫富差距快速扩大，特别是进入 2000 年互联网时代以来，贫富差距正在以肉眼可见的速度急剧扩张。2014 年，托马斯·皮凯蒂在著作《21 世纪资本论》中首次从学术的角度提出了分配不平等很可能会让世界走向崩溃。其中，书中的观点为当 $r > g$ 永远存在，且 $r - g$ 的差距持续扩大时，那么阶级就会出现固化（$r$ 为资本回报率，$g$ 为 GDP 增速，通常可以理解为劳动增速）。对于底层的阶级而言，不论怎样努力，都失去了不确定性，即看到了人生的尽头，努力难有回报。而这是非常有可能出现的，并且可能性正在快速扩大。

2022 年，三边委员会（The Trilateral Commission）在 *A New Spirit of Capitalism-Toward More Sustainable and Inclusive Economics* 中提到，持续恶化的不平等问题正在挑战传统资本主义的框架。委员会认为当前的传统资本主义框架应该转向一个可持续的模式，即通过初次分配来缩小 $r$ 与 $g$ 之间绝对量的差额，在一定程度上，我们可以将其理解为一种补偿，站在货币的角度，又可以将其理解为一种税收。

亚当·斯密在《国富论》的劳动工资论中提到，工资的持续上涨可以鼓励劳动者持续获得新的技能，反过来，当劳动者源源不断地获取新的技能时，他的工资也会持续上涨。当然，这一理论的前提是币值稳定，即货币购买力必须在长期内保持稳定波动。在国富论中，未来的工资上涨多少？这个对于年轻人来说是未知，但是充满乐趣的。可以预测的事情是，源源不断地补充新技能大概率可以让工资水平抬升。在这种预期的促使下，年轻人不断学习，创造价值。在这个过程中，不断涌现的科技创新所带来的增加值将通过工资的方式回馈给年轻人。

站在宏观的哲学角度上，不确定性是中性的，因为没有人可以精准预测未来。但是在主观概念上，个体的预期是可以有强弱之分的。一个人对于还未到来的事情，通常会有预期。在预期理论中，主流的依旧是凯恩斯在《货币改革论》(1923)、《货币论》(1930) 和《就业、利息和货币通论》(1936)中提出的预期理论。其中,凯恩斯将预期分为短期和长期两种类别,并且认为短期预期是价格预期,它决定厂商的现在产量和就业量;而长期预期是指资本的流动偏好,投资者会在持有货币或是投资证券的收益性之间进行选择,这种预期往往也是不稳定的。对于不确定性与决策之间的理论在当下依旧适用,日本前央行行长白川方明在自传《动荡时代》中曾经提到,中央银行最大的难题永远是货币政策面临的不确定性,一个政策是否有效是不确定的,就好像在日本,没有人能够确定宽松的货币政策一定能够拉动经济走出困境。

总的来说,这个世界需要不确定性,也需要一个以不确定性为基础不断向好的预期,我们认为不确定性的客观存在是经济增长的一大动能。同时,不确定性应当是一个中性的概念,它表达的是在未来时间中的一种空间状态,即本书所提出的不确定性的分布与形态。

自20世纪80年代世界进入全球化的快车道以来,全球经济形成了联动的局势。首先,分布在全球的产业链条使得全球实体经济紧密联系,大量跨国直接投资(FDI)由母公司直接投入。其次,金融也呈现了全球服务的基本格局,特别是带有流动性的资产估价在全球范围内逐渐统一,在全球化的背景下,全球套利空间收缩,信息不对称差距减少。同步全球化的还有利益与风险。2008年全球金融危机之后不久,金融风险外溢很快就诱发了欧债危机,在随后十几年的金融研究中,无数的学者都尝试找到金融风险的起源和传导过程,从目前的进展来看:毫无进展。随后在2023年美国银行危机下,不少研究者直接将传导过程称为"Rabbit Hole",即"兔子洞",人们永远不知道兔子会从哪个洞里钻出来。这与薛定谔的猫不同的是,薛定谔的猫只有两种可能,而兔子洞有无数种可能。在本书中,我们讨论了风险传递有因果和关联两种情况。在灵活的货币政策下,实际的因果传导应该是一传多的格局。在信息分裂的效应下,风险的传导会不断受预期影响,最终形成关联的格局。不过,当学者们研究历史时,过去时间所给予的确定性会帮助他们梳理出一条清晰的因果传导关系,但是,过去的确定性不可能重演,因此使用过去的成功经验不能代表当下的问题一定可以被顺利解决。

正是因为不确定性的客观存在,2008 年没有学者能在危机爆发前提前预测,也就有了英国女王伊丽莎白二世在 2008 年 11 月 5 日伦敦政经学院开学典礼上问出的问题:为什么没有人察觉到?时任伦敦政经管理系主任路易斯·加里卡诺回复:在每个阶段,每个人都会依靠其他人,每个人都觉得别人做的是对的。这充分说明了预期传导的致命之处,特别是宏观经济通常不具备自我修复刺激的特性,同时,不确定性这个处在未来四维空间中的黑盒子是无法被完全窥探到的。

伴随全球化进程的推进,在经济增长的过程中,不确定性包含了海外冲击与内生因素。在全球作为一个整体的背景下,海外风险的外溢会快速传导至国内,与内生因素结合,造成更大的冲击。

根据目前中国的金融框架及经济环境,观察海外风险的传导路径相对轻松,因此,对于海外事件而言,首先应该观察出有可能的传导路径,并暂时撇开不会对国内经济造成影响的事件。其次利用高频数据,依靠脉冲和预期的方式,尽可能地探寻一丝关于未知未来的蛛丝马迹。我们在前文提到过,打开未知世界大门的唯一钥匙是时间,而最终的结果是伴随时间博弈的结果。高频数据的惯性在很大程度上可以辅助我们在脉冲区域拥有相对的确定性,到了预期层面,不确定性的空间增加,叠加预期的因素,我们预测的路径应该是多重的。

基于不确定性的宏观经济分析框架,是对未来时间序列上的预测与判断。在未来空间中可能出现的情况由过去的惯性与未来的预期共同组成,因此,不确定性经济分析要把现状分析与预期(包括预测)区分开来,不可混为一谈。人类不可能创造一个确定性的未来,但很有可能让未来与预期不断接近,即在不确定的空间中不断追求相对稳定。不确定性的分布与形态充分说明了这一个观点,即未来的不确定性与带有惯性的预期之间的差距会不断缩小。一个完整的经济学框架应该满足以下核心：数据、理论及直觉。

## 一、不确定性宏观经济分析框架的四个方面

通常研究经济的方法是统计分析法，它通过对历史经济数据进行统计分析和建模，以找出经济发展的规律和趋势。统计分析法更多地利用已有的数据和经验，更注重对数据的准确性和可靠性的要求，虽然更容易实现和操作，但统计分析法的局限性在于其基于历史数据，缺乏对未来不确定性的考虑，尤其是在面对外部环境的不确定性及内部系统脆弱性等因素时，往往难以完全准确地预测经济发展趋势和变化。因此，统计分析法只适用于对历史经济结果的判断。

预判未来的经济趋势和风险事件概率需要运用不确定性原理重构后的数据，本书第六章、第七章提供了原理和工具。无论什么样的逻辑与数学模型，如果要预测未来，必须使用对未来的行为和事实能产生影响的数据。在这样的基础上，经济预测才会更准确，更节省算力和数据资源。

针对这些缺陷，我们提出根据各种宏观拐点判断经济现状及未来趋势；通过各种分地区、分行业、分人群的细化分类，以实际的监测来观察宏观经济数据与个体感受之间的差异；用因果与关联分析预判未来可能出现的重大经济现象；用沉没成本的统计分析观察社会经济发展的创新能力和经济发展后劲。总体而言，不确定性宏观经济分析框架包括：

第一，现状判断，即对当前的形势和趋势进行观察和评估。这包括对各种经济指标、社会情况、政治环境等进行分析，了解当前经济和社会的基本面情况。例如，通过观察 GDP、CPI、失业率、金融市场等指标，了解当前的经济状况和趋势。

第二，内部要素监控，即对内部因素的变化进行监测和分析。内部因素包括经济、金融、政治、社会等各个系统的稳定性，需要建立内部因

素的观察体系来及时监测和预警潜在风险。这与传统的统计指标有所区别，可以从多个方面入手，例如建立系统性风险、公平指数、虚拟经济与实体经济的关系、经济主体的资产负债表、债务水平、金融体系稳定性、产能利用率、各经济系统的复杂程度、产业结构等方面，以及经济系统的韧性和适应能力方面的指标。

我们曾经做过一些拐点研究，例如在 2021 年的研究中指出，虚拟经济与实体经济的黄金比例（即拐点）为 5.67，而 2020 年四季度虚实比已经超过 12，远大于黄金比例值，虚拟经济发展已超出合理区间。除此之外，还开展过中国债务的拐点、城市发展拐点、贫富差距的拐点等一系列研究，这些拐点研究就是为了探讨在过去的发展中，中国经济系统内部某些方面的发展是否处于一个健康的范围或者状态中。

第三，判断未来情景，即对未来可能的冲击进行设想，并结合内部因素分析可能的后果。各种可能出现的外部冲击包括国际环境变化、外部冲击、地缘政治风险、自然灾害等。在设想和判断可能发现的外部冲击的基础上，基于各种外部冲击的情景和内部系统稳定性，对趋势和拐点进行全面、系统的分析和预测。拐点的出现与否取决于内部和外部因素的相互作用，以及经济系统本身的韧性和适应能力。如果只有一方面的影响，则趋势可能会延续；如果内外因素的作用相互抵消，经济也会继续维持原有趋势；但如果内部因素导致经济系统脆弱，同时外部因素引发了一系列冲击时，经济可能出现拐点，即经济走势从一个趋势向另一个趋势转变。

第四，在未来情景的判断中，需要建立内外因与结果指标之间的联系，这就包括了因果关系和关联关系两方面。广义货币（M2）与通胀、供应链（金融）与就业、可支配收入与消费、外贸与外汇储备、投资与消费等经济指标之间存在因果关系，但一些没有直接因果逻辑的事物之间产生了互动的可称为存在关联关系。通过因果关系和关联关系，我们可以全面地刻画出由因引发的经济在各方面的变化，从而全面地了解各指标变动的原因。

在不确定的未来时空中,事件(风险)的纬度是无限的,这是因为我们无法确定不确定性世界的边界。多数事件(风险)在不确定性的空间内处于随机游走的形态。其影响因子、周围的衡量标准都是一个动态变化的过程。唯一不变的是时间,在一个平行的时空中,时间是唯一的确定性,即它未来的速度是可预知的,因为我们可以清楚地看到时间序列的延展规则。

因此,对事件(风险)的判断是实时变化的。每一时刻的关注和分析方式应该都是动态波动的,对于具体的分析方式,我们在后面的具体操作中继续探讨。

宏观经济作为一个整体,当波动时,情绪、风险、预期的传导既有因果也有关联。在一个完全市场化的环境下,宏观调控的方式通常只剩下货币,这是因为在不确定性的空间下,所有的均衡都是市场博弈的结果,而人为的干预将打破这些均衡,在"看得见"的风险对冲后,"水下"或者是"看不见"的风险为未来埋下了隐患。

在一个市场化的空间中,风险可以公允定价,多头与空头的博弈在未来时间的序列上是永续的。在不确定性的空间内,风险定价也是随机游走的,是一个无序的分布。那么为什么说货币逐步成为自由市场内为数不多的、可持续使用的调控方式呢?因为货币在一定程度上给出了商业活动的上限区间,即经济在货币总量下的最大产出。现代货币理论强调,当经济增速低于潜在增长水平时,政府作为最后贷款人应该注入流动性,简单地说,政府的功能是满足市场正常博弈的需求,创造并保护博弈的空间,就算博弈再激烈,也应该"袖手旁观",让市场通过价格为风险进行定价。

不确定性的大框架给予了我们更多的突破。在经济全球化高度发展的今天,货币总量调控的"度"与全球政治、金融稳定相关联,一个经济体内不确定性的相对稳定,可能会导致其他经济体的不稳定,美元就是一个很好的例子。这是一个全球视野下的不确定性。这里可以回到前面市场化的案例中,全球经济的市场化是资本(金融)账户的完全开放,即全球利率同步波动,全球可以对风险进行自由定价。如果市场有效,那么全球风险定价将持续波动(价格),而完全的金融账户开放也会限制各国央行对货币总量的控制,这当然是一个理想的状态。在不确定性的宏观框架中,这是一种均衡,同前文所叙述的,这种均衡会持续波动,且促成其位置变动的因子也在不断变化,从政治、灾难、商业行为到居民预期等,都可以作为影响因子。

在数字化时代,信息不对称的问题得到了一定的缓解,有部分学者提出了"高度数字化带来的高透明有可能在未来消除不确定性"的观点。但是,如果信息完全对称,即出现了所谓的确定性,那么市场将失去套利空间,货币将失去功能。我们相信数字化可以加速信息的流动性,但绝不可能针对未知空间给出具体描述。我们的结论是数字化不能够扭转不确定性的客观存在,即使在数字化高度发达的未来,人类文明只会水涨船高。这与20世纪的计划经济思想类似,其中投入产出表的逐步淡出说明了许多问题。

## 二、经济拐点

在经济拐点的研究中,笔者希望用这一概念来表达从不确定性出发借用风险计量的方法预判未来趋势的新的经济观察角度,形成新的经济研究的体系。其逻辑顺序是:因为存在不确定性,所以风险是客观存在且可计量的,世界上所有的事物都存在正面与负面作用共存的发展规律,也就是悖论的存在。找到正负两面的均衡点就是解悖,一旦经济事物的总收益和总损耗的平衡关系被打破,经济事物就会沿着某种趋势的方向发展,并达成新的均衡。代表某种新的趋势的转折处,存在着经济发展的拐点,即数学曲线上的某个点,在经济学上,可以依据这个拐点,预警未来的某些发展趋势。这个拐点与一般经济学中的抛物状曲线中的顶点或低点不同,它是一个事物发展曲线中的任意一点,我们要寻找的是其中有着重要状态意义的点,可能是最优点,也可能是最差点。这也许是经济学研究的一种新思维和新方法。

## 三、沉没成本

在研究长期经济增长和发展问题时,现有的经济理论分析框架是人类的思想宝库。按照经典的经济增长模型,长期经济增长靠的是资本的积累、劳动力的增加及创新带来的全要素生产率的提升。尤其是到了工业化中后期,我们面临着人口出生率下降、老龄化的问题,创新的价值就会越来越高,但从不确定性原理出发,创新中应该更加突出考虑"沉没成本"的问题。

沉没成本因为不可回收,常常被认为是无效或失败投资的代价。从不确定性的角度来理解沉没成本,整体上讲就是人类社会对抗无序和不确定性,承担风险造成的准备成本。如疫情中储存的药品和粮食,战争前储备的高价物资,新技术、新理论、新产品的试验和试错成本等,这些都是社会运行和进步所必须付出的代价。

所以在经济分析框架中,应当对沉没成本的数值及结构进行分析,以判断社会总体的创新能力和发展后劲,以及治理水平。沉没成本太高,显示治理水平有待提高;沉没成本太低,说明社会容错与创新能力有待提升。

### 沉没成本与容错机制

科技创新既是机遇,但也充斥着失败的可能性。科技创新决定着社会、经济和科技的未来方向。而在这一进程中,沉没成本在决定创新成功与否上起到了难以估量的作用。

沉没成本的核心概念是我们已经投入且无法回收的成本。这个概念如影随形地出现在每一个创新决策中,影响着我们如何正确评估失败的代价,以及如何看待未来可能的机遇。当社会的沉没成本过低时,它可能反映了一个对失败不够包容的文化。在这种文化中,每一次失败都被视为一个无法挽回的失误,这种看法会导致创新者在尝试新事物时感到害怕,尤其是在面对潜在的风险时,他们会更加担心失败。这种对失败的恐惧会使创新环境变得保守,那些被认为是"安全"的项目更容易获得资金和支持,而那些看似冒险的创新项目则会被认为具有很大的风险性,因此很难获得投资者的青睐。这种对失败的担忧可能会阻碍创新和发展,从而降低整个社会的竞争力。因此,我们需要建立一个更加包容失败的文化,鼓励创新者勇敢尝试,积极面对挑战。只有这样,我们才能充分利用沉没成本,从失败中吸取教训,推动社会的持续进步和发展。

而当沉没成本过高时,不可避免地会带来另一个严峻的问题。这种情况下,组织和个体经常无奈地放弃他们苦心经营的项目和呕心沥血的决策,即使这些决策可能具有巨大的发展潜力。于是大量宝贵的资源、紧缺的时间及耗费的心血就这样被白白浪费在了那些未完成的项目上,创新的动力和激情也因此而被严重稀释。沉没成本,这个问题并非仅仅是一个经济上的弊端,更是一个深深刻入社会治理和文化层面的沉重负担。

当一个社会能够给予失败充分的宽容和理解时,它就会激发人们敢于尝试、勇于冒险、敢于创新的勇气和魄力。反之,如果一个社会对失败持有的是一种严苛的指责和惩罚时,那么它就会对人们的冒险精神产生严重的抑制作用。这样一来,人们自然就会在面对项目和决策时变得瞻前顾后,畏首畏尾,从而严重影响到社会创新能力的提升。所以,对于组织和个人来说,面对沉没成本过高带来的问题,除了要学会调整心态,积极面对之外,还应该以更加宽容的态度看待失败,这样才能让社会的创新动力不被削弱。

治理结构的优劣直接决定了资源的合理分配。在一个高效率、高透明度的治理结构下,这些优质的资源会被精准地分配给那些具有真正潜力的项目,以实现最大化的创新价值。而在一个低效且信息不透明的治理结构之下,资源可能会被浪费在那些价值不高的项目上,造成资源的极大浪费。

　　要实现真正的科技创新,仅依靠个别天才的力量是不够的。我们需要的是一个健全的环境,创新者在其中能够自由地探索、大胆地尝试。因此,我们必须找到一个平衡点,以最小化沉没成本。这个问题不仅仅是一个经济问题,更是一个文化和治理的关键问题。我们需要建立一个鼓励尝试和容忍失败的文化,同时建立一个高效、透明的治理结构,确保资源得到最优化的分配。此外,教育也在这个过程中扮演着至关重要的角色。我们必须教育下一代理解失败是成功的关键,让他们学会从失败中吸取教训,而不是避免失败。

　　科技创新并非仅仅是科技本身的问题,它涉及经济、治理、文化和教育等各个方面。而沉没成本,作为其中的关键变量,影响着我们对风险的评估、对失败的态度及对未来机遇的准备。只有深入理解并找到沉没成本的最佳平衡点,我们才能为科技创新创造出有利的环境,推动科技的持续发展。

### 四、经济分析的数据颗粒度问题

　　物理学与化学及生物学这样的自然科学从研究物质、星体到原子、质子、粒子,从研究生物植物到细胞,从研究矿物到元素,不断地从大到小,从宏观到微观,使得人类越来越了解这个地球。社会科学也是如此。经济学上不仅有宏观经济学,也有微观经济学。不仅研究市场,也研究人的行为,也循着一条从大到小、从粗到细的路径进行。

　　传统的经济分析主要是研究宏观经济和微观经济。但相对于自然科学而言,经济学仍然停留在以宏观为主的程度,还没有达到深入微观细节的水平。这与数据治理状况有关,也同经济研究的社会功能有关。

　　在数据治理上,如何把认知、行为心理、信息传递的损耗量等研究成果介入数据的收集与分析,如何把智能化从以算力为中心的机器对人的行为模拟提升为建立在认知生物原理基础上的对人的思维模拟,可能是智能化的关键。这都需要对数据的治理现状进行彻底的改造。这种治理改造的核心就是细化数据尤其是经济数据的颗粒度,从而在更微观层面观察经济运行的实况。这种改造的另一个重要方向,就是数据的收集和逻辑链从以抽象和宏观的主观观察为主转变为以微观的、区域的、行业的、企业的、个人的数据实测为主。从不确定性经济原理出发,未来所有的经济行为和结果都具有波动性、不可测定性,而历史数据无法反映出未来不稳定的状况,只有边际数据(经济大数据)的收集,才能细微地、结构性地反映不同区域、不同人群的经济现状与未来走向。

在经济研究的社会功能定义上,需要摆脱研究与数据分析的主观循环尴尬处境。目前的现状是我们不知不觉中已经习惯于将主观输出的数据再输入大脑,并据此产生新的数据。实际上就是在主观自制的闭环中循环,使我们的认知与观察分析及数据越来越趋于满足主观的需求,而越来越脱离客观真实。这可能是大众的实际感受与经济学家和数据表达的状况越来越不一致的重要原因。

当我们把脑认知科学的研究成果纳入数据治理结构中,把每一个社会主体、人类自身定义成客体时,才能证明人的观察的主观性。人无法观察自己,内观自省仍是自己的主观臆断。只有把人与数据的关系从人的主观闭环循环中提升到从客观世界到主观意识之间的循环中,才能使所有的自然科学与社会科学研究更逼近真相。

上述问题的关键,就是要通过数据治理技术的改进,缩小经济数据的颗粒度,透过迷雾般的宏观数据,发现微观经济里的真相,使经济学研究达到自然科学研究的水平。

# 第五节　不确定性对经济现象的解释

在深入探讨了不确定性、偶然性、风险、异度均衡及数据之后,我们将在本章中以更加直观的方式应用不确定性原理。不确定性世界观认为,世界是由许多相互关联的因素和事件组成的复杂网络,其中充满了不可预测性和不确定性。它强调了我们对世界的理解永远存在局限性,无法完全掌控所有的变量和因素。

在这种客观约束下寻求最优解是困难的,而这种所谓的最优解也仅仅存在于当时间序列成为过去,一切都已确定的条件下,也正是因为此,我们常能听到"早知道,就不这样了"的言论。"晚知道"是最优解,而"早知道"是难以成功兑现的。在社会中,每一个主体对价值和风险的判断标准都是不同的,历史上不存在一种宗教、政党,或是体制可以消除其统治范围内的个体的差异。这种认知与真实之间的差距带来了价值的波动,也造就了经济行为。

在本章中,我们尝试使用不确定性原理对各种经济现象作出解释,以更好地呈现不确定性的理论逻辑和其在现实中的应用。

## 一、经济结构调整

党的十八大以来,经济结构调整大刀阔斧,"三去一降一补"抓住了要害,尤其是"去杠杆"卓有成效,在一定程度上排除了系统性风险的隐患。长期快速发展后,经济调整是必要的,也是正常的。从 2018 年上半年的数据看,"稳中向好"的判断有其依据,但经济状况亦有令人担忧之处,一些指向性数据值得分析。

2018 年国家统计局公布的相关数据显示,一方面,拉动经济的"三驾马车"都呈现减速状态。其中,社会消费品零售总额为 18 万亿元,同比增长 9.4%,低于预期和 2017 年同期水平;全国固定资产投资为

29.73 万亿元,同比增长仅 6.0％,明确显示了当前投资的疲软;贸易顺差收窄 26.7％,说明贸易形势并未得到实质性改善。在动力不足的情况下,2018 年上半年规模以上工业增加值同比增长 6.7％,低于预期,实体经济的总体状况改善不明显。另一方面,财政收入却一路高歌猛进,全国一般公共预算收入为 10.43 万亿元,同比增长 10.6％。其中,中央一般公共预算收入 4.99 万亿元,同比增长 13.7％;地方一般公共预算收入 5.44 万亿元,同比增长 8％。全国一般公共预算收入中的税收收入为 9.16 万亿元,同比增长 14.4％;非税收收入 1.27 万亿元,同比下降 10.8％。很明显,财政收入保持了高于经济增长速度的传统。这并非一个好的经济现象,尤其是在经济结构调整时期。

在本轮政策调整中,调控措施和政策监管措施密集出台。2017 年开始,各种紧缩政策纷沓而至,直接的结果是 2018 年上半年社会融资规模增量累计 9.1 万亿元,比上年同期减少 2.03 万亿元。流动性急剧收紧带来一系列新问题:2018 年第二季度企业家信心指数环比下降 1.72％,6 月消费者信心指数环比下降 3.82％。针对此,2019 年以后政策措施又有走向宽松的趋势。这令人担心整个经济再次坠入"因热而紧,因紧又松,因松又热"的恶性循环。

在货币政策和财政政策搭配上,货币放水易,忍痛减税难。面对国内外日益增长的不确定性,容易的老路子不一定奏效,迎难而上才能驭风冲浪。

那么,为什么经过六年经济结构调整和优化,尤其是去杠杆的有效措施之后,经济总体状况非但没有进入良性发展轨道,反而更加令人担忧? 依笔者观察,这一轮调整过程中有几个认识误区导致了一些调控举措失当,值得反思。

1. 经济结构调整所释放的风险承担问题

一般认为,调整结构是一种纠错行为,只要判断时机准确,针对措施有效,就会带来巨大收益。其实,经济结构调整是一种周期性的经济现象和治理规律,任何经济调整都是以风险承担为代价的。没有承担的机制就无法实现调整成本的分摊与消化,调整也无法真正成功,反而会付出更高昂的成本。

现阶段,中国经济结构的调整是对长期快速增长积累起来的风险的释放。某种意义上,调整结构的过程就是实现风险的释放、转移、分摊和消化的过程,其核心是要避免系统性风险的爆发,这就要求延长风险释放的时间窗口和切实落实风险承担问题。具体来说,要稳定经济增长,就要在发展中解决风险释放问题,即实现风险的"缓释",且被释放的风险要被合理地真实承担。这是在调整结构、释放风险过程中应该抱定的一个最基本观念。

既然结构调整过程中释放的风险不能被消灭,就必须被不同的经济单位承担。要稳定经济增长就要保证实体经济有一个良好的发展环境,市场的所有参与者都应当按契约规则承担相应的风险成本,从而获得新的生机。由于政府在经济生活中的主导作用和国有资本的经济地位,政府理应承担经济结构调整中所释放的大部分风险。然而,2018 年上半年数据显示,全国一般公共预算收入同比增速达 10.6%,大大高于同期全国一般公共预算支出 7.8% 的增速,这意味着政府部门承担的风险实质上在减少。其结果必然导致更多风险被转嫁到企业和居民部门身上,抑制实体经济活力和居民消费意愿,最终达不到经济稳定增长的目的。

可见,在结构性调整和去杠杆的过程中,政府不能一边调整结构释放风险,一边减少自己的风险承担。结构调整去掉的产能、挤掉的泡沫、去掉的杠杆在具体交易上反映为各种财务成本和损耗,仅由企业承担是不合理的,企业也不可能有此动力;在风险上反映为结构调整造成增长速度的"剪刀差",进而带来风险成本。这些被转移出去的风险在除政府外的各个经济单位间不断循环、传染、放大,一旦超过经济和社会框架所能承受的底线,触发全局性、系统性风险的可能性就会逐步加大。

这一分析是在 2018 年作出的,时间到了 2023 年,我们所提出的问题,即风险并未在结构调整中得到符合市场规则的分担,聚集的情况还是发生了。

2. 深刻理解不确定性,依靠市场调整结构

依靠市场还是依靠行政监管,实质上是对不确定性的认识问题。市场的基础是建立在不确定性上的。在经济社会中,确定性并不存在。正因为市场充满不确定性,才有各种机会和取舍,才有"看不见的手",才可能有收益和风险损失。喜好行政办法、依赖监管路径的本质是向往经济发展的确定性,这几乎是一种幻想。20 世纪 90 年代末在监管工作中曾经有过"零风险"观念,事实证明是做不到的。没有不确定性,没有风险,何来收益? 没有收益,各种行为最终将失去动力,经济社会生活就会犹如一潭死水。监管的本质就是要用当下规则处理未来的不确定性,这是由风险管理特性决定的。而风险管理本身就是应对未来不确定性的技术。风控和监管不是为了把监管者认为的"不好"的交易堵死,而是为了更好地利用不确定性促进市场实现收益。

## 二、不确定性原理下看金融的本质

金融的本质是要描述金融作为服务社会经济运行的重要枢纽机构,它的生存依据和生存方式,即商业模式是什么。任何经济理论都应该解释清楚某一类经济现象的本质。

在不确定性经济理论中,未来是时间轴上的不确定性,即四维空间。静止的三维空间是确定的,决定其不确定性根源的只能是时间。时间的运动决定了事物的价值,金融活动正是依据不确定性原理经营货币时间价值的机构。从这样的原理出发,需要重新审视金融的本质和金融业的商业底层逻辑。一般金融学理认为金融本质是完成货币的支付和融通的行为总和。其实这是对金融功能的描述。结合时间和空

间去理解,在时间上,金融就是用金钱购买时间,时间的价钱就是所谓的回报。在空间上,金融功能实现了不同区域和不同人群之间的财富流转,结合资产所有权去理解,债就是租钱用,利息就是租金,可以说这已经触及金融的本质。

传统金融学从金融功能出发认为金融的本质可以概括为以下几个方面:一是为有钱人理财,为缺钱人融资;二是信用、杠杆、风险三者之间相互作用、相互影响;三是为实体经济服务,这是所有金融工作的出发点和落脚点;四是体现主权、发展经济、稳定货币、分配财富。从这些角度来看,金融的本质是为了促进经济发展、实现财富的合理分配、满足人们的融资和理财需求等。但这些都是金融功能的描述,并非金融本质的揭示,并非金融商业模式所能成立的底层客观逻辑和金融业得以生存发展的根源和理由。

在不确定性原理下,金融的基本功能除了满足社会经济资源在空间上的流转外,所有的商业金融契约都围绕时间价值构建,其商业价值根源于时间的流逝:把钱借给企业或个人,待到约定的时间,收回本金和利息。这里的利息就是时间带来的价值,如果时间带来了损失,那就得用事先提取的拨备予以冲销。保险公司所设计的保险产品本质就是约定一段时间,如果投保人在这段时间内发生损失,则由保险公司赔偿,保险公司精算的约定时间内的事故损失发生概率造成了理赔率、赔付率。产品价格高于赔付的价差收益就是保险时段带来的价值。证券公司的业务也是建立在时间价值基础上的。证券公司为客户提供的价值一是交易平台,二是对未来资本市场交易的趋势研判。这都是立足于四维空间,即未来可能出现的收益,没有时间价值就没有投资者,也就没有投资交易。

风险来自不确定性,而不确定性来自时间运动。利用货币在单位时间里实现增值,是金融的本质。所有事物都在时间中增长或消减,就像秋天到了果实成熟或春天到了冰雪消融一样,会形成不同的风险分布。

可以说时间本身就挟带了收益或损耗,即风险。金融机构的风险管理就是努力改变这种分布和企业风险状态,为其借贷或支付服务的客户尽量增加收益,减少损失。

金融功能当然也会在空间中起到收益与损失的配置作用,形成金融专业视角下不同的收益与损失的分布,并根据这些风险的分布状态给予市场主体不同的信用,作为确定契约时间长短的依据。不同的风险形态决定了金融对不同时期、不同区域、不同市场主体的信用评价和偏好,所以金融行业是经营风险和信用与货币的行业。所有的行业产业都要面对风险,金融行业的特殊性在于它的服务产品是信用与货币,而且是先行支付,购买并承担了其他行业的经营风险,所以不确定性对于金融业来说是攸关生存的底层逻辑问题,风险管理技术水平也成为金融机构最核心的技术。

可见,人类社会只要有财富存在,就会产生金融。金融业的生存与发展同市场主体的身份、地域等没有内在逻辑关系,只同财富的创造与时间价值有关。

### 三、赌博的金融性质

不确定性对人类行为有深刻的影响。由于未来不确定,才产生了人类各种博弈行为和利用不确定性特点的行业、学术等。

生活中充满不确定性,我们大部分人虽然尚未有充分的认知,但都已经在实际行为上学会了如何适应不确定性的环境而有效生存,学会了面对不确定性而做出选择和取舍。社会已经在教育、发展规划、技术应用等方面对不确定性做出安排,并创造出天气预报、保险机构、地震防灾、应急预案,甚至银行贷款拨备等机制来适应或补偿不确定性损耗的影响。但就现状而言,社会主流认知体系中,仍然缺乏在不确定性前提下认知事物的能力,依然不能理解所有的问题源于事物与信息的不确定性,仍然只盯住可能实现的收益而不关注可能的损耗并从负面逆向吸收错误的教训。

　　人类不喜欢不确定性,希望一切都是确定的,因此我们会收集上万亿字节的信息,试图把互联网变成无所不知的"水晶球",甚至认为大数据会带来已知的明天,但恰恰忘记了如果一切都变得确定无比,生活将会无聊至极。尽管如此,还是有很多人希望各类专家和领袖能给他们一些确定性的预测,但这些所谓的专家告诉我们的可能只是他们的错觉,那些预测大多是错误的。不可思议的是即使股市预测者年复一年地提供错误信息,仍然有很多人急于看到这些预测。正所谓"兵不厌诈",追求确定性的预期或是拥抱不确定性,是基于不同的哲学思想和逻辑思维方式的两种生存方式。承认不确定性并在不确定性的环境中建立社会治理规则与企图建设一个确定的生存环境是两种不同的社会状态。把经济学当成准确预测未来的学问常常会成为笑柄,如果有经济学家号称准确预测了某次经济危机或股市涨跌,那他其实并不是真的经济学家。因为他根本不明白经济运行的不确定性决定了虽然可以计量出某种状态,却不可能给出某种具体确定的答案。

　　从根本上讲,不确定性是人类的财富。由于风险与收益和机会并存,所以风险的不确定性提供了很大的博弈机会。围绕风险产生了许多的新兴行业、计算技术,甚至新的组织治理形式,共同构成人类财富的很大部分。如因风险而产生的各种庞大产业:①保险业:以风险概率精算为基本技术;②银行业:在经营信用风险、市场风险、操作风险中获利;③资本市场(股市):靠预测股票价格动向赚钱或亏本的市场;④资产评估业:通过帮助投资人预测风险预期损失而收取费用;⑤博彩行业:靠计算概率或干脆赌某种概率而企图暴富的市场;⑥电子游戏行业:利用结果的不可预测和变化设计各种游戏场景吸引玩客;⑦气象行业:通过计量测试深不可测的风云变幻规律;⑧勘探行业:靠某种技术使矿产的不确定性降低;⑨担保行业:计量判断风险之后为投资人提供保证;⑩应急与消防行业:预计社区发生各种灾害的概率而设定社会专门机构。

李义奇博士在《论赌博》一文中指出赌性是人与生俱来的。因为未来是不确定的,面对不确定性的未来,任何的选择、行动,都有碰运气的成分。人性喜爱成功、讨厌失败,偏好顺利、厌恶逆境。走运或者倒霉,都是人们对自己碰运气心理的结果评价。走运者洋洋得意,倒霉者垂头丧气,古今中外,概莫如此。赌,也是碰运气的一种。在一般意义上,人们碰运气的行为,只有与金钱、财物联系起来,才能称为赌。所谓赌博,是指以赌来博。大家在相同的游戏规则下玩游戏,赢者获利,输者受罚。获利和受罚的标的,可以是所有有价值之物,但更多情况下是金钱。

李义奇博士的上述论述提供了一个关于赌博的经济学定义。再往深处讨论,现代金融活动就是管理风险的专业行为。不确定性是其专业背景。那么赌博这种令人深恶痛绝的行为是不是一种另类金融活动?

清华大学经济管理学院宋逢明教授认为:"赌博是否为金融活动?要否定赌博是一类金融活动,如果去查百度,你会看到长长的一大篇,啰哩啰嗦,而且还别别扭扭的论述,来论证赌博不是金融活动。这种论证,本质上是依据金融的传统定义,即金融是筹集资金用于投资的活动。而现代金融的定义是:金融是在时间和风险两个维度上配置资源(1997年诺贝尔经济学奖得主罗伯特·默顿)。赌博恰恰符合这个定义。大规模的赌博,如彩票、赛马,不就是在风险维度(即对参与者而言是可能造成损失的随机性维度)上配置(资金)资源的活动吗?对于个人来讲,赌博可能是偶然一次性的娱乐活动,对于赌博机构而言,赌博都是持续性的,那自然就是在时间维度上配置。"

其实赌博在生活中无处不在。每个人一生都在各种不确定事件中进行选择。这些选择都是赌运气。但是如何选择更好的运气是需要对博弈论、概率论、风险计量这些专门学问进行深入研究的。

不理解不确定性就无法理解金融,赌博如果以博取财富为目的,当然就是一种金融活动,而且是一种很高级的金融活动。但这种金融活动技术性极强,很容易利用人性的弱点制造信息不对称和不透明,使娱乐型大众沦为赌徒;也容易利用技术优势进行不对称操作,增加一般参与者输钱的概率,造成不公平、不公正。现代金融为大众提供了博财的透明、公平、安全的交易平台。所以赌性就是一种人性,赌博就是一种金融。专门的赌博平台不能对社会公众开放,否则将导致许多人生悲剧。至于拥有巨额财富的那些富豪,他们愿意参与这样的"高级金融"活动,他们自担风险就行。

## 四、克服通胀恐惧症

社会层面对于通货膨胀的恐惧由来已久。理论上,对通胀的认识一般是与对市场的盲目性认识相对应的结论。通货膨胀,是指在货币流通条件下,因货币实际需求小于货币供给,也即现实购买力大于产出供给,导致货币贬值,而引起的一段时间内物价持续而普遍上涨的现象。其实质是社会总供给小于社会总需求(供远小于求)。通俗地讲就是纸币的发行量超过流通中所需要的数量,从而引起纸币贬值,物价上涨,我们把这种现象称为通货膨胀。通货紧缩是与通货膨胀相反的一种经济现象,是指在经济相对萎缩时期,物价总水平在较长时间内持续下降,货币不断升值的经济现象,其实质是社会总需求持续小于社会总供给。

长期以来,中国社会在高速经济增长中十分警惕通货膨胀,逐渐构建了社会对通胀的恐惧认知和心理界限。当 CPI 达到 3% 时,人们都比较警惕,当 CPI 达到 5% 时,人们就认为通胀比较严重,且认为一旦发生通胀就会引发经济灾难。因为物价长期不可逆地上涨会影响大众消费能力,货币贬值消化了人们的财富,会导致社会动荡。

但从不确定性理论出发,我们不妨重新审视一下通胀的本义及影响。

CPI是根据历史数据统计分析的结果,是一种主观设定的标准与实际取样计算的结果,这个结果如果超过3%,就超过了主观标准,暗示人们某种坏的事情将来临。但这是宏观的标准,在微观经济中存在各种不同的平行市场,对不同的人或企业而言,这个3%产生的影响很不同。

价值的增长是市场利益偶然碰撞后达成均衡的结果。这种增长的分布在时间与空间上是不确定、不对称的。而相应产生的货币发行只能基于某一个时段或空间的需求,不可能存在价值增长与货币发行量之间的绝对等式。要么发行量太少,流动性不足,要么发行量太大,流动性过剩,从有利取舍的实践来看,几乎所有的货币发行主体(各国中央银行)都会选择多发货币,以确保市场交易的增长,从而促进社会经济价值的增长。

所以经济增长总会伴随着通货膨胀,只是需要通过各种货币政策工具将通胀率控制在社会可承受范围之内,否则通胀会稀释持币者的实际价值。但低通胀率常常伴随着经济增速的放缓。你如果问企业家的感受,他一定会说,还是通胀中的日子好过。

当物价大幅下降时,市场的反应是产能过剩,进而逐渐减少价格下降的产品生产和投资。紧接其后的是供应不足,价格上涨。所以一味地控制通胀,害怕通胀,并不是成熟的经济观念。谷贱伤农,价重掠民,都不是正常现象。与通胀共舞,才能驾驭复杂多变的市场和经济运行。

## 五、为什么六亿人嫌多,十四亿人嫌少?

这不是一个算术问题,而是一个经济问题。说起来有点绕,但其实这中间存在着确定性思维和不确定性思维方式的差异。

直接地说,六亿人口时嫌多是因为经济落后,供应不足。按照确定性思维方式,有两个办法去应对:一是定量供应,尽量平均地让六亿人分享有限资源;二是限制人口增长,实行计划生育,让人口的增长同价值的增长相适宜。

　　但按照不确定性思维方式,事情却简单得多:把供需平衡的事情交给市场,不要试图去控制事物本身,而是给予事物适应不确定性的环境。市场具有"看不见的手",自然会通过竞争,通过贸易,通过资本投资在全球市场范围内实现供需平衡。随着这种市场化的增长,劳动人口作为重要生产要素,不可或缺。随着经济体愈来愈大,人口多少,尤其是劳动人口的多少对于一国经济的影响就会产生正面或负面的影响。

　　人口的增长或萎缩,本质上是人与自然关系的结果。人类同其他生物群体一样,基于同大自然的关系而不断调整生存繁衍策略,我们可以把这种在大自然中亦取亦予的生存繁衍策略看作"上帝之手"的安排,这些策略不需要有形的力量来推动。在营养缺乏的环境下,人类和许多生物都会提高出生率,放慢进化速度,降低生存质量,在较高死亡率的压力下以更多的人口数据优势确保种群的繁衍生息。在营养富足环境下,便会相应降低出生率和死亡率,并提高生存质量,加快进化速度,总体实现种群与环境资源的均衡。欧洲和亚洲这两大人类群体板块,城市和乡村这两种人群分布所形成的死亡率、出生率与财富聚集度的演变数据,无疑都能证明这一论断的成立。

　　六亿之沉重和十四亿之轻飘,是制度安排的结果,追究到底,还是根源于追求确定性与适应不确定性两种思维方式的选择。

## 六、生存竞争与发展竞争

　　当代文明社会在利益冲突中有时候会出现跨越文明边界和底线的行为。许多人对此感到惊诧和气愤,觉得难以理解。然而,我们需要区分生存竞争与发展竞争,两者在文明规则上是有区别的。当生存的压力越来越大时,文明的边界与底线就会被挤压,例如在资源争夺中,生存优先时会不择手段,而发展优先时则要遵守规则或契约。

生存竞争带有原始冲动,是对繁衍生息必须占有的蛋白质食物的争夺。在生物圈就是达尔文主义,在人类社会就是社会达尔文主义。孟子说,春秋无义战,的确,争夺土地和粮食的战争是不讲道义的。

发展竞争却不同。发展是为了改善环境,提升生存质量,实现可持续发展。这样的竞争在国家之间、人际之间、区域之间都会存在。发展竞争是以不破坏双方的生存环境为前提的,依据共识,达成契约,遵循规则进行,需要有长远战略和近期策略。这两类竞争不可混淆,在生存竞争中讲道义,是为迂腐。在发展竞争中不守规则,是为野蛮。这是重要的不确定性决策原理。

用这样的分类观念来看当下世界的乌烟瘴气,常常可能是当事人对自身的竞争需求没厘清和阶段定位不准造成的。

## 七、不确定性是商业模式的底层逻辑

这几年盲盒大行于世。盲盒就是典型的基于不确定性逻辑所设计的商业模式,整个游戏业也是。薛定谔的猫虽然是量子物理实验,但本质上是典型的不确定性实验:盒子打开之前,不知道到底会有什么结果。所有的商业模式如果脱离不确定性的底层逻辑,都难以成立。任何一个产品,到底有多少人会购买,是不确定的。任何一种服务,到底有多少人会接受,也难以确定,即使计算得非常清楚,但也可能在市场上失败。

生活亦是。不确定性的人生才是完整的人生。所有的人都想获得一个确定的人生,但一旦确定,人生便失去意义。反而各种跌宕起伏的人生,充满悬念的故事,未知结果的努力,才是完整的令人羡慕的人生。

不确定性决定了事物总是向前的,过往已是确定的,对未来已无意义。人生每天都是新时光,过去只能提供经验而不能给予确定性的规律。非常令人不解的是无论哪个时代,总有人非常向往中古时代的秦时雄霸、汉时征服和盛唐气象、宋代儒雅,但任何过去的价值都无法比未来的不确定更吸引人。

　　厌恶不确定性是人性的本能,但向往确定性背后是对农耕文明的留恋,对工业文明的抗拒。农耕文明脱胎于丛林中对不确定性的恐惧,人们向往桃花源的日升日落、鸡犬相闻、相敬如宾的稳定生活,这样的心理文化建设历经数千年,的确不是几百年现代工业文明带来的实惠所能修复的。

　　工业文明如何才能修复人类来自丛林的心理创伤呢？这需要正视世界是不确定性的这一现实。聪明的人类在适应不确定性的过程中,逐渐学会了利用不确定性进行商业交往和竞争,创造了基于不确定性的各种文明体系和规则,尤其是经济学的各种理论体系和市场规则。

　　仔细考究,才发现我们所有的行为模式和商业模式,背后的底层逻辑都是不确定性。离开不确定性原理,人们将一事无成。这样一个简单道理,为什么人们在今天才体悟到呢？

第九章

异度均衡

异度均衡理论是不确定性经济原理的重要组成部分，该理论是由笔者和谭庆华在中信出版社出版的专著《异度均衡：未来的最优解》一书中正式提出的。异度均衡是考虑不同时间、不同空间上总收益与总损耗之间的均衡关系，将隐性收益与隐性损耗纳入分析框架，对当代人是否将未来的收益侵占或者将当前风险损失后移进行理论和实务评估的经济均衡理论。笔者把异度均衡同一般均衡、纳什均衡并列，称之为"第三类均衡"。

## 第一节　从敬畏自然到敬畏未来

人类在地球上生存发展的过程其实体现了人类自然生存策略及其模式调整，即发展观的转变。在人类社会早期，人类需要生存就必须从地球上获取相应的资源和能量，人们更多的是敬畏自然、顺应自然，并从顺应自然规律的过程中获取自身生存所需的资源和能量。随着人类科技水平的快速发展，以及对自然规律的把握，人类开始具有局部改变自然环境的能力，以及能在一定程度上和一定范围内影响自然规律。敬畏自然的观念似乎已不再能有效约束人类的行为和疯狂的欲望，当代人的各种复杂的经济决策和实施行为已经影响到人们对未来价值的预期，在很多领域给未来留下了长长的负面清单。历史发展至此，敬畏未来应运而生。敬畏未来是在敬畏自然的基础上，对人类自然生存策略的进一步调整,也是发展观的转变。需要注意的是,这里的发展观并不是我们通常所说的微观或宏观经济的发展观(例如科学发展观),而是从人类与自然的关系和人类繁衍生息的高度,对发展的理念和方式予以界定所产生的人类生存策略,它与通常所说的发展观并行不悖、相互补充。

## 一、人类自然生存策略:敬畏自然

人性没有绝对的好坏之分,只是有利于人类个体生存的基因冲动,从而带来人类整体的收益即繁衍。但是由于人性建立在个人利益最大化的基础上,如果每一个体都以实现利益最大化为目标,就必然要有竞争,一部分人牺牲收益,成就另一部分人的生存。竞争发展到极致时,世界就只剩下最后一个成功的人,这也就意味着人类的灭亡。为了弥补这个缺陷,便出现了文明的另一套规则:让保护多数人和整体利益成为社会文明的目标,个体利益和整体利益之间达到某一种平衡时,个体充分竞争而整体充分发展,构成人类文明的成果。

这样一来,本质上是人类所有的有利于整体繁衍生息的文明,就是充分约束和限制人类个体的冲动,但又要给每个个体充分的放纵空间,以激发人类整体发展的动力,这甚至可以看成是自然规则。每一种生物的生存与繁衍都要学会与大自然和谐相处,人类也不例外。

人与自然的关系是整个人类社会面临的重大课题,伴随着整个人类社会发展历程。人作为一种生物,必须从自然中汲取能量和养分,才能够维持自身机体的正常运转和不断成长。所以,每个人从一出生甚至整个人类出现之时,首先面临的课题就是如何与自然相处的问题,也就是生存问题。与自然的相处有一个不断探索和不断适应的过程,但无论这个过程怎么演进,其基本前提是永远怀着对自然的敬畏之心,即敬畏自然。这已经成为人类文明的一种标志。

人类同其他生物群体一样,基于同大自然的关系而不断地调整生存繁衍的策略。现有的人类社会发展历史已经表明,正是基于敬畏自然,然后不断了解、利用自然,才有了人类社会的不断发展。在原始农耕社会,人类受自然规律所支配,其生存繁衍都离不开良好的自然条件。人类历史上的文明古国,几乎都诞生于河流沿岸,盛行的各种图腾崇拜其实就是敬畏自然的最直接体现。进入农耕社会以后,人类开始了解自然并利用自然,包括兴修水利、推广农耕等,为人类发展奠定了更多基础。从工业革命开始,人类社会生产力大幅提高,对自然的利用更多也更充分,部分自然资源(石油、煤炭)成为社会生产的基础条件。对环境的治理,也体现出人类在了解自然、利用自然的同时,仍然敬畏自然。虽然在人类社会发展过程中,生产工具及其所体现的科技水平与社会组织发挥了极为重要的作用,但自然所起的作用,从来都不应该被忽视。

## 二、人与自然关系的模式调整:敬畏未来

人类社会的发展,尤其是科学技术的发展,使人类在敬畏自然的过程中逐步掌握了部分自然规律,并可以利用自然规律,甚至在一定程度上影响自然规律。当然,这一趋势还处在不断前行的过程中,但这一过程也助长了人类的理性自负,认为几乎所有的自然规律都可以被掌握和被利用。由这种理性自负所伴随的,必然是人类欲望的无限放大。在这个敬畏自然的力量慢慢衰减的时候,必然需要一种新的力量来约束人类。

异度均衡理论在敬畏自然的基础上,进一步考量了当代经济活动对于人类未来的影响,力图把这样的负面影响控制在人类的可承受范围之内,也尽量实现未来社会的利益最大化。这种科学的考量映射了人类社会与自然关系的新模式,体现了人类自身发展策略的变化,即从敬畏自然到敬畏未来。

敬畏自然是为了生存,敬畏未来是为了发展。敬畏自然是基础,敬

畏未来是敬畏自然在时间维度上的延伸,是在敬畏自然基础之上的完善和升华。从敬畏自然到敬畏未来,就是异度均衡理论的基本逻辑,也是异度均衡理论有别于现有经济理论的最明显特征。

### 三、异度均衡事关人类文明发展

人类同其他生物群体一样,基于同大自然的关系而不断地调整生存繁衍策略,这些策略不需要有形的力量来推动。由敬畏自然到敬畏未来的转变,是一个自然而然的演进过程,是人类文明发展所必需的。

所有生物群体的繁衍是由本能加理性(学习能力)支撑的。本能源于基因传承,理性源于后天学习。在现实生活场景中,常常是本能创造收益,理性约束损耗;本能创造当前,理性保护未来。

社会的富裕程度其实由两部分构成,一部分来源于古人的积累,另一部分来源于今人的创造。未来的人们既会继承我们积累的各种文明与财富,也会在这个基础上创造新的文明与财富。当前留存的东西对未来的影响深远。所以,异度均衡是事关人类命运和文明延续的重要经济理论,值得深入研究和应用。

# 第二节　异度均衡

异度均衡是将不确定性和风险管理的理念引入经济学研究范畴,充分利用风险管理方法开展一系列拐点研究,并在此基础上进行的理论总结与提炼升华;是考虑不同时间、不同空间上的价值均衡问题;是将时间维度上的不确定性、空间维度上的机会成本及综合维度上的公平问题等纳入均衡分析框架得到的第三类均衡。我们将其定位为与一般均衡、纳什均衡相并列的第三类均衡,是因为在经济学均衡理论的所有研究成果中,异度均衡理论发现了在时间维度上的总收益与总损耗会在经济运行中不断达到均衡又不断突破均衡的经济现象。异度均衡理论是中国经济学家的最新研究成果,是中国经济实践的理论产物。异度均衡的思想与哈耶克的市场理念一脉相承,以不确定性为起点,以自然演进为过程(在本能与理性之间通过自发秩序或扩展秩序向前演进),以风险计量为研究工具,以悖论解悖为基本逻辑,以可持续发展为最终目标,由此构成异度均衡完整的思想内核。

## 一、以不确定性为起点

世界是不确定的,自然是不确定的,未来是不确定的。承认世界是不确定的,才有后续的异度均衡问题。人们关于不确定性的认识,经历了一个不断发展的过程,本书已有所阐述。

风险管理理论的发展都是针对可度量的不确定性。对不确定性的认识其实构成整个风险管理理论的起点,正是有了对不确定性的充分认识,才有了风险管理的概念及相关理论与工具的发展。

从思想背景上考察,经济学的发展就是从古典经济学的追求确定性向现代经济学的拥抱不确定性的转换。从微观上来说,现代经济学可以看成心理与行为的博弈过程,是一种以不确定性为前提条件的社会活动。经济活动就是在不确定性中进行当前与未来、此地与异地、此时与它时之间的收益与损耗、有利与不利的取舍。在确定条件下的最优化理性决策很容易解释,但在不确定条件下的经济决策原理回答起来却不容易。也正是因为有不确定性的广泛存在,以及对不确定性的全面接纳,也才有了异度均衡理论的产生,并将不确定性作为理论的起点和基本背景。

市场在完全不确定的条件下运行,脱离不确定性研究经济问题,是难以完全契合实际的,也难以对现实世界进行有效的解释和指导。异度均衡理论将不确定性作为整个研究的起点,力图从不确定性的角度去思考问题、解决问题,并将其作为整个理论展开的基本背景,利用风险管理理论与计量方法开展研究,对现实世界进行更加贴切、更加准确的演绎和解释。

## 二、以自然演进为过程

经济过程是自然过程的一部分。经济生活是人类社会的主要组成部分，但也只是大自然秩序中的局部。异度均衡是跨越时空的均衡，是自然演进的结果，这是由人类社会的秩序形成规律所决定的。哈耶克认为，社会秩序的产生不是来自个人和群体的理性设计，也不可能来自某种超自然的力量，而更可能是一种适应性的、自我演化的结果。例如，市场交易活动中知识的运用和信息的处理所形成的秩序化状态，不是由单个主体的知识和有限理性就能发明创造的，相反，这种秩序是由诸多没有意识到其目的和作用的单个主体的行为所共同产生的。这也就是斯密所说的"看不见的手"。虽然每个个体都是有意识的单个主体，但在其自身意识范围内的个体行为所造成的共同结果就是自然演进的结果。在这个过程中，哈耶克尤其强调"在本能和理性之间"的扩展秩序的重要性，正是这种由人类群体演进出的复杂结构，才使人类文明的发展成为可能。异度均衡所描述的正是这种人类本能和人类理性自负之间的经济活动现象。

当然，这里指出异度均衡是自然演进的过程，并不表示异度均衡可以轻轻松松地达到或实现，而是表明异度均衡本身就是一种综合性的动态，甚至可以表述为，异度均衡是不断突破的阈值或合理区间又不断向阈值或合理区间回归的状态。这也强调异度均衡是一个不断适应周围环境（包括其中众多个体行为）并不断选择和进化的过程，它利用人类的本能与理性自负，以及在本能与理性自负之间的扩展秩序，不断推动着人类经济体向异度均衡回归。所以，异度均衡在一定程度上甚至可以视为是进化论或者螺旋式发展过程在均衡分析理论中的拓展应用。

### 三、以风险计量为工具

异度均衡将不确定性引入经济基础理论研究范畴，也使后续利用风险计量工具成为题中应有之义。从具体的研究方法来看，异度均衡把风险原理提升为经济学可以运用的理论和分析工具，主要是把时间、空间、机会与公平四个因素中的收益变量和损耗变量都纳入经济学分析框架，并以风险波动的特有形式进行展示、计量及分析。

从风险原理出发，经济行为中需要防范四类情况：一是风险在时间维度上后移，二是风险在空间区域上转移，三是风险隐藏，四是机会成本和沉没成本被忽略。

对这四个问题的解决，首先离不开对风险的计量，只有在对风险进行准确计量的基础上，才有防范风险转移与隐藏的问题，机会成本的计量也才有了更加坚实的基础。通过不确定性原理将风险计量方法上升为经济分析框架的基本方法，从而将不确定性全面深入渗透到经济学分析的各个环节、各个领域，真正"拥抱不确定性"，并将敬畏未来进行到底。

需要注意的是，以风险计量为工具并不排斥传统的经济学研究方法与工具，之所以强调以风险计量为工具，主要是为了说明异度均衡首先是承认不确定性（风险）的，以不确定性为前提并试图对不确定性进行计量，然后在此基础上再进行经济学的分析。这与传统的通过确定性假设和分析，企图指出相对确定结果的思路与方法存在着重大区别。另外，近年来风险计量理论与方法也在不断改进和精细化，也为异度均衡提供了内容更加丰富的工具箱。

### 四、以悖论解悖为逻辑

几乎任何事物的发展演进过程中都存在不同形式的悖论，经济生活也不例外。悖论解悖对于异度均衡的逻辑意义，其实来源于笔者对经济社会发展现象的长期观察、深入思考与抽象提炼，在一定程度上也是"否定之否定"的哲学观在经济社会发展史上的具体实践。

所谓悖论解悖，是指经济社会发展是一个不断形成悖论又不断解除悖论的过程，即发展动力带来收益的同时也会带来相应的损耗，当损耗积累到一定程度时，就会成为发展停滞的原因。悖论解悖即从均衡到非均衡，再到均衡的过程。其中，形成悖论是指经济社会发展突破异度均衡的阈值或合理区间，解除悖论则是指经济社会发展又回归异度均衡的阈值或合理区间。需要注意的是，这里存在三个关键点：首先是要存在这样一个异度均衡，其次是异度均衡要有足够的"吸引力"，也就是要有足够的力量去推动回归异度均衡，最后是异度均衡的不稳定性。对于第一个点，只要经济发展存在收益价值和成本损耗两个方面，就必然存在二者之间的合理比例关系，即存在异度均衡；对于第二个点，其实与自然演进过程中的个体自利性密切相关，当经济发展的收益价值小于成本损耗的时候，发展受到阻力，形成发展悖论，必然会有受到损害的个体开始转变方向，当受到损害的个体积累到一定程度时，必然会形成强大的追求收益的力量促使经济活动向异度均衡回归；对于第三个点，可能与经济发展的惯性有关，真正的均衡状态是非常脆弱的，只是在理想状态不断激励经济体向那个方向前进，这也是悖论解悖这一逻辑能够不断发挥作用的根本动力。

观察经济发展的过程，离不开经济周期。一般来说，经济周期包括发展、繁荣、衰退、萧条等四个阶段，新一轮经济周期的开始就是复苏，后续就是繁荣、衰退和萧条，由此构成不断循环的经济周期。仔细观察经济周期的不同阶段，就会发现它是一个典型的悖论解悖的过程。异度均衡本身就是在观察经济周期演进过程中所发现的一种状态（虽然并不仅仅适用于经济周期），正是在不断形成悖论又不断解除悖论的过程中，才能找到符合异度均衡条件的阈值或区间。另外，悖论解悖也构成了拐点分析的逻辑基础，解悖的结果常常成为新阶段的拐点，使拐点分析成为异度均衡所最经常使用的一种分析思路。

## 五、以可持续发展为目标

可持续发展强调经济发展的延续性,即符合预期的未来发展,这也是敬畏未来所要达到的最主要目标。对可持续发展进行具体分析,可以发现它其实是一个综合性概念。按照通常的理解,可持续发展就是人类社会可以生生不息地向前发展,并且生活质量越来越高。当然,对可持续发展这个目标也可以做进一步的细分。

按照时间与空间的不同维度,可持续发展包括不同区域之间的协调发展,先富地区要带后富地区,然后走向共同富裕,不能差距过大,否则就是不可持续的;也包括代与代之间的协调发展,当代人的发展要照顾到后代人的发展,尤其是对自然资源的开采利用和对环境的保护,必须考虑到后代人发展的需要,不能杀鸡取卵,不能寅吃卯粮,不能竭泽而渔,否则也是不可持续的。这里需要强调的是,时间维度的可持续发展相对比较容易理解,但是空间维度的可持续发展也不能忽视,把风险损耗转移到平行空间区域,并不能减少当期社会经济发展带给未来的负面影响,所以在一定程度上甚至可以说空间维度的可持续发展是时间维度可持续发展的基础。这也是异度均衡的"异度"的含义所在。

按照具体的发展目标来看,可持续发展既包括效率,也包括公平,这是经济学研究的基本问题。尤其需要注意,异度均衡还赋予可持续发展一个具体目标,那就是未来收益的可能性与损耗的可控性。也许很多人会说可持续发展已经包括未来,但异度均衡不仅是将未来当作一个顺带实现的目标,而是将未来当作一个具体的权利主体,当作一个具体的市场参与者,纳入整个分析框架,并在数学模型的基础上计量出确保未来持续发展的数量边界,使得代际公平这样的原则,能够可操作、可执行、可实现。这是异度均衡有别于传统经济学理论的关键,也是异度均衡理论的核心所在。所以,这里的可持续发展也不仅仅是通常所理解的可持续发展,而是具有更加丰富内涵的通过具体的方法论和工具的使用,可以在未来有效实现的可持续发展。只有这样,才能构成异度均衡的目标。

## 六、简单评述

异度均衡的思想与哈耶克的市场理论既一脉相承,又有所拓展。虽然哈耶克对自然演进过程进行了深入分析,并展示了很多具体的例子,但哈耶克并未试图对自然演进过程展开定量的刻画与分析,而是仅仅停留在逻辑分析的抽象层面。异度均衡在尊重自然演进过程的基础上,首先,明确将不确定性作为研究的起点,以重新梳理更加契合社会实际的研究语境;其次,试图用风险计量的方法对自然演进过程进行定量的刻画与分析,并试图找到符合异度均衡的阈值或合理区间;再次,从自然演进过程中总结提炼出悖论解悖的基本逻辑,用于观察经济社会发展过程;最后,对现有的可持续发展内涵进行重新解释和拓展,提出将可预期的未来单独作为可持续发展的一个目标。

还需要说明的是,异度均衡理论将客观世界中的不确定性作为理论分析的起点,认为不确定性是风险和收益的源泉,并试图采用拐点的概念表达从不确定性出发,借用风险计量方法预判未来趋势的新观察角度,以此形成新的经济研究体系。其基本逻辑是,因为不确定性存在,所以风险是客观存在的,而且是可计量的,世界上所有的事物都存在正面与负面作用共存的发展规律,即悖论。找到正负两面的均衡点就是解悖,一旦经济事物的总收益和总损耗的平衡关系被打破,经济事物就会沿着某种趋势发展,并达成新的均衡。代表某种新的趋势的转折处,存在着经济发展的拐点,可以依据这个拐点,预警未来的某些发展趋势。

# 第三节　可持续发展如何实现

经济学要解决的两个基本问题：一是增长，二是公平。如何解决公平问题？异度均衡理论从未来角度对当前交易提出了解决办法。任何当期的交易或投资，都应当建立在异度均衡的原理框架基础上，才是合理的。

经济快速增长的国家（如金砖国家）和城市都经历过以投资拉动为主要经济动力的发展阶段。中国仍然处于这样的历史阶段。那么什么样的投资规模和速度是合适的，应该以什么样的态度对待发展中的污染问题、民生保障问题、可持续发展问题，关于这些，至今全球仍然停留在事后进行总结和纠偏的模式上，缺乏事先的思想约束和预判依据。虽然也提出了一系列有益的思考和观念，如平衡发展、治理污染、福利保障等，但并没有从理论和方法上解决实现这些合理性要求的原则、标准和方法。这种情况使全球经济发展付出了沉重的代价，欧美发达国家和包括中国在内的金砖国家都有过这种沉痛经历。

代际公平作为可持续发展理论的重要内容，旨在解决时间维度上的公平。其一，每一代人都有保存和选择自然与文化多样性的权利。对于当代人来说，有义务为后代保存好自然资源和文化资源。其二，每一代人都有享有健康和较好生活质量的权利。当代人应该保证地球资源的质量和数量。其三，当代人的决策应体现"无论哪一代人在资源分配中都不占支配地位"这一公平原则。当代人必须留给后代一个适宜居住的地球及环境，也应当清偿过去（前代人）留下的"自然债"。但是后代人并无对当代事务的任何权利。这种观念的践行只能依靠当代人类的文明规则。对于经济学来说，这一观念的提出并没有彻底解决问题，仍然有明显的不完善之处。一是过分着眼于未来，忽略了未来与当前的实际联系。二是过度强调纵向时间，忽略了横向空间的公平问题。

异度均衡理论的计量模型设定了一个数量化的边界,使得代际公平这一可持续发展的重要观念,获得了可观测、可评价、可弥补的具体实现路径。

异度均衡理论将未来的收益和损耗纳入当期的经济资源配置分析框架,终于使代际公平的正确观念建立在可实现、可观测的经济学理论基础上,建立在可建模计量的实证方法基础上,解决了可持续发展理论的底层逻辑问题,这是一项巨大的理论完善和收获。与此相关的环境保护和污染与发展之间存在的纠结也在异度均衡理论框架下不言自明地迎刃而解。

## 第四节 完全成本观念

成本是进行经济分析判断的基础,没有成本的准确全面计量,就无法判断某项活动的经济价值。但在成本的计量过程中,由于从不同的角度或不同的理论基础出发,因此会有不同的成本概念,例如财务成本、风险成本、机会成本、沉没成本、人力成本、资金成本、固定成本、可变成本、心理成本(负担)等。按照异度均衡的基本逻辑,只有充分考虑时间与空间维度的成本才是充分全面的成本,即"完全成本"。完全成本可以初步定义为,在行为主体自身付出各种成本的基础上,进一步考虑时间维度与空间维度上的各种成本之后形成的总成本。

只有在对成本进行全面准确计量(完全成本)的基础上,异度均衡才具有坚实的理论基础和可计量分析的数理基础。所以说,在一定程度上,完全成本这样一种新财务观,是异度均衡理论的概念基础和分析基础。笔者在这里想初步构建完全成本理论的基本框架,并对其计量问题进行初步的探讨,以为后续纳入异度均衡理论的整体框架奠定基础。

## 一、完全成本观

异度均衡的均衡点主要是充分考虑时间和空间维度上的不确定性与波动，以及风险成本、机会成本、公平尺度等因素后总收益和总损耗均衡的点。所以，要估算出异度均衡的均衡点，必须要对总损耗（或总成本）进行准确全面的估算。这里需要说明一下，为什么不对总收益的准确全面估算进行专门讨论，主要有两个原因：一是收益与成本本来就是一个事物的两个方面，只要对其中一个方面估算清楚，另一个方面的估算逻辑也基本完全一致；二是一般来说对收益的估算都是充分、全面、准确的，而对成本的估算容易不足，甚至出现缺漏，多估算收益或少估算总成本，都可以让拟开展的项目或经济事件从评价的角度看起来更具有经济有效性。

异度均衡要充分考虑时间和空间维度上的所有成本。为了定位时间和空间，首先必须有某个具体经济事件，从时间序列上看，在它之前的就是过去，在它之后的就是未来，与它并列的就是空间中的其他事件。与此对应的成本分别有当前成本、过去的成本、未来的成本、其他的成本；更进一步具体化，当前的成本就是财务成本（注意这里是财务成本，按照会计核算的全面性原则，当前会计核算体现在财务报表中的成本应该至少包括了当前的所有支出或成本，之所以说至少，因为现在的会计核算有可能还明确包括一部分未来的成本，如减值准备、坏账准备等），过去的成本就是沉没成本，未来的成本就是风险成本，其他的成本就是机会成本。

建立并计算完全成本的观念和方法，其本质就是当代人交一本清楚的损耗账册给未来，而不是含糊其词。

## 二、时间维度与空间维度上的主要成本

1. 经济主体的自身成本：财务成本

首先要明确自身成本是什么。自身成本就是行为主体在经济活动

中的所有付出（注意这里暂不考虑心理成本），包括人、财、物等。这里需要注意的一个问题是，按照企业边界理论，很多理论存在内化或外化的可能，所以在对自身成本进行界定时需要很小心。以环境成本为例，当一个企业没有购置任何环保装置时，那该企业的环境成本其实是摊余到周边所有行为主体上。如果这个企业购置了环保装置或者按规定缴纳了环保费用，这时的环境成本就被内部化了，形成了企业的自身成本。

其次要明确财务成本是什么。所谓财务成本并不是仅仅因为财务因素所发生的成本（如贷款利息），而是自身成本的财务表达。在现有货币经济条件下，所有的价值或成本都用货币来度量，这也是它被称为财务成本的主要原因。其实在现有财务报表的利润表中，可以清楚地看到三类成本，即管理成本、财务成本、经营成本，刚好也与我们经常所说的人财物相对应。应该说这三类成本相对完整地描述了现有的自身成本。

### 2. 时间维度上的成本（向前：风险成本）

对银行等金融机构来说，为了真实反映未来不确定性带来的损失，还要计算风险成本，经风险调整后的利润才是真正的财务成果。

其实，不仅仅是金融机构需要计量风险成本，所有的行为主体都需要计量风险成本。只要承认不确定性的存在，风险成本也就会存在。为了完整进行成本计量，就应该考虑风险成本。

目前来看，银行等金融机构的风险成本计量及管理流程相对比较成熟和完善，而一般企业的风险成本计量还处于相对比较初级的阶段，主要是根据账龄、存货价格变动进行简单估算等。

可以设想应该以银行的风险成本计量方法为基础，构建一般企业完全成本核算的统一的概念、计量方法及管理流程。

### 3. 时间维度上的成本（向后：沉没成本）

沉没成本是需要认真计量的，但一般不会对当期经济决策造成影响,更多时候是一种心理上的负担或障碍。

所谓沉没成本,是指以往发生的,但与当前决策无关的费用。从决策的角度看,以往发生的费用只是造成当前状态的某个因素,当前决策所要考虑的是未来可能发生的费用及收益,而不考虑以往发生的费用。

人们在决定是否去做一件事情的时候,不仅是看这件事对自己有没有好处,而且看过去是不是已经在这件事情上有过投入。我们把这些已经发生且不可收回的支出,如时间、金钱、精力等称为"沉没成本"。在经济学和商业决策制定过程中会用到沉没成本的概念,它常被用来和可变成本做比较,可变成本可以被改变,而沉没成本则不能被改变。

异度均衡理论在计量当前和未来损耗时把沉没成本纳入模型,以达到某种理性程度上的均衡。

### 4. 空间维度上的成本(机会成本)

机会成本是一个由来已久的相对成熟的概念。对于投资项目来说,除了财务成本、风险成本外,还要考量机会成本。机会成本的核算目前没有规范和会计标准。但从原理出发,应该就是同类投资的市场平均收益与投资项目实际投资收益的差额。

机会成本的概念可能还要在现有机会成本定义的基础上做进一步拓展。传统概念中的机会成本更多的是指资本投资到其他地方所能够获得的收益,但在这里机会成本并不仅仅限于此,还包括对其他区域、其他主体的利益影响。包括前面提到的环境成本,以及大城市对周边区域的虹吸效应。这些其实都应该纳入更广义的机会成本范畴。异度均衡计量模型中包括了此类影响的变量元素。

## 三、完全成本的基本框架

可以看出完全成本概念是一个四维时空的概念,是在可理解认识的立体时空中的成本。经济事件包括过去、现在和未来,只有全面考虑过去(沉没成本)、现在(财务成本)和未来(风险成本),才能全面准确地核算该经济事件的总损耗（或总成本）。其中的每一项成本（包括沉没成本）都会对经济事件的效益评估产生影响。当然在空间上还应该包括机会成本。

### 1. 完全成本的计量

财务成本是对当期自身相关成本的计量，风险成本是对未来相关成本的计量（时间维度上），机会成本是对当期其他相关成本的计量（空间维度上），沉没成本是对过去相关成本的计量。这样一来，完全成本就包括过去、现在和未来，在现在又包括自身和其他。当然，这只是从理论层面构想一个完全成本的基本框架，后续还有每类成本的计量或估计问题。

从社会完整计量的要求出发，我们需要建立完全成本的新的财务观念，即改变旧的财务管理与核算传统，在社会层面上建立"财务成本＋风险成本＋机会成本＋沉没成本"的完全成本观念。这也使异度均衡理论对总损耗的计量更准确。另外，不作为也会增加机会成本，这是异度均衡理论的创新。不作为的数据收集较难，计量模型只能根据区域比较，按照差异数据来计算。例如，在教育方面可以根据各国教育投资占 GDP 的比例差异来计量。

当我们把一个经济体视为一个企业时，异度均衡则要求这个经济体能够有真实可行的核算，不是局限于财政收支平衡，而是有具体的会计科目进行全面账簿登记并进行会计核算，列出真实的资金平衡表和损益表，以提供异度均衡计量全部损耗时所要求的真实的财务会计数据。面对异度均衡对总损耗计量中的完全成本的规范要求，一般企业核算时需要解决完全成本问题，即机会成本、沉没成本和风险成本的会计科目如何设置、核算原则如何确定等，并使之成为实际可核算的方法。异度均衡理论将提供新的财务观念和方法。

当然，不可能立即要求经济体按照完全成本的理论进行记账核算，但可以通过各种统计数据和经济学方法，建立起虚拟的财务会计制度和记账核算方法。

### 2. 从时间序列上看完全成本

我们讨论完全成本，实际上是站在时间序列的一个具体的点上来看，有过去、现在和未来，才有沉没成本、财务成本和风险成本的概念。从时间序列的发生顺序上来看，沉没成本在前，财务成本其次，风险成本最后，所以这也表达了沉没成本会影响当期成本，沉没成本和当期成本(财务成本)会影响风险成本。但在这里需要关注两个问题：一是并不是说时间在前的事件就一定是时间在后的事件的原因，当然，如果将心理因素考虑进来，那么这个命题就是成立的。二是如果站在一个具体的时点上来看这三个连续成本，那么这三个成本的概念或描述甚至核算都是基于当前时点的，界定沉没成本和风险成本的关键就在于观察者所在的时点。如果观察者所在的时点是未来，也就没有风险成本的概念，风险成本在那时已经转化为当期成本；如果观察者所在的时点是过去，那么就没有沉没成本的概念，沉没成本在那时已成为当期成本。

### 3. 从经济主体与经济事件看完全成本

我们对成本其实有两个不同的观察视角，即经济主体的成本(人的视角)和经济事件的成本(物的视角)。从经济事件的角度来看，有过去、现在和未来，才是一个完整的经济事件；从经济主体的角度来看，也有过去、现在和未来，但过去、现在和未来都只是经济主体的观察时点。所以，从经济事件的角度来看，沉没成本是始终存在的，但很容易被忽视。但从经济主体的角度来看，沉没成本其实就是成本支出的一种，已经在各期的成本支出中进行了核算。

一般来说，当前的财务成本是主体视角，即目前的会计核算都是有会计核算主体的，不论是企业、个人，还是国家，都是基于会计核算主体的角度来核算成本。而沉没成本更多的是基于事件视角，即对某个具体经济事件而言，才有沉没成本的概念或提法。风险成本其实也是基于事件视角,在这里需要注意的是,风险成本已经被部分规范地纳入当前的财务成本,因此在一定程度上也具有主体视角,但是否已经完全纳入,还需要针对具体事件进行具体分析。机会成本其实是一种综合视角,既有主体视角,也有成本视角。首先要对机会成本的概念进行拓展,其次再来分析机会成本的视角问题。这里需要注意一个问题,机会成本是未实现的成本,或者说是未能真正付出的成本,它只是一种假设成本,其关键在于比较有可能实现的预期收益与现实收益之间的差额。这个差额加上现实的收益就是机会成本,在核算上并不困难。

沉没成本是已经真正付出的成本,是一种实实在在的成本,其关键在于与后续经济事件之间的关系。而这个关系的界定又在于视角的差异。对一个经济主体而言,沉没成本必然与后续经济事件有关系。但如果对一个具体的经济事件而言,就会存在前期已经付出的成本是否与之直接相关的问题。如果直接相关,那就应该计入该经济事件或具体项目的沉没成本。

再来看风险成本,风险成本介于机会成本与沉没成本之间。风险成本既是未来(不确定性)的成本,也是现在的成本。综合来讲,风险成本是为了应对未来的不确定性而在现在付出的成本。所以,从付出情况来说,风险成本是在当期付出的实实在在的成本,这一点与沉没成本类似;从实现情况来说,风险成本是为了应对未来的不确定性,但未来的不确定性只是一种可能,并没有在当下发生,所以这种成本还未真正付出,也未真正使用(对银行来说,不良贷款核销时才是风险成本真正付出的时候),更多的是一种提前的准备。

所以从这种情况来看,又涉及整体与个体之间的关系。风险成本从个体的角度来看,其实是没有发生、没有真正付出的成本;但从整体的角度来看,其实又是必然会发生、肯定要付出的成本。

需要注意的是,沉没成本也涉及整体与个体之间的关系问题。从整体来看,沉没成本肯定是已经付出的整体成本的一部分;但从个体来说,尤其是从一个具体的项目而言,沉没成本是否属于该项目整体成本的一部分,还需要考虑沉没成本与个体之间的直接相关性。与风险成本类似,可以找到与具体项目之间直接相关性的,是沉没成本中逐笔计提的成本;找不到与具体项目之间直接相关性的,是沉没成本中组合计提的成本。

机会成本也并不是没有发生,只能说对具体的某个经济主体来说没有发生,但从整个社会来说,肯定有其他的经济主体已经付出了与机会成本同样多的成本。

## 第五节　总收益与总损耗

异度均衡理论在寻找异度均衡阈值的过程中,主要考量的是经济活动的总收益和总损耗之间的关系,即收益损耗理论。该理论为社会经济活动的收益与损耗之间的关系进行分析评价提供了一种方法,使用这种方法对经济活动进行评价,可以更直观和科学地反映某种经济行为可能产生的结果,从而为决策者提供是否实施其经济活动的依据。该理论借鉴了银行经济资本模型思路中预期损失和非预期损失的概念,将收益及损耗分为显性部分和隐性部分,其中显性收益或损耗主要指与某项经济活动相关的直接收入或支出,隐性收益或损耗主要指由该经济活动带来的外部收益或消耗。由于经济活动的影响是长期的,因此将隐性收益分为当期隐性收益和未来隐性收益,同样将隐性损耗分为当期隐性损耗和未来隐性损耗。异度均衡理论把过去、现在和未来作为统一的经济过程,在考虑经济活动的收益和损耗时,将相关的波动因素纳入其中,使得对经济活动的评价更加完善。

可以将人类文明进步看作一种财富现象,所有的文明发展都是财富积累程度的抽象表达。我们甚至可以把收益和损耗(成本)看作人类文明的两极,在这两极的相互作用、相互均衡、相互比较、相互影响之中,各种相互促进和相互对立的力量推动着人类文明的逐渐进步。这是异度均衡理论对文明史的一种诠释。

## 第六节　动态中的均衡

拐点分析方法与收益损耗理论密切相关,是基于收益损耗理论的一种具体分析思路。在经济学中,一般均衡表明的是一种市场出清的状态,即"帕累托最优",任何经济活动的目的都是向这个状态靠近。

异度均衡理论并不"静态"地指向某个固定目标,而是描述社会经济体系动态演进过程中的一种状态,当达到这个状态时,支持社会经济体系向前演进的因素与制约社会经济体系向前演进的因素达到暂时的均衡,即社会经济活动的总收益等于总损耗。

此时,社会经济体系向前演进的趋势并未改变,但达到这一状态之后,社会经济活动的总收益与总损耗的对比关系会发生逆转,即出现总收益与总损耗对比关系的"拐点"。经过"拐点"之后,社会经济体系会沿着现有趋势继续向前,不会停留,只是所体现的社会经济效益和社会福利水平会呈现反向变化的趋势。

拐点是经济学中经常被提及的概念,其中最为著名的是"刘易斯拐点",该拐点是指在工业化进程中,随着农村富余劳动力向非农产业的逐步转移,农村富余劳动力逐渐减少,最终达到瓶颈状态,这个拐点是劳动力从过剩走向短缺的转折点。拐点与经济学中均衡的概念紧密相关,而且拐点往往出现在经济学中的均衡点上。从事物变化阶段的数轴来看,可以将拐点视为抛物线中的一个时点,基于对历史数据的观察建立相关实证模型,并找到该"拐点",这个过程既对历史进行了分析,也对未来的变化趋势进行了预判。因此,拐点研究的本质是对事物不确定性的特殊形式的研究,这既是一个深刻的经济学问题,也是一个社会学问题,同时也是对未来风险成本的预测。与"刘易斯拐点"最重要的区别是,这里的拐点不一定是新古典主义上的均衡点,而是更关注某一个点或阈值的边界性,即收益与风险发生质变的可能性。当我们说某一个点是拐点时,是指一个复杂判断下的状态表达,预示着向好(即正面)或向坏(即负面)发展的趋势。

均衡是动态中的一个时间点或区间,我们通过它标识和观察经济。那均衡与经济周期是什么关系呢? 有学者认为,在动态经济中没有均衡。事实上如果事物处于稳定的均衡状态就意味着它将失去意义或者死亡。异度均衡研究不确定性状态,即动态波动状态下的均衡关系。从数学曲线上看,波动曲线的确呈现出周期和拐点两个特点。拐点必然是均衡被打破之后的变化点,体现周期的变化趋势,可以预测或警示未来。异度均衡在经济活动中客观存在,是经济周期的结果。经济总是在创造收益和付出损耗中度过经济周期,结果一定是在收益和损耗的平衡中实现经济周期的变化,可能是收益大于损耗,也可能反之。

异度均衡理论认为拐点不是终点,是某种客观存在的均衡被打破之后经济发展新趋势的起点,是新的均衡关系形成之前的某种趋势性的非均衡点。寻找事物拐点的过程总是在计量收益与风险之间的关系,以确定一个最佳状态的拐点,过了拐点,风险成本会越来越大于风险收益,从而引起质变。

拐点理论认为事物进展都有收益的一面,也有损耗的一面,拐点要研究事物中的正面因素与负面因素的关系。短期的收益可能是长期的风险,这是一个定律,也是一个陷阱。统计分析容易落入这个陷阱,而拐点分析要考量未来的风险损耗,要规避这个陷阱。因此,当我们站在未来向当前提问时,绕不开风险成本这个陷阱。当我们站在整个宏观经济的角度来看风险时,发现未来不确定性及波动所带来的风险,不仅形成了风险管理中的风险成本,亦带来了公平和效率的经济学问题和伦理问题。异度均衡的"均衡"不局限于传统风险管理意义上的收益和风险的对称性,还包括空间维度上的机会成本,以及综合考虑时间和空间维度上的公平尺度。

# 第七节　异度均衡的数学模型和评价功能

融入经济资本理念，是建构异度均衡的关键。在风险管理中，由于非预期损失的不确定性，难以计提专项的损失拨备纳入成本进行管理，商业银行通常采用经济资本方法，针对风险资产配置经济资本以减缓风险冲击。银行引入经济资本概念，使得风险的不确定性资本化，银行承担的风险和资本占用直接对应，风险管理通过对资本的管理予以实现。

不同于基于预期收入与预期损失匹配的传统投资决策，异度均衡融入经济资本概念，将未来的非预期损耗纳入隐性损耗，将不确定的风险成本化。在计算损耗时考虑了未来隐性损耗的波动，在给出置信水平的条件下，将未来的隐性非预期损耗纳入总损耗，以风险调整后的收入损耗比为决策依据，考虑了当前决策需要付出的超预期成本，更全面地体现了经济活动的损耗。

异度均衡理论通过融入经济资本理念，试图增强风险控制的主动性，避免不考虑风险而一味追求收益的盲目扩张行为，帮助我们优化资源配置，实现对经济活动的精细化管理和决策。

为了便于建模和数据核算，现提出如下假设和说明：①借鉴银行的经济资本模型思路中预期损失和非预期损失的概念，将异度均衡理论中的收益及损耗分为显性部分和隐性部分，其中显性收益或损耗主要指与某项经济活动相关的直接收入或支出，隐性收益和损耗主要指由该经济活动带来的外部收益和消耗；②主要从时空的维度对隐性收益和损耗进行核算，即从时间的维度考虑当前经济活动给未来带来的收益和损耗，以及从空间的维度考虑经济活动给整体空间（全社会、各地区）带来的收益和损耗；③考虑到数据的可得性及可计量性，无法穷极所有的因素,因此在平衡收益和损耗的基础上选取了可以较大程度地反映经济活动收益及损耗的指标;④对于居民幸福感、满意度或压力这类难以计量的理论化效益,不予考虑;⑤由于经济活动的影响是长期的,因此将隐性收益分为当期隐性收益和未来隐性收益,同样将隐性损耗分为当期隐性损耗和未来隐性损耗;⑥当期隐性损耗主要是指当期经济活动造成的资源、生态环境等方面的损耗,其对未来产生的影响就形成了当前经济活动的未来隐性损耗,因此假定未来隐性损耗会在当期隐性损耗的基础上波动;⑦未来隐性收益主要是指当期经济活动给未来经济增长带来的贡献,但由于存在资产折旧的现象,因此将当期的隐性收益乘以折旧率再折现回当期的值作为未来隐性收益。

综合上述假设及说明,可以构建异度均衡理论下基于收益损耗比的经济活动评价模型,如下所示:

$$收益损耗比 = \frac{经济活动的收益}{经济活动的损耗} = \frac{显性收益 + 隐性收益}{显性损耗 + 隐性损耗},即$$

$$\varepsilon = \frac{R}{C} = \frac{R_d + R_I}{C_d + C_I}$$

$$= \frac{R_d + R_0 + DPR}{C_d + C_0 + DPC}$$

其中,$R$ 和 $C$ 分别表示经济活动的总收益和总损耗;

$R_d$ 和 $R_I$ 分别表示经济活动的显性收益和隐性收益;

$R_0$ 为当期隐性收益,$DPR$ 为未来隐性收益的现值;

$C_d$ 和 $C_I$ 分别表示经济活动的显性损耗和隐性损耗;

$C_0$ 为当期隐性收益,$DPC$ 为未来隐性损耗的现值。

需要特别说明的是,针对未来隐性收益或损耗,假定其为满足某种分布的随机变量,若存在历史数据,分布函数可以通过历史数据拟合。

对于上述理论模型,如果收益损耗比大于等于1,则说明某一经济行为是合理的,达到了异度均衡;反之如果收益损耗比小于1,则证明该经济行为在综合考虑相关维度后是不合理的,没有达到异度均衡。比值越大,说明某一经济行为越趋于合理。如果收益损耗比等于1,则说明该行为处于异度均衡的拐点上(见图9-1)。

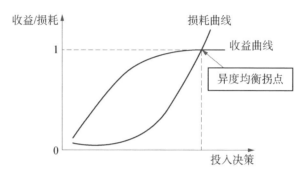

图9-1 异度均衡拐点示意图

除了理论价值外,异度均衡理论也是一种科学的经济价值评价工具。一方面,异度均衡提出了有限理性的假设。通过计算理性、公平的经济运行均衡区间,构成了客观评价经济活动的重要坐标。另一方面,异度均衡还在计量未来的隐形收益和隐形损耗的基础上,构建了对宏观经济和微观经济活动进行均衡计量的模型。在完全成本观念下,对全社会而言,财务成本、机会成本、风险成本、沉没成本构成了社会总损耗。

现行的评价模型大都建立在当下经济的现金流基础上,没有体现完全成本,忽略了经济活动在时空两个维度上的未来成本的影响。所以,异度均衡的评价模式更准确、更符合经济本义。

# 不确定性理论改变了我们什么

本书所探寻的不确定性是一种普适逻辑，它不仅仅超越了宏观经济、政治，更是触及了人类文明底层逻辑的高度，用它解释经济行为、社会组成及文明变迁则是可行的。我们认为，经济结构的出现、体制改革的变迁、文明的进步本质上都来源于对不确定性的适应，总的来说，这种适应的过程是一个动态均衡的过程，也是一个博弈的过程，是三维空间与四维空间的博弈。

本书比较全面地从哲学、经济学、社会学角度论述了不确定性的综合概念，研究和论述的过程也是一个批判和总结的过程。笔者在这过程中产生并接触到许多新的观念。当我们从不确定性原理出发，无论是对哲学还是经济学及行为模式都有了与之前不一样的看法和视野。这些改变会深深地影响到我们的未来。

## 第一节　建立新的思维模式：放弃确定性

### 1. 从追求确定性到适应不确定性

所谓新的思维模式就是明确地放弃追求确定性。

本书从世界的无序本源出发确认世界运行的本质是不确定性的。由于人类祖先从在丛林中采食走向农耕文明之前所面对的自然环境充斥着不确定性变化，使人类生存与发展的努力常常面临毁灭，反受动物的伤害，以及饥饿、疾病、自然灾害的打击，由此人类的基因里留下了对不确定性的恐惧记忆,也留下了对稳定环境,即确定性的强烈追求。这样的影响一直伴随着人类从农耕文明走向商业文明和工业文明,乃至现代,人类仍然孜孜不倦地追求确定性这种并不存在的乌邦式理想。这种理想给予了人类追求文明秩序、建立相对确定性环境的动力。

现在已经到了放弃对确定性的执着追求,在不确定性的客观基础上处理人与社会、人与自然关系,通过适应不确定性的自然力量,获得相对稳定的生存环境和经济预期的时候了。把这样的转变理念融入血脉、植入骨髓,人类才能建立更坦然、更经济的生活方式。

2. 从静态观走向动态观

静态假设几乎是所有科技研究实验的必要前提。人类企图从静态结构和形状入手破解动态下的事物结构和状态,但事物的本质是动态的、不确定性的,静态观所理解的事物与动态观所理解的事物存在巨大差异。本书提出的平行市场和经济实测分析的思路,就是立足于动态世界的观念。无论是观察世界、观察社会,还是经济分析,只有立足于动态真实,放弃以静态结论指导动态现实、预判未来趋势的思维方式,才是适应不确定性的正确之道。

3. 从必然观走向偶然观

从古至今,人类总是企图从应接不暇的偶然性现象中摆脱偶然性带来的随机后果,这使得我们企图从大量的偶然事件中发现共同的、必然的逻辑关系。这样的努力耗费了人类的资源和智力,却只能得到虚幻的结果。但本书证明了人类社会的偶然性特点。人类必须带着深深的必然性观念,接受偶然性观念,并娴熟自如地与偶然性共舞。

4. 从客观主导走向主观主导

不确定性原理告诉我们,人类文明进步就是一个崇拜客观到构建并崇拜主观的过程,犹如从早期图腾崇拜到后来的宗教信仰,到现代的科技崇拜,都是越来越承认偶然性,越来越接受主观性的过程。

脱离了客观自然,人类是无源之水,离开了主观世界,人类毛将焉附？认识到这样的哲学性观念，我们将改变哪些选择逻辑呢？

第一，要从崇拜客观的观念转向崇拜主观。如何使主观构建的世界与客观世界和谐相处、互相促进才是人类智慧的体现。

第二，承认主观意识的主导性才有可能管理好主观意识的产出和运用。

第三，不确定性有客观性和主观性，如何观察和分析经济行为，需要加以区分。例如，风险也存在客观性和主观性，需要用不同的管理方法和工具。

第四，直面人类社会的偶然性和人类行为的主观性，把社科研究的重点从寻找客观规律转移到对主观意识认知的关联关系和因果关系的计量与定性上来。

5. 重新理解风险

传统的风险理论虽然很好地运用了不确定性原理，但仍然不彻底。几乎所有的经济学家都把风险作为一个纯粹负面的词语来运用。而本书从收益和损失及其承担者的关系上重新理解风险，突出了风险承担的机制性意义，使之成为经济原理的重要因素，例如市场机制的"看不见的手"，市场主体对市场不确定性收益和损失的承担状态决定了博弈过程中的利益分配，从而达成市场均衡，实现最优交易。由此可以推断，市场才是最佳的风险定价与风险资产配置的工具。

在不确定性经济原理下，风险管理的关键不是消灭不确定性分布方向上的风险，而是通过技术创新和计量预测改变不确定性形态的变化，增加这些变化带来的收益，减少这些变化带来的损失。简单地干预人们主观上所认为的不好的交易，并不能真正起到风险控制的作用，甚至可能会加大风险损失。未来的风险管理格局应该发生根本性变革。

6. 改变数据观

在经济学和风险管理的领域中，本书所提出的数据重构提供了一种新的视角。在不确定性的框架下，数据不仅需要被重新定义和分类，而且它的应用需要在坚实的理论基础上进行。尤其在经济模型的构建和风险评估中,识别和使用那些可重复性的数据变得尤为重要。例如,传统的风险管理模型往往依赖于历史数据,但这些数据中包含了大量的不可重复成分,这可能导致模型的预测结果与实际情况存在偏差。因此,对数据进行有效的分类和重构,识别出那些可用于预测未来的必然性数据,并赋予不同的权重将成为未来经济研究和风险管理工作的核心。这种新的方法论不仅能够提高模型的准确性和可靠性,也能更好地指导决策制定和策略规划,从而有效地应对经济活动中的不确定性和复杂性。

7. 抛弃执念:空船理论的智慧

《庄子·山木》篇中有一个故事,原文是:

> 方舟而济于河,有虚船来触舟,虽有偏心之人不怒。有一人在其上,则呼张歙之;一呼而不闻,再呼而不闻,于是三呼邪,则必以恶声随之。向也不怒而今也怒,向也虚而今也实。人能虚己以游世,其孰能害之!

该故事的大意是这样的:一个人在乘船渡河的时候,前面一只船正要撞过来。这个人喊了好几声但没有人回应,于是破口大骂前面开船的人不长眼。结果撞上来的竟是一只空船,于是刚才怒气冲冲的人,怒火一下子就消失得无影无踪了。可见固有的观念会深刻地影响人们的行为和思维方式。

其实所有的观念,都是人的主观构建。山川、河流、海洋都只会遵从自然之力,丝毫不理人类的各种价值观念。

人类不断地用自己臆造的各种观念构筑生活的茧房,且困于其中。只有人类真正意识到这种窘境时,才能打破先入为主,做到不去对着漂过来的空船生气地大喊大叫。

庄子说,人要先虚己再游世。虚己是破除固有观念的大智慧。

8. 从追求计划到追求市场

不确定性理论告诉我们,一味地依靠计划追求确定性终将走向失败,依靠提前计划进行远期定价的行为完全忽视了不确定性的存在。长期依靠计划追求确定性所带来的损失是巨大的,相反,充分利用市场化定价、风险承担的功能将大幅改善资源配置优化问题。

9. 理解平行市场,利用新的框架

不确定性理论认为现行的宏观经济分析和微观经济分析都基于历史数据和边际数据,但真实的经济运行是实时变化且不可准确预测的。每一个时空之下,平行存在着各种不同的市场,宏观分析忽略了这些平行市场之间的差异,忽略了个体之间的差异,这需要保持警惕。要了解经济真相,需要理解平行市场,在分析方法上要以不确定性为基础,建立新的分析框架。

10. 重视未来的现实性

当代人所运用的资源都是过去的人们全部经济活动的剩余,而当代人所有经济活动的资源剩余构成未来人类的资源。所以未来的利益和状况实际上已经存在于过去和现在的人类经济活动中。异度均衡理论指出需要把未来的利益、权利和状况纳入当代经济分析框架。

## 第二节　建立新的行为模式：适应不确定性

不确定性对人类生活方式、认知方式都会产生影响,人类需要面对不确定性的各种分布状况和特点,需要面对偶然性,需要探索事物本身的发展逻辑和因果、关联关系,而不是在事物之间寻找各种规律以企图一劳永逸。

人类也需要建立起相对稳定的环境,获得相对确定性,才能生存与发展,而不是企图寻找到一个确定性的环境。

　　所以从不确定性出发，人们在日常生活中制定行政决策和经济决策的逻辑应该有所改变。

　　那么不确定性决策应该遵循什么逻辑呢？试举若干例如下：

　　（1）生存与发展空间取决于不确定性分布。各种事物发生、发展、变化的时间长度、空间位置、物理形态、化学演变的方式形状各不相同，也无法更改。人类须懂得在意识上存有敬畏自然之心，在行为上遵循顺其自然之道。例如不要在变化频率和波动幅度较窄的领域或区域寻求发展。有人总想在预测地震方面获得技术突破，有人企图把喜马拉雅山炸出一个缺口让印度洋的风吹进太平洋。事实上不太可能。不确定性分布留下多少空间，人类才能有多大的发展空间。不确定性经济学需要研究确定不确定性分布的具体结构和方向，为人类发展提供可行的经济资源方向和决策逻辑。

　　（2）未来不可预测。量子力学证明了粒子位置的不可测，是不确定性的主要表达。不确定性原理告诉我们，任何未来都是今天已有因素条件的逻辑结果，这些条件也是瞬息万变的，今天与未来是一种因果关系，不存在必然性的延伸。所有的结果都有许多的可能，只能预测各种可能性的概率，并不能确认结果。所以任何对未来的准备都需要备有不同结果的预案，尤其是对于那些发生概率比较大的结果。

　　（3）收益与损耗是事物的两面。不确定性决定了事物的波动可能会带来不一样的结果。既有收益的希望，也有风险损失的可能，区别在于概率的大小。凡事要先确定风险，自己能否承受最高的代价，再考量收益，是否能覆盖最坏的结果。这是任何决策的基础逻辑。

　　（4）人类更有可能观察到物理世界的不确定性。人类自身行为的不确定性常常难以观察。所以在决策因素中，人是主要的考量因素。人类应对不确定性的最大困难，来自人类自身。构筑人类社会秩序和行为边界，选择更加自律的人才，是经济决策的基本原则。

　　（5）重视沉没成本的标志意义。已经付出的成本是不可逆的。大量的付出成本可能是必须而又没有回报的。破甑不顾是理性放弃,承担沉没成本是社会文明进步和个人成长的代价,个人尤其如此。沉没成本应当成为考察和衡量一个社会、一个单位对失败与挫折甚至错误的包容程度,应该被纳入经济统计、经济分析和社会创新能力的分析框架。沉没成本太高,反映了社会经济管理水平的低下,但沉没成本太低反映了社会创新能力不足,发展后劲有限。

(6)守住边界,轻易不要突破。不确定性常常突然闪现,防不胜防。"明斯基时刻"是各种成因元素偶然性碰撞的结果。所谓"黑天鹅""灰犀牛",都根源于日常行为的失范失守。在不确定性框架下,任何突发事件都是正常的客观存在,突发是一种主观感受。只是有的人能应对甚至能从中获得收益,而有的人只会有所损失。我们要做的是科学制定各种行为边界,并且守住这些规则,没有被证明这些规则与边界需要调整之前,守护与坚持是所有决策的前提条件。

(7)不符合偶然性逻辑的事情与己无关。在不确定性原理中,人类是生活在偶然性环境里的。企图过上确定性的必然性的生活只是理想和追求的方向。理想是旗帜,没有理想就没有动力。但实际生活是偶然性的,不能把生活的实际环境理想化,以为按照确定的计划与目标,靠努力就能实现。每个人和企业都应该加强自己面对偶然性的心理建设。偶然性有因果逻辑,有关联关系,没有某种逻辑的收获可能就是陷阱。

(8)运用异度均衡原理评价经济行为和活动对未来的影响。异度均衡是将不确定性和风险管理理念引入研究范畴,是考虑不同时间、不同空间上总收益与总损耗之间的均衡关系,从而评估当下的经济活动对未来发展的利弊,体现了当代文明敬畏未来的价值取向。除了描述供需关系的一般均衡,描述博弈关系的纳什均衡之外,异度均衡是中国学者提出的"第三类均衡",对于防范当代人向未来的风险转移,对于可持续发展,都是重要的经济决策工具。

(9)不确定性下的博弈。博弈是信息不对称的心理对抗。博弈论,亦名"对策论""赛局理论",本是应用数学的一个分支,表示在多决策主体之间的行为具有相互作用时,各主体根据所掌握的信息及对自身能力的认知,做出有利于自己的决策的一种行为理论。其在生物学、经济学、国际关系、计算机科学、政治学、军事战略和其他很多学科都有广泛的应用。博弈论主要研究公式化了的激励结构间的相互作用,是研究具有斗争或竞争性质现象的数学理论和方法,也是运筹学的一个重要学科。信息不对称是不确定性现象,正确运用博弈理论,需要明确博弈的环境和条件,需要从不确定性波动和人性有限理性的原理出发,认识到博弈条件的变化属性,随时调整博弈对策。如何将博弈计算引入不确定性分析决策,也是不确定性经济原理需要解决的重要问题。

（10）概率与风险。概率,是反映随机事件出现的可能性大小。随机事件是指在相同条件下,可能出现也可能不出现的事件。按照不确定性原理,人类社会的偶然性决定了人的行为都是或然性事件,不确定性所表达的主要是事物发生、发展、变化中不同状态出现的概率。所谓风险,被奈特定义为可计量的不确定性,也就是可以计算概率的发生损失的事件。但虽可计量,其本身仍然是一个概率事件,所以传统的概率论原理在决策中的运用也需要引入不确定性原理,尤其是不确定性框架下的数据重构,在数据可重复、可影响未来的前提下计量概率与风险,才更接近真相。

（11）明确风险承担,谁承担风险谁决策。按照不确定性原理,在市场竞争中,只有承担风险者才能最终做出最优决策,才会选择最佳方案。如果与经济利益或者相关收益无关联,大概率会做出防御性决策,即选择次优或坏的决策方案。所有经济行为的动因都同风险的承担状态有着直接或间接的关联。市场就是分配风险和承担风险的神器,是所有经济决策的背景。

（12）减轻风险损耗的风险管理的本能是分散风险。风险不能消灭,但将其分散便可以承受。风险集中到某种程度,便会诱发系统性风险,其损失巨大。行政权力的本能是集中,集中各种权力的同时也会集中权力运行中的风险,集中力量可以办大事,但也要承担集中的风险。

(13) 任何决策不能简单依靠历史数据或者边际数据。按照不确定性原理,所有已经发生的事物产生的数据只能说明现状。如果需要预判未来,则需要对历史数据进行不确定性重构,将不能重复的偶然性数据剔除,对可重复的自然数据也要视其对人的行为的影响度赋予合适的比重。对历史数据来说,越新鲜的数据对未来的影响越大,在预测模型中所占的比重也应该越大。经过重构的数据才能用于建模样本与模型计量。

(14) 发展依赖想象力,也就是经济直觉。张维迎教授说,"真正学经济学以后,你不大容易做企业家。因为按照标准的理论,所有的东西都能计算出来,你不可能赚钱。反倒是不学经济学的人更会做企业,比如学材料的、计算机的,甚至学外文的,成为企业家的比例都可能比学经济学的要高"。这说明了什么呢? 传统经济学依据历史数据所建立的数学模型及其计量结果可能只是海市蜃楼般的幻象。不确定性给了未来以不固定的答案,也给了人们依赖直觉和想象去创造的机会和构思的空间。而市场则给这些想象提供了实现的可能。

(15) 不确定性投资规则。不确定性波动越大的领域,投资的价值越大,但风险也越大。因此投资的原则本质上是由投资者的风险偏好决定的。输的概率再小,如果不是你需要的,也不要参与。赢的概率再大,但如果输的结果你不能承受,那也不宜投资。有人说巴菲特的投资决策方式就是不确定性下的决策原则,即在最差的可能性下寻求最好的结果,在最好的可能性下规避最坏的结果。其实没有人能在最差的可能性下寻求到最好的结果,而都是在最好的可能性下规避最坏的结果。决定这个尺度的是投资者对坏的结果的承受能力。

实际上还有很多不确定性原理都会在决策中发挥作用。关键取决于每个人的思维方式。总之,正视不确定性,适应不确定性,最终在各种决策行为中尊重和运用不确定性原理,是最科学、最实事求是的态度。

## 第三节　把不确定性作为终极答案

本书提出了人类的终极困惑问题，即人类从哪里来，到哪里去，到底有没有造物主。对于四维空间将要发生的事物我们可以使用因果、关联、拐点等方式去猜测，但是绝不存在超前准确预测的可能性。承认不确定性是底层逻辑，承认文明的发展具有偶然性是十分重要的。

将不确定性作为终极答案，接受不确定性、包容超预期事件的出现是一种世界观。我们需要平静地看待不确定性而非强求对远期的未来做确定性规划，利用计划的手段抹除内心的恐惧。接纳和包容并不意味着持消极的态度，而是在积极努力地尝试，接受不确定性的分布，同时以科学进步为主导，不断尝试改变不确定性的形态以追求更优的结果。

回顾历史，人类文明源远流长，是什么让我们走到了今天？我们为什么住在地上而不是地下？一切的发展都具有偶然性的影子，文明的进步是不断适应不确定性的过程，而当下的这一秒，是过去无限次适应不确定性的结果。社会规范、科技创新的进步是在追求相对确定性目标上的两条道路，以法律法规、道德条例为主的社会规范在一定层面上规范了个体的行为，为社会基本的组织形态划定了一个相对可预见性的框架。在这个框架下，人类社会才有可能组合、分工、生产。科技创新则是组织形态之上的产物，它更多的是社会发展过程中工具的演化，提高生产效率是其主要目的。二者的结合是人类对不确定性形态的持续优化，只要人类文明存在一天，这一优化过程就会持续前进一天。与过去文明发展初期阶段的生存目标不同的是，商业、金融赋予了对探索不确定性的奖励机制，它们利用自由市场不断为勇于探索并获取成果的探险家们提供丰厚的回报，孜孜不倦地鼓励着文明的前进。

现在，我们依然无法回答为什么人类选择住在地上而非地下，不过，一个可以确信的答案是，那是当时人类面对不确定性所能做出的最好选择。勇于探索、挑战四维空间中的未知，以及在面对超预期事件时积极稳重的应对是将不确定性作为底层逻辑的世界观。

人类的终极困惑来自不确定性。时至今日，人类仍然无力解答或解决不确定性带来的全部问题，也许，这些问题的终极答案就是不确定性本身。

［1］朱小黄.蒙格斯文集之拥抱不确定性[M].北京:经济管理出版社,2020.

［2］朱小黄.远离冰山:打造中国商业银行的百年老店[M].北京:中信出版社,2010.

［3］朱小黄.价值银行[M].北京:中信出版社,2014.

［4］朱小黄,孙伟,王丹,等.智能社会的经济学困境及其化解[J].宏观经济管理,2018(5):46－56.

［5］朱小黄,谭庆华.不确定性与经济理论重构的若干问题[J].银行家杂志,2022(10):110－115.

［6］朱小黄,谭庆华.异度均衡:未来的"最"优解[M].北京:中信出版社,2023.

［7］Feller, W. (1968). An introduction to probability theory and its applications (Vol.1, 3rded.). Wiley.

［8］Jaynes, E. T. (2003). Probability theory : the logic of science. Cambridge University Press.

［9］Pearl, J. (2014). Probabilistic reasoning in intelligent systems : networks of plausible inference. Morgan Kaufmann.

［10］Bishop, C.M. (2006). Pattern recognition and machine learning. Springer.

［11］Bernoulli, D. (1954). Exposition of a new theory on the measurement of risk. In Econometrica : Journal of the Econometric Society (pp.23－36).

［12］Kolmogorov, A.N. (1950). Foundations of the theory of probability. Chelsea Publishing Company.

［13］Laplace, P. S. (1951). A philosophical essay on probabilities. Dover Publications.

［14］Hacking, I. (1990). The Taming of Chance(Ideasin Context). Cambridge University Press.

［15］Hanson, N.R. (1958). Patterns of Discovery: an inquiry into the conceptual foundations of science. Cambridge University Press.

［16］Heisenberg, W. (1927). Über den anschaulichen Inhalt der quantentheoretischen Kinematik und Mechanik. Zeitschri ftfür Physik, 43(3 - 4),172 - 198.

[17] Tversky, A., & Kahneman, D. (1974). Judgment under uncertainty: heuristics and biases. Science, 185(4157),1124 - 1131.

[18] Zadeh, L. A. (1965). Fuzzy sets. Information and control, 8(3), 338 - 353.

[19] Berger, C. R., &Calabrese, R. J. (1975). Some explorations in initial interaction and beyond: Toward a developmental theory of interpersonal communication. Human Gmmunication Research, 1(2),99 - 112.

[20] Bett, R. (2019). Pyrrho, his Antecedents, and his Legacy. Oxford University Press.

[21] Black, F., & Scholes, M. (1973). The pricing of options and corporate liabilities. Journal of Political Economy, 81(3),637 - 654.

[22] Eire, C. (1981). War against the idols: the reformation of worship from Erasmus to Calvin. Cambridge University Press.

[23] Ellsberg, D. (1961). Risk, ambiguity, and the Savage axioms. The Quarterly Journal of Economics, 75(4),643 - 669.

[24] Han, P. K. (2013). Conceptual, methodological, and ethical problems in communicating uncertainty in clinical evidence. Medical Care Research and Review, 70(1_suppl), 14S—36S.

[25] Hatfield, G. (2018). Routledge philosophy guidebook to Descartes and the meditations. Routledge.

[26] Jammer, M. (1999). The conceptual development of quantum mechanics. Springer.

[27] Knight, F. H. (1921). Risk, uncertainty, and profit. Hart, Schaffner &Marx.

[28] Merton, R.C. (1973). Theory of rational option pricing. The Bell Journal of Economics and Management Science, 4(1),141 - 183.

[29] Nielsen, M.A., &Chuang, I.L. (2000). Quantum computation and quantum information. Cambridge University Press.

[30] Uffink, J. (2007). Compendium of the foundations of classical statistical physics. In J. Butterfield&J. Earman(Eds.), Philosophy of Physics(pp. 923 - 1047). Elsevier.

[31] Feller, W. (1950). An introduction to probability theory and its applications. John Wiley&Sons.

[32] Jaynes, E. T. (2003). Probability theory : the logic of science. Cambridge University Press.

[33] Rice, J. A. (2007). Mathematical statistics and data analysis. Cengage

Learning.

[34] Bishop, C. M. (2006). Pattern recognition and machine learning. Springer.

[35] Gelman, A., Carlin, J. B., Stern, H. S., et al. (2013). Bayesian data analysis. CRC Press.

[36] Klir, G. J., & Yuan, B. (1995). Fuzzy sets and fuzzy logic: theory and applications. Prentice Hall.

[37] Pedrycz, W., & Gomide, F. (2007). Introduction to the theory of Fuzzy subsets. MIT Press.

[38] Moore, R. E. (1966). Interval analysis. Prentice Hall.

[39] Moore, R. E. (2009). Introduction to interval analysis. Society for Industrial and Applied Mathematics.

[40] Robert, C. P., & Casella, G. (2004). Monte carlo statistical methods. Springer.

[41] Ross, S. M. (2006). Simulation. Academic Press.

[42] Savage, L. J. (1972). The foundations of statistics. Dover Publications.

[43] Peterson, M. (2009). An introduction to decision theory. Cambridge University Press.

[44] Raiffa, H., & Schlaifer, R. (2000). Applied statistical decision theory. Harvard University Press.

[45] Ross, S. M. (2006). Introduction to probability models. Academic Press.

[46] Karlin, S., & Taylor, H. M. (1981). A first course in stochastic processes. Academic Press.

# 万物不确定

　　这本《不确定性经济原理》实际上从八年前就开始播下种子,逐渐发芽,然后慢慢长出一些新叶。2014年我受国家财政部政策研究室委托作"中国债务拐点"的研究。当时组织了林嵩教授、张光利教授、杨军博士、秦权利博士、武文琦博士、陈亮教授、张微林博士、谭庆华博士、罗英博士等专家学者进行研究。在形成报告的过程中,我们逐渐对不确定性和经济拐点达成许多共识。后来又与蒙格斯智库的青年学者谢东平博士、孙伟高级研究员、邵帅高级研究员、罗维晗研究员、彭程远研究员,以及香港中文大学谢聪教授等人一起陆续研究撰写了《系统性风险预警体系》《蒙格斯公平指数构建》《实体经济与虚拟经济的黄金比例》《城市发展拐点》《企业规模与治理结构拐点》《TDRU数据重构工具》等专项研究报告。毕马威(中国)的曹劲先生和亚联咨询的孙军先生也贡献了许多实务经验和思考成果。在这些课题的研究中,我所起到的作用是主导研究方向,提出研究目标和基本逻辑思路,确定基本理论框架和主要观点。上述学者们在具体研究和解决学术问题,尤其在构建相关数学模型和计算方面作出了很重要的贡献。

　　本人在金融行业有数十年的风险管理经验,对不确定性理论尤有兴趣。1995年,我主编出版了中国第一部介绍现代风险管理知识的专著,即《商业银行风险管理》(中国金融出版社)。在2006年任中国建设银行首席风险官后,2009年出版了《临渊结网》(经济管理出版社),介绍了风险管理的基本理念和方法。2011 年出版了《远离冰山》(中信出版社),总结了华尔街金融危机的教训,提出了打造百年老店商业银行的若干风险管理原则。退休后,我又将主要精力放在专题研究不确定性理论问题上。2018 年在《中国经营报》发表了《拥抱不确定性》一文,对不确定性问题及其对经济理论研究的影响作了系统阐述。2019 年出版了《蒙格斯文集之拥抱不确定性》(经济管理出版社)。2021 年,在《中国新闻周刊》对我的采访中,我第一次在官媒上介绍了异度均衡理论。同年,我在《金融时报》上发表了《从敬畏自然到敬畏未来》一文,进一步阐述了异度均理论对未来的影响。上述种种,对几年后不确定性词语的广泛影响具有一定的贡献。

需要特别说明的是,杨军博士在整个不确定性研究中作出了重要贡献,也针对本书的框架结构及写作中的学术问题研究与解决提出过很多有价值的见解和建议。

最近两年,我和团队学者在不确定性研究中取得新的进展,我个人发表了《不确定性与数据重构》(《中国银行业》杂志),同谭庆华博士合作发表了《不确定性与经济理论重构的若干问题》(《银行家》杂志),2021 年在美国 *Theoretical Economics Letters* 杂志上发表了《第三类均衡》(英文)一文,正式推出了评价向未来转移风险的新理论模型。2023 年同谭庆华博士合作出版了专著《异度均衡:未来的"最"优解》(中信出版社),把不确定性原理和风险理论升华为基础经济理论研究的内容。在上面这些研究成果的基础上,我个人对不确定性理论有了深入的理解和拓展,也从哲学人文的视角体会到不确定性理论的博大深邃和丰富内涵,遂决心写作这本《不确定性经济原理》。在这本书的写作过程中,谭庆华、邵帅、罗维晗三位年轻学者做了大量的文稿整理、资料收集、相关问题的探讨与补充等工作。在此,向他们表示感谢。也很感谢上海交通大学中银科技金融学院(硕士班)和香港香江商学院(博士班)安排了以本书为内容的课程,在与学生的交流中,我自己颇有收获。在我所构建的不确定性理论体系与各种新的经济学观念和风险观念的基础上，费时年余，我终于撰写完这本经济学著作，可能也只能起到普及和推广不确定性基本原理及相关思想与技术的作用。

本书得以出版除了感谢上述参与一系列课题研究的学者和年轻的合作者外，还要感谢上述各个出版社、杂志社和报社，更要感谢出版本书的上海交通大学出版社。

人生一世，草木一秋，过程比长度更重要、更精彩。我已年近古稀，唯愿留下一些对未来有益的思想烙印。大量关于不确定性相关问题的思想碎片在"蒙格斯报告"公众号和我个人的公众号"景龙桥"上发表留存，可供读者查阅校对。

我希望通过不确定性理论的研究把我国的人文科学研究特别是经济学研究从理想主义和客观主导的迷茫中唤醒。其实，人类若构筑了光明，就生存于光明中，若构筑了黑暗，就生存于黑暗中。一切取决于自身的思考和行动。

退休后，我投身学术，平心而论，没有什么虚荣心作祟。到了这个年纪，经历了不同的风景和坎坷，对于荣辱得失已经无感。但对于几十年读书写作过程中的学术疑难困境总想亲手解开。

杨振宁说：如果你问有没有一个造物者，那我想是有的。

我认为，这个造物主就是不确定性。

万物皆不确定，除此之外，别无其他。

谨以此书向我的博导白钦先教授表示感谢。

也特别感谢我的两个外孙小七和小九在我写作过程中赐予我的天伦之乐和某些灵感。

朱小黄

2024 年 7 月